[高 等 院 校 国 际 经 贸 专 业 规 划 教 材]

国际税收筹划

International Taxation Planning

梁蓓 主编

对外经济贸易大学出版社
University of International Business and Economics Press
中国·北京

图书在版编目（CIP）数据

国际税收筹划／梁蓓主编．—北京：对外经济贸易大学出版社，2011

高等院校国际经贸专业规划教材

ISBN 978-7-5663-0060-7

Ⅰ．①国… Ⅱ．①梁… Ⅲ．①国际税收－税收筹划－高等学校－教材 Ⅳ．①F810.42

中国版本图书馆 CIP 数据核字（2011）第 122605 号

国际税收筹划

梁 蓓 主编

责任编辑：张 婷 赵 昕

对外经济贸易大学出版社

北京市朝阳区惠新东街 10 号 邮政编码：100029

邮购电话：010－64492338 发行部电话：010－64492342

网址：http://www.uibep.com E-mail：uibep@126.com

北京市山华苑印刷有限责任公司印装 新华书店北京发行所发行

成品尺寸：185mm×230mm 18.75 印张 372 千字

2011 年 8 月北京第 1 版 2011 年 8 月第 1 次印刷

ISBN 978-7-5663-0060-7

印数：0 001－5 000 册 定价：28.00 元

总　序

奉献在读者面前的这套教材，由对外经济贸易大学国际经济贸易学院教师根据多年的教学科研经验精心编写，从我国加入世界贸易组织五年过渡期结束后的2007年年初开始陆续出版，是一项重要的教材建设工程。它与我国改革开放的新时代同步发展，标志着我院为国家培养创新型高等人才所作出的一份特殊贡献。

我院历来重视教材建设，秉承50多年学科建设的经验积累，在国际经济与贸易、金融、国际运输与物流、经济学等专业领域先后出版了大量教材，在全国产生了较大的影响。如《国际贸易实务》、《国际贸易》等累计发行近150万册，先后被评为国家级精品课程。本系列教材的出版，是对我院近十年来学科建设成果的一次检阅。自"九五"以来，以"211工程"建设为契机，我院对本科和研究生教育进行了认真全面的专业梳理和课程体系优化，以面向新世纪、面向全球化、面向提升学生职业生涯竞争力为导向，在课程建设和教材建设方面视野开阔、目标明确、标准严格、工作扎实，老中青三代学者共同努力，基本完成了学院所开设专业课程的教材和教学辅助资料的编写工作。回顾我院"九五"以来的课程体系建设，我们走过了一条清晰的发展之路。首先是课程群的界定和建设，我们抓住20世纪90年代中期我国全面推进改革开放所带来的对外向型经济人才的需求急速增加的机遇，围绕着我院长期积累的在国际经济与贸易、国际金融、国际运输与物流等专业所形成的专业优势，借鉴国际上高水平大学的课程建设经验，设定了培养学生具有国际竞争力所需要的课程群。在此基础上狠抓师资队伍建设，通过海内外招聘和支持现有教师在国内外攻读博士学位，以国际化的高标准打造了一支高水平的师资队伍，凝聚了学科建设的核心力量。然后以国际高水平大学的科研和教学标准评价师资队伍，以高水平科研促进高水平教学，实现科研与教学的相互促进。随着学科建设的不断进步，我院的专业领域和课程覆盖面均有了很大的突破。

进入21世纪，我院的国际贸易学学科被教育部列为在本领域唯一的国家重点学科，为我院的学科群建设和课程建设提供了巨大的推动力。通过"十五"、"211工程"建设，我院以国际上先进的研究群（Research Cluster）的模式，开展了学科建设，涌现了大量的研究成果，对课程建设和教材建设产生了直接的推动作用。本套系列教材的问世，得益于“211 工程”建设所带来的师资队伍水平的提高、科研成果的丰富和国际学术交流的经验分享。这些教材的作者，都是我院教学科研第一线的骨干教师，他们积累了丰富的教学经验，对本课程的核心问题都有深入的研究，对教学中的疑点和难点问题有着深刻的理解，并将其体现在教材的体例安排和知识点的表述之中。我们在组织这套教材的编写过程中，一直坚持建设精品教材的原则，方法与国际接轨，内容面向我国全面对外开放新时代，相信使用这套教材的教师和学生会有切实的体会。

本套教材的出版得到了对外经济贸易大学出版社的大力支持，从社长、总编辑到责任编辑都倾注了大量的心血，这也见证了我院和出版社长期的精诚合作关系。

使用这套教材的国内各高校教师和学生将最有资格发表评论，我们也真诚地欢迎你们建设性的批评意见和建议，使这套教材再版时日臻完善，随岁月的流逝和中国的崛起而成为经典。

对外经济贸易大学国际经济贸易学院

院长、教授

赵忠秀

2007 年 1 月 25 日

前言

国际税收筹划是国际经济活动发展的必然产物。在当前激烈的国际竞争中，国际税收关系正发生着深刻的变化，国家税收主权与经济全球化之间的矛盾日益凸显。把握并运用好国际税收筹划这一政策工具，已成为各国与各地区力争在国际竞争中占据主动地位的一个重要方面。

对外投资的规模不仅表明了一国的经济实力，而且还能提高企业的经济效益以及在国际市场的竞争力，进而扩大全球市场份额。改革开放以来，外国资本纷纷瞄准中国市场，到中国投资设厂。中国吸收的外国直接投资一直高居世界前列，但对外直接投资尚属起步阶段，“走出去”还属于中国非常薄弱的环节。中国鼓励具有比较优势的企业积极对外投资，带动商品和劳务出口，形成一批有实力的跨国企业和著名品牌。这是我国对外开放新阶段的重大举措，是参与经济全球化的重要条件。我国企业要想走出去，就必须具备国际税收筹划意识和能力，培养国际税收筹划的专门人才是基础。结合这种新的形势，我们筹划编写一本更具有中国化特色的，更具有时代特征的，更具有实践指导意义的教材，这也是本书的成书主旨。

本书的一大特色是从跨国公司的角度探讨国际税收筹划。企业的国际化经营是当今世界经济发展及经济一体化的必然趋势。跨国公司作为国际经济行为的核心组织者和国际经济一体化的重要推动者，是国际税收的主体。截至2004年年底，跨国公司的数量上升到7万家，至少有69万家分支机构，海外分支机构中几乎有一半位于发展中国家。跨国公司在税务管理方面具有特殊性。一方面国际企业是跨国所得纳税人，税负的轻重是影响竞争胜败的一个重要因素，直接影响企业的盈利水平；另一方面，跨国公司的全球性经营战略使其具有在世界市场调配财源的能力，国际税收筹划是企业财务管理的一个重要组成部分。当跨国公司日益以全球眼光对待投资、研发、生产、资源和营销的决策，以及以一套完整的方法来组织和管理跨国性的增值活动时，国际税收问题和税收筹划问题的重要性就凸现出来。由于跨国公司控制的经济组织不断增加，涉足的国家和地区不断增多，其运用税收筹划的能力和运作空间也大大加强。本书从跨国公司的筹资决策、投资决策、生产营销、利润分配、产权重组等环节出发，探讨其国际税收筹划的动机、方式和技术等。

本书将介绍国际税收筹划的各种理论，阐述国际税收筹划活动所需的各种基本知识和操作方法，探讨国际税收筹划的现状、动机和方式，分析国际税收筹划活动过程中存在的问题，以增强读者对国际税收筹划活动的了解及其对企业、国家经济的重要作用的认识。主体分为三个部分：第一部分，介绍国际税收与国际税收筹划的基本概念、历史沿革、基本原理及技术；第二部分，从国际税收筹划的主体——跨国公司的角度，具体阐述在其投资、研发、生产、销售等环节中的税收筹划；第三部分，国际反避税。此外，还将通过大量综合案例分析来讲解这些知识点。

本书编写过程中力图实现国际性、专业性和实践性，吸收了国内外本领域最新研究成果，以利于从专业的角度指导实践。这是一本集理论与实践于一体的著作，既适用于大学经济类、管理类本科学生使用，也适用于从事相关专业的人员以及政府涉外管理部门的相关人员培训使用。

编者

2011 年 4 月 17 日

目　　录

第一章 国际税收概论

√本章摘要

● 国际税收（International Taxation）是指两个以上的国家和地区，在对跨国纳税人行使各自的征税权力的过程中所发生的税收分配关系。

● 国际税收涉及的内容主要包括：税收管辖权及其协调；国际重复课税的缓解或消除；协调国家之间的税收关系、消除对非居民的税收歧视；防止国际逃税的方法和措施；国际避税与反避税；国际税收协定；鼓励国际投资的税收优惠措施等。

● 国际税收是生产力和国际经济交往发展到一定历史阶段的产物，距今只有不到200年的历史。

● 国际税收的主体是跨国纳税人，如跨国公司，客体是跨国课税对象，如跨国所得和跨国财产。

● 研究国际税收的根本性问题是税收管辖权，其四项原则为属地原则、属人原则、保护性原则和普遍性原则，其基本类型为地域管辖权和公民（居民）管辖权。

● 国际税收的基础是国家税收，且对国家税收产生一定的影响；涉外税收隶属于国家税收。

● 国际税收协定所要解决的主要问题是国家之间的双重征税、实现平等税收负担原则以及情报互换。

● 国际税收协定出现于1843年，《经合组织范本》和《联合国范本》的产生，标志着国际税收关系的协调进入了规范化阶段。

● 作为研究国际间税收关系的起点，本章还研究了主要国家的税收制度和税制结构。

√本章关键词

国际税收　国际税收管辖权　国际重复课税　国际避税与反避税
国际税收协定　跨国公司　属地原则　属人原则　地域管辖权

公民管辖权　居民管辖权　国家税收　涉外税收　《联合国范本》
《经合组织范本》税收制度

✓学习完本章，你需要掌握：

▣ 掌握国际税收的基本概念，了解国际税收主要研究的问题。

▣ 了解国际税收的产生和发展过程。

▣ 识别国际税收的主体和客体。

▣ 理解国际税收管辖权的概念、原则和类型以及因税种不同而不同的税收管辖权的实施。

▣ 理解国际税收与国家税收、涉外税收的区别与联系。

▣ 了解国际税收协定的产生背景和发展历程。学习《联合国范本》和《经合组织范本》的基本内容。了解中国的对外税收协定。

▣ 了解主要国家的税收制度。

第一节　国际税收的基本概念

一、国际税收的概念

在开放的经济条件下，纳税人的经济活动扩大到了国境之外，但由于国与国之间税收法规存在的差异或相互之间的冲突，带来了一些新的税收问题和税收现象。通常所说的国际税收（International Taxation），是指两个以上的国家，在对跨国纳税人行使各自的征税权力的过程中所发生的国家与国家之间的税收分配关系，它是一种超越国境的税收分配。

国际税收所涉及的范围很广，主要包括如下几个方面：税收管辖权及其协调；国际重复课税的缓解或消除；如何协调国家与国家之间的税收关系和消除对非居民的税收歧视；防止国际逃税的方法和措施；国际避税与反避税；国际税收协定；鼓励国际投资的税收优惠措施等等。

（一）税收管辖权的选择与协调

税收管辖权是一国政府在税收领域的主权，即一国政府在行使主权课税方面所拥有的管理权力，它是国际税收关系中一个根本性的问题，并由此引发国际税收关系中一系列的其他问题。

税收管辖权包括居民管辖权和地域（来源地）管辖权两种基本形式。一个国家行使税收管辖权的原则是：在不违背国际法和国际条约规定的前提下，各国政府都可以自由地选择税收管辖权。因此，要理顺国际税收中的各种关系，最终的出路在于协调各国的税收管辖权。理想的模式是在世界范围内统一实施相同的税收管辖权，但实际上不可能做到这一点，其原因一方面是由于在政治上没有超越国家的权力机构，另一方面在经济上各国的经济发展水平又相差很大。发达国家倾向于实行居民管辖权，发展中国家倾向于实行来源地管辖权。所以，要使税收管辖权完全统一起来是办不到的。只有通过相互协调，才能逐步缩小差别，以促进国际上税收利益分配格局的合理化，并促进世界经济的发展和繁荣。

（二）国际间双重征税的缓解和消除

国际双重课税是指两个或两个以上国家，对从事跨国经济活动的同一纳税人所发生的向一征税对象同时征收相同或相似的税收，即发生了重叠征税。国际双重课税是各国税收管辖权交叉的结果。它对国际经济的发展产生不利的影响：一方面国际双重征税加重了跨国投资者的负担，不利于资金的国际流动和运用；另一方面国际双重征税影响商品、劳动力、人才和技术的国际流动，对国际资源配置产生阻碍。所以，缓解乃至消除国际双重征税，是国际税收关系中最为实际的问题。

要避免国际间双重课税，一是可以采取单边免除方法，即一国政府单方面采取措施，免除本国纳税人的双重负担，而不需要取得对方国家的同意。二是可以采取双边免除方式，即两个国家之间通过签订双边税收协定协调双方各自的跨国纳税人的税收负担，免除国际双重征税。

（三）国际避税与反避税

国际避税是指跨国纳税人以不违法的手段，通过人或物的流动或不流动，来达到减少或免除纳税的目的。换言之，国际避税并不是一种违法行为，而是利用了各国在税法规定上的缺陷。因此，在税收的征管活动中，对税务当局而言国际避税是一个十分棘手的问题。

由于国际避税影响各国政府的财政收入，因此，各国都采取积极的措施，对国际避税加以防范和制止。这被称为反避税。反避税的主要措施有：

第一，对纳税义务人制定具体措施。如税法中规定与纳税人有关的第三者必须提供税收情报，或纳税人某些交易的价格必须得政府部门的认可和同意等。

第二，不断调整和完善税法。如取消延期纳税，限制关联企业之间通过转让价格进行避税，控制子公司海外经营利润长期滞留在避税地等。

第三，强化税收的征收管理。如成立专业的反避税机构，加强对纳税人银行账户的审查等。

第四，加强国际税收合作。如开展国家之间的税收情报交换，或由国际税收组织牵头，开展多边国际避税防范措施等。

（四）国际税收协定

国际税收协定是指两个以上的主权国家，为了协调相互之间在处理跨国纳税人征税事务和其他方面的税收事务，依据国际关系准则所签订的一种协议或条约。税收协定属于国际法中“条约法”的范畴，它对当事国具有同国内法效力相当的法律约束力。

世界上最早的税收协定是1843年比利时和法国政府签订的税收协定。该协定主要是为了解决两国政府在税务问题上的相互合作和情报交换等问题。100多年以来，为适应国际税收关系不断发展的需要，国际税收协定从单项向综合、从双边向多边迅速发展。特别是20世纪中叶以来，国家与国家之间签订税收协定十分普遍，范围不断扩大。据统计，目前国际上已经生效的税收协定有2 000多个，并且形成了具有世界性意义的两个国际性税收协定范本：由联合国专家小组提出的《发达国家与发展中国家避免双重征税的协定范本》（简称联合国范本，下同）和由经济合作与发展组织提出的《关于对所得和财产避免双重征税的协定范本》（简称经合组织范本，下同）。两个范本的内容、结构大体相同，用以指导各国税收协定的签订。下一步的目标，应以最终形成世界各国共同承认的国际税收公约为方向，充分发挥税收协定在调整国际税收关系中的规范作用。

（五）国际收入和费用的分配

国际收入和费用的分配，是指跨国纳税人（关联企业）的收入和费用的分配原则和方法。通常而言，一个跨国公司的总机构向其分支机构之间，母公司同子公司之间，以及同一跨国公司内一个分支机构或子公司同其他分支机构或子公司之间，都是互相关联的，这些都被称之为关联企业。

跨国关联企业集团以本身利益最大化为目标，对其国际收入和费用的分配进行全盘考虑，利用各国税制存在的差异，使其收入在最有利的地点和时间获得，使其费用在最有利的地点和时间发生，借以逃避一部分应纳税款，获取更大的经济利益。其手段通常是利用各关联企业所在国所得税税率的高低差异，采取转让定价的方式来实现。由于关联企业的转让定价涉及相关国家的税收收入，所以对此必须加以调整和规范。

（六）国际税收惯例

国际惯例属于国际法的主要渊源之一，它是指在国际交往中形成的一些习惯和先例，开始时为部分国家在实践中长期反复使用，后被世界各国所承认并沿用，具有一定的约束力。国际税收惯例是指世界各国在长期的税收交往中所形成的一些习惯和原则，包括无差异原则、优先原则、独占原则、分享原则和独立企业原则等。

1. 无差异原则

指对外国纳税人和本国纳税人实行平等对待，使两者在征收范围、税率和税收负担方面保持基本一致。当然，无差异原则并不意味着绝对平等，由于各国税制不同，有关规定相差很大，所以很难做到外国纳税人和本国纳税人所承担的税负绝对平等。不过，作为一项国际税收准则，无差异原则可以对相关国家起到约束作用。

无差异原则在税制结构大体一致的国家之间可以起到促进资本自由流动的作用。但在税制结构差异较大的国家，由于税负水平的悬殊，很难起到促进资本自由流动的作用，所以发达国家多愿意实行无差异原则，并将其作为本国制定涉外税制的基本原则，而发展中国家用要考虑本国的实际情况，在不违背国际惯例的前提下，确定对本国有利的涉外税收原则。

2. 独占征税原则

指在签订国际税收协定时，将某项税收客体排他性地划归某一国，由该国单独行使征税权力的一项原则，用以调整由国际经济活动产生的国家与纳税人之间的税收法律关系和国家之间的税收权益分配关系。

独占征税原则在国际税收实践中，一般是签订税收协议的双方明确将征税项目归属于收入来源国或纳税人居住国征税，另一国不再行使征税权，以此来解决重复征税的问题。如对营业所得的征税，通常规定对缔约国一方境内企业取得的所得只能由缔约国一方独占征税。又如对退休金的征税，通常只能由居住国或支付国征税。

3. 优先征税原则

指在国际税收关系中，确定将某项课税客体划归来源国，由来源国优先行使征税权的一项原则。

在国际税收实践中，尽管可以实行不同的税收管辖权，但是通常都偏重于运用来源地原则。因为对一个国家而言，采取来源地原则更直接、更有效。如果不承认收入来源地的国家优先征税，就无法对跨国纳税人在其他国家取得的收益予以课税，也无法行使优先征税的权力。因此，在签订国际税收协定时，通常规定对常驻代表机构的所得和非独立个人的劳务所得、董事费、表演家和运动员的所得，由来源国优先征税。

4. 税收分享原则

指在签订国际税收协定时，将某些课税客体划归缔约国双方，由双方共同征税的一项原则。它是国际税收协定规范冲突的内容之一。

在税收分享原则中，规定的所得征税权，如对投资所得的征税权，既可以由居住国行使，也可以由来源国行使，这样各相关国家都有资格行使征税权。为了解决上述矛盾，税收分享原则规定，各行使征税权的国家必须把适用税率降低，以利于共同征收。

5. 独立企业原则

指在签订国际税收协定时，将与其总机构和第三者进行经济活动的常设机构视为独立企业处理的一项原则。具体运用这项原则，要求缔约国一方企业通过设在缔约国另一方的常设机构在该缔约国另一方进行营业时，将常设机构视同在相同或类似情况下从事相同或类似活动，并且与其所隶属的企业完全无关的独立企业。该常设机构在缔约国各方可能得到的利润应属于该常设机构，在计算常设机构利润时，不论是采取实际所得方式，还是比例分配方式，或是核定所得方式，要求奉行“一致性”原则。除特殊情况外，要求不同时期采用相同方法确定常设机构的所得。实行这项原则，一方面是防止跨国纳税人将跨国所得在国与国之间转移，造成一国经济利润的损失；另一方面是为了防止跨国纳税人将跨国所得转移到低税国或避税地逃避税收。参见“冲突规范”。

二、国际税收的产生

国际税收与国际经济活动是密切相关的。国际税收的历史要比税收的历史短得多，它是生产力和国际经济交往发展到一定历史阶段的产物。

税收按课税对象大致可以分为商品课税，财产课税和所得课税。商品课税是对流通中的商品或劳务课征的税收。它的计税依据为商品或劳务的流转额（销售收入或劳务收入），所以通常也称为流转税。商品课税的税款一般都要通过提高价格转嫁给消费者和使用者，因而它属于间接税。商品课税是一个税类的总称，其中包括许多税种。根据课税商品的流通情况，可以将商品课税分为两大类：一是对进出国境的商品课征的关税；二是对国内流通的商品课征的国内商品税。

所得课税是指以所得为课税对象的税收。这里的所得，是指自然人、法人以及其他社会团体在一定时期内由于劳动、经营、投资、把财产供他人使用或转让财产而取得的劳务报酬、利润、资本利得以及其他一切收益。由于所得课税的税款一般是由纳税人负担的，不容易向他人转嫁，所以它属于直接税。所得课税主要包括个人所得税和企业所得税。

财产课税是对纳税人的财产课征的税收。这种税收可以是对纳税人拥有的财产课税，也可以是对纳税人转移的财产课税。财产课税的计税依据为纳税人拥有的财产价值或纳税人转移的财产价值。以下通过分析各类税收对国际经济活动的影响来阐述国际税收的产生。

就商品课税而言，其国际税收问题的核心是通过国与国之间商品课税制度的协调促进国际贸易的发展。在商品课税中，关税是国际贸易最主要的障碍，因而自然也就成为商品课税国际协调的主要对象。商品课税国际协调的历史首先是从关税的国际协调活动开始的，而且在很长的历史时期内，关税一直是商品课税国际协调的唯一领域。到第二次世界大战以后，国内商品税的国际协调活动也开始出现，这是由于进口商品在进入最终消费以前，同样要经过国内的若干个流通环节，在某些情况下，它还会经过国内的加工制造。这样，进口商品就会既经过国内的生产环节，又经过国内的流通环节。对这部分进入国内商品流通的外国商品，各国有权而且实际上也都在课征国内商品税。另外，出口商品在离境以前也要经过一系列国内加工制造和流通环节，一国在这些环节课征的国内商品税同样也适用于这部分将要出口的产品。由于国内商品税不像关税那样只对进口商品课征，它对国产商品与进口商品一视同仁，因而一般不会产生对国内外商品的差异性影响。但如果国内商品税的征税范围规定得很窄，以至于它只对或主要对依靠进口的商品课征，或者对国内大量生产的产品规定较低的税率，而对国内很少生产，主要来自进口的产品规定较高的税率，在这两种情况下，国内商品税对进口都有一定的限制作用，这时它对国际贸易的影响与关税基本上是相同的。另外，国内商品税也存在国际重复课税问题。如果国际流通的商品在出口国和进口国都被课税，它的税负显然要重于进口国的产品（仅就国内商品税而言），这对商品的国际公平竞争以及国际贸易都是不利的。

所得课税国际税收问题的产生与所得课税的性质以及跨国所得的出现是分不开的。当一国的纳税人在境外取得所得时，这种跨国所得也要被纳入该国所得税的征税范围，这样，该所得税征税权便越出了国境。而一国的征税权扩大到境外，就很容易与他国的征税权发生交叉重叠，从而导致国与国之间出现所得税的重复征税以及所得税收入的国际分配问题。所得税的国际税收问题的出现还取决于一定的现实经济条件，即跨国投资带来的所得的国际化。随着越来越多的企业跨国投资活动的出现，国与国之间所得税的国际税收问题也越来越明显。

财产课税在西方国家是一个十分古老的税种。不过，由于早期西方国家的国际投资活动十分有限，财产的跨国拥有问题并不普遍，因而财产的国际重复征税问题并没有引起国际社会的重视。但从 19 世纪中后期开始，资本主义国家之间的国际投资活动日渐增多，财产国际化引发的财产的国际重复征税问题也开始受到国际社会的重视。1872 年，英国与瑞士签订了世界上第一个关于避免两国对遗产重复征收继承税的税收协定，这是国与国之间协调财产课税制度的开端。此后，财产课税的国际协调与所得课税的国际协调一同成为国际社会避免双重征税的重要任务。

综上所述，随着国际分工的发展，跨国经营的实现，纳税人所得和财产日趋国际化，税收问题不可避免地影响到国际经济活动和经济关系，从而促成了国际税收的产生。

三、国际税收的发展

国际税收的出现，距今只有不到 200 年的历史。国际协调是解决国际税收问题的基本方式，纵观国际税收的发展，我们以国际税收的国际协调为标志，可以将其划分为三个阶段。

（一）国际税收的萌芽阶段

在 1843 年比利时和法国签订全世界第一个双边税收协定以前，国际税收是处于一个萌芽阶段。在这个时期，所得税已经创立，一些纳税人的活动跨出了国界，随之而来的国际税收问题出现了。但这时纳税人所得的国际化还没有成为一种普遍现象，相关国家之间的财权利益矛盾还处于个别的、偶然的、不太重要的状态，所以，在这个阶段，对国际税收问题的处理，一般是从一国的角度，针对国际间的税收问题，单方面作出一些有关的规定。

（二）非规范化的税收协定阶段

国际税收涉及国家与国家之间的关系，只靠一国单边解决是不够的，尤其是随着纳税人所得的国际化成为普遍现象以后，单边解决国际税收的做法基本上就失去了其存在的价值。以 1943 年比利时与法国签署互换税收情报的双边税收协定为标志，国际税收进入非规范化的税收协定阶段。在这个时期，有关国家针对出现的国际税收问题，经过双边或多边谈判，共同签订书面的协议，来协调相互间在处理跨国纳税人征税事务和国家间税收权益时的关系。这种由有关国家政府共同签订的书面协议，就是国际税收协定。由于国际税收协定能够解决国际税收中的一些问题，进而处理好有关国家间的财权利益关系，许多国家之间纷纷签订了税收协定，然而，这个时期内签订的国际税收协定，都是有关国家根据各自的情况签订的，由于认识上的不统一，所签协定的内容和格式并不规范。

（三）税收协定的规范化阶段

在国际税收的实践中，许多国家感到，国际税收协定作为国际公法的一个重要组成部分，应该进行规范化。在国际税收双边协定出现后的100多年里，有关国家不断总结经验，税收协定由单项向综合、从双边向多边发展，逐步趋于规范化。1921年，国际联盟根据1920年布鲁塞尔国际财政会议的要求，开始组织研究国际双重征税问题，在1935年和1943年制定了几个关于国际税收协定的范本，为国际税收协定的规范化奠定了很好的基础。

第二次世界大战以后，以24个主要资本主义国家为成员国的经济合作和发展组织（OECD，以下简称经合组织）于1963年公布了《关于对所得和财产避免双重征税协定范本》。这个范本的公布，标志着国际税收协定进入了规范化阶段。1977年，经合组织公布了经过修订的新的协定范本。联合国为了解决发展中国家与发达国家在国际税收中出现的一些问题，于1979年通过了《关于发达国家与发展中国家间避免双重征税协定范本》。经合组织的范本和联合国的范本，是国际间处理国际税收关系经验的总结，标志着国际税收的发展进入了较成熟阶段。

在20世纪70年代以后，更多的国家积极从事国际税收协定的签订活动。据1997年统计，全世界187个国家签订的双边税收协定已有3 500多项，其中近50%是发展中国家与发达国家之间签订的。在发达国家中，美国、英国、日本和德国等国家对外签订的协定最多。我国从1983年起，已经与61个国家签订了关于避免对所得双重征税协定，今后还将同更多的国家签订税收协定。

四、国际税收的基础

国际税收的产生是税收的主体和客体，即纳税人和课税对象，跨越不同国家的税收管辖权而成为跨国纳税人和跨国对象的必然结果。

所谓跨国纳税人，是指在两个或两个以上国家同时负有纳税义务的个人或经济组织。跨国课税对象，则是指两个或两个以上国家都享有征税权的课税对象。跨国课税对象主要包括跨国所得和跨国财产。

（一）国际税收的主体和客体

1. 主体：跨国公司

跨国公司的文字表述方式多种多样，有世界企业、全球公司（Global Enterprises）、国际公司（International Business）、多国公司、多国企业等等。目前最为常见的是“多国企业”（Multinational Enterprises）和“跨国公司”（Transnational Corporations）。

对于跨国公司，有些政府组织、国际组织以及学术团体曾经尝试侧重跨国公司的不同的特征方面提出相应的定义，联合国跨国公司委员会1983年在制定《跨国公司行为守则（草案）》中将跨国公司定义为“跨国公司是指在两个或两个以上国家设立的、采取任何法律形式和活动范围的实体所组成的企业，这种企业的业务是通过一个或多个决策中心，根据一定的决策体制经营的，具有一贯的政策和共同的战略，企业的各个实体由于所有权或其他因素有联系关系；其中一个或一个以上的实体能对其他的实体的活动施以重要影响，尤其是可以同其他实体分享知识、资源以及分担责任”。对于这一定义的适用范围，尽管还存在不同程度的争议，但是多数国家仍认为该定义应适用于所有企业，而且不论其原属国和所有权如何，应包括私营、公营和公私合资企业在内。这一定义是比较权威的。

根据定义，跨国公司具有如下基本特征：

（1）具有跨国性。跨国公司的各个实体分布于多个国家从事经营活动。尽管如此，跨国公司一般以一个国家为基地，受基地国的企业管理、控制和指挥。

（2）具有战略的全球性和管理的集中性。所谓战略的全球性，是指跨国公司在战略决策时，从整个公司利益出发，并着眼于整个世界市场，在全球范围内制定其生产、销售和拓展等方面的政策和策略，其目的在于取得最大限度和长远的高额利润。跨国公司的全球战略由母公司制定，因此，母公司的决策核心对整个公司的各个实体拥有高度集中的管理权。

（3）内部的相互联系性。跨国公司是由其设立于不同国家中的实体所组成的企业。其内部诸实体之间，尤其是母公司与子公司之间存在着不同形式的密切联系。母公司可以通过对其海外子公司的所有权控制或通过合约、协议等其他形式，形成施控与受控关系，从而使母公司或其内部的其他实体能够分享知识、资源及分担责任。从法律角度而论，母公司对其子公司或附属公司在所有权等方面的垂直控制关系，是跨国公司根本性的法律特征。

2. 客体：跨国所得

世界各国开征的税收，有的税是以物为征收对象，有的是对人课征的。以物为对象课征的税种，由于物在某个时点上存在于某国是确定的，一般不会发生国家双重征税的问题，也很少有进行税收筹划的机会。

而所得税的征收对象，是应税所得额，并不是与某个具体的物相联系，而是与所得的获取人相联系，当所得的获取人跨国从事活动时，他们的所得很可能是跨国的，并且存在着利用不同国家不同的税收管理政策进行国际税收筹划的机会。因此，国际税收涉及的征收对象主要是所得税的征收对象——所得额，即跨国纳税人的跨国所得。

由于国际经济交往、社会经济活动以及人们从事的业务是多方面的，不论是自然人，还是法人，所得范围很广，种类也很多。一般地说，跨国所得大致可分为以下四类：

第一，跨国经营所得。主要指跨国纳税人从事跨国的工业、商业、服务业等生产经营活动所取得的所得。对于应纳税所得额的计算，各国税法的规定是不完全一致的。一般说来，应纳税所得额的计算，要从总收入中减去为生产这一所得而支出的一切费用，而这些费用必须是生产经营上所认为的正常的、必要的费用，如工资、固定资产折旧、原材料成本、利息支出、广告费、管理费等。

第二，跨国劳务所得。指跨国纳税人跨越国界从事设计、讲学、咨询、演出等各项劳务的所得。根据税收征管的需要，跨国劳务所得可分为独立的劳务所得（自由职业者如从事科学、文学、艺术、教育的人员，医师、工程师、会计师从事独立活动取得的所得）、非独立劳动所得（指雇员或职员取得的工资、其他报酬等）。

第三，跨国投资所得。指跨国纳税人通过跨国投资入股、放贷、转让特许权等活动取得的所得，比如股息、利息、特许权使用费等。

第四，其他跨国所得。指除上述三种跨国所得以外的跨国所得，如财产所得、遗产继承所得等。

跨国公司进行国际税收筹划的客体是跨国公司的利润。为了使集团的全球利润最大化，必须使跨国公司的经营活动所面临的主要税收最小化。这些税收包括直接税和间接税。其中，直接税包括：第一，所得税，主要指公司所得税，以股息、利息和特许权使用费为形式的利润分配税（预提所得税），以及出售不动产和有价证券的资本利得税（应税的资本利得一般都以售价和原购入价的差额为计算依据）；第二，财产税，包括资本税、财富税（不动产、土地）；第三，社会保障税及其他直接税。间接税包括：第一，增值税和消费税；第二，关税及其他附加税；第三，交易税，指销售税、不动产交易税、股票交易税等。税收筹划主要是针对难以转嫁的所得税等直接税，通过合法地选择取得所得的时点，或是转移所得等方法使收入最小化、费用最大化，实现免除、减少或是递延纳税义务等的目标。

（二）国际税收管辖权

税收管辖权是指国家依法确定纳税人和征税对象及其纳税义务的权力，即确定由谁纳税，对什么征税，征多少税，怎样征税。它是研究国际税收的根本性问题。但当国际税收形成以后，就出现了国与国之间税收管辖权的重叠交叉现象。因此，在国际法中必须确立一定的原则，使得一个主权国家有权在本国的政治权力管辖内，按自己的意志来保证税收，同时又要使行使的权力不是无限的，一国行使税收管辖权时不得侵犯他国主权。

1. 税收管辖权的原则和类型

(1) 属地原则和属人原则

在各国长期实践的基础上,《联合国宪章》和联合国大会通过的《国家权利义务宣言》等一系列国际公法认为,作为一个主权国家,其固有的基本权利有独立权、平等权、自保权和管辖权。所谓管辖权是一个独立主权国家的政府所拥有的对其管辖范围内的一切人与物进行管理、约束和依据本国法律进行裁决的权利。税收管辖权则是国家管辖权力的一种,是在税收领域所拥有的基本权利。

国际法公认的国家管辖权要遵循以下几项原则:

第一,属地原则(Principle of Territoriality),又称领域原则。根据这一原则,一国政府在其所属领域内的一切人和物,以及所发生的事件,除国际法规定的外交特权与豁免外,有权按照本国的法律和政策实行管辖。领域包括:领陆、领水(内水和领海)、领空以及拟制领土——船舶和航空器。由领陆、领水、领空等构成的全部领土空间范围就是该国管辖权行使的范围。

第二,属人原则(Principle of Person),又称国籍原则。根据属人原则,国家有权对一切本国公民或居民按照本国法律实行管辖。公民是指具有本国国籍的人。居民是指居住在本国境内并享有一定权利和承担一定义务的人。居民可包括:本国公民、外国公民和具有双重国籍或无国籍的一切人员。

第三,保护性原则。为了保护一个国家及其公民的重大利益,国际法承认国家有权对外国人在该国领域内所犯的某种罪行实行管辖。保护性原则一般运用于世界各国所公认的犯罪行为。

第四,普遍性原则。国际法规定,对于某些特定的国际罪行,由于普遍危害国际和平与安全以及全人类的利益,所以不论犯罪行为发生于何地和罪犯的国籍如何,各国均有权对其罪行实行管辖。如战争罪犯、海盗、贩卖奴隶和毒品者、空中劫持者等,都是属于根据普遍性原则实行管辖的范围。

上述管辖权的四项原则中,属地原则和属人原则是主要的原则,保护性原则和普遍性原则仅具有辅助的性质。

由于税收管辖权是一种征税权,它是国家的管辖权在税收上的具体体现,因此任何一个主权国家、在不违背国际法和国际公约的前提下,都有权选择最优的(或对本国最有利的)税收制度。显然,由于管辖权存在多重性.那么税收管辖权的选择也不会是单一的。

(2) 地域管辖权和公民(居民)管辖权

税收管辖权中,起决定作用的是属地原则和属人原则,它们在税收上分别表现为地域管辖权和公民（居民）管辖权，这是国际税收中两种基本的税收管辖权。所以从理论上说，税收管辖权只有两种类型：地域管辖权和公民（居民）管辖权。但在具体的国际税收关系中，则存在着地域管辖权和公民（居民）管辖权相混合的税收管辖权。下面我们首先介绍基本的类型。

地域管辖权（District Jurisdiction）。税收地域管辖权是按照属地原则确立的一种税收管辖权，国家仅对产生于本国境内的征税对象行使课税权。国家在行使地域管辖权时，不考虑与课税对象相联系的纳税人是哪一个国家的公民或居民，而是以课税对象在本国境内发生的事实为依据，故又称从源课税、来源地管辖权（Source Jurisdiction）。行使属地税收管辖权的前提条件是纳税人的各种所得与征税国之间存在着经济上的源泉关系，这些渊源联系的连结标志，主要有不动产所在地，常设机构所在地，投资产生的股息、利息，特许权使用费，租金等所得的发生地及债务人或支付人所在地等。

公民管辖权（Citizen Jurisdiction）。税收公民管辖权是按照属人原则确立的一种税收管辖权。国家对具有本国国籍或被认为具有本国国籍的自然人和法人产生于或位于世界范围内的课税对象行使课税权。行使这一税收管辖权的依据是纳税人与本国之间存在着人身隶属关系为特征的法律事实，而不考虑课税对象的发生地点，亦称从人征税。

居民管辖权（Resident Jurisdiction）。税收居民管辖权也是按照属人原则确定的税收管辖权。其征税的依据是纳税人在本国的居民身份。国家对于取得本国居民地位或被认定为本国居民的自然人和法人（依税法规定，还可以包括合伙企业、团体等非法人经济实体）产生于或位于世界范围内的全部课税对象行使课税权。税收居民管辖权也称从人征税。

实行居民管辖权的理论基础是：国家对居民提供了社会公共服务和法律保护，那么居民就应该对国家履行纳税义务，这是一种权利与义务相对等的关系。因此，对居民的境外收入而言，收入来源国不能独占税收管辖权，税收权益应该在收入来源国和居住国之间进行分配。

2. 税收管辖权的实施

税收管辖权的实施是落在不同税种上的，因此，它因税种不同而不同。

（1）流转税的税收管辖权

在各国征收的各种税种中，凡属以流转额为课税对象的税种，因其课税的依据是流转额发生的事实，而流转额的发生又有着明确的地域性，如在哪国销售商品就在哪国取得销售收入，这样决定了各国只能按照属地原则行使地域管辖权，只对发生在本国境内的课税对象征缴。

（2）所得税的税收管辖权

在所得税上的税收管辖权依各国实行的税制不同而异。下面分别通过综合税制和分类税制展开分析。

综合税制。综合所得税制在征收方式上是对纳税人的各种来源所得综合征税，其征收的依据是与本国存在着特定法律关系的纳税人，而非某项所得发生的事实。所以，实行这一税制的国家既要按照属人原则行使居民管辖权或公民管辖权，同时也不放弃按照属地原则行使地域管辖权，对于非本国居民（公民）的个人和企业取自本国境内的所得也要行使管辖权。一般同时依两个原则实施税收管辖权的国家，将纳税人划分为以下两种：第一种是本国公民或居民。这类纳税人一般就其世界范围内的应税所得在本国负有纳税义务。若某一国家为三种税收管辖权兼有的，这类纳税人则为本国公民和外籍居民；第二种是本国非公民或非居民。这类纳税人仅就其本国境内来源的应税所得在本国承担纳税义务。若某一国家为三种税收管辖权同时实施的，纳税人则为外国籍非居民。

目前，包括我国在内的大多数国家实施地域管辖权和居民管辖权。少数国家实施地域管辖权和公民管辖权，这些国家有伊朗、阿富汗、罗马尼亚和前苏联等。另外还有一些三种税收管辖权同时实施的国家，即地域、居民和公民税收管辖权。这样的国家有美国、菲律宾、墨西哥等。

分类税制。分类所得税制的征税依据是产生于本国境内的应税所得，一般不考虑所得的人在本国的法律地位，只要从本国境内取得了某项应税所得，即为本国的纳税人，并且就该项所得在本国负有纳税义务。这一纳税人包括个人、法人和非法人经济实体。实施这种税收管辖权的国家和地区有：

亚洲：中国的香港地区、澳门地区；

拉丁美洲：阿根廷、巴拿马、危地马拉、尼加拉瓜、巴拉圭、委内瑞拉、玻利维亚、厄瓜多尔、乌拉圭；

非洲：埃塞俄比亚、加纳、坦桑尼亚。

（3）财产税的税收管辖权

在各国征收的各类财产税中，依征收对象不同可分为综合财产税和转移财产税的税收管辖权以及个别财产税的税收管辖权。

综合财产税和转移财产税的征收依据，是与本国存在着特定法律关系的人，因此又称对人税。这类税种的税收管辖权分为三种情况：实施地域和居民两种税收管辖权，如西欧各国及一些亚洲国家；实施地域和公民两种税收管辖权，如伊朗的继承税；实施地域、居民和公民三种税收管辖权，如美国和菲律宾的遗产税和赠与税。

个别财产税种的征收依据是具体存在的某项财产。征收对象是土地、房屋等不动产和车船、机器设备等有形动产，因此又称对物税。这类税种的征收对象具有鲜明的地域性，所以各国政府对此的验收均按属地原则实施地域管辖权，只对存在于本国境内的应税财产征税。

从各国行使的税收管辖权可以看出，税收地域管辖权是各国行使的最基本的税收管辖权。由于这种税收管辖权的范围没有超过一国的疆域而与其行政管辖范围一致，并且从源课税也体现了税收管理的优越性，因此，属地原则在国际税收方面被认为是最合理的原则，地域税收管辖权也被世界各国所接受。与此同时，一部分国家在所得税以及综合财产税和转移财产税的征收上还兼行居民管辖权或公民管辖权，或兼行居民和公民税收管辖权。

一个国家行使税收管辖权的全部地域范围为税境。一个国家的国境与税境有时一致，有时不一致。当一个国家在各种税收上均实施地域管辖权时，其税境等于国境；当一国在其境内设立了完全免税的区域，会出现税境小于国境；当对所得税或财产税的征收上兼行居民或公民管辖权时，其税境必然大于国境。这些国家的居民或公民不论其所得取自何地，财产处于何处，人到哪里，都走不出这些国家的税境。

由此可见，进行国际避税应避免选择实施三种税收管辖权的国家，而要选择实施单一地域管辖权，或兼行居民或公民管辖权的国家和地区。这是国际商业贸易中避税技巧的最基本的出发点。

五、国际税收与国家税收、涉外税收的关系

（一）国际税收与国家税收的关系

国际税收与国家税收既有联系，也有明显区别。从二者的联系来看，一方面，国家税收是国际税收的基础，没有国家税收，就不可能有国与国之间的税法冲突和税制协调，国与国之间也不可能出现任何税收关系，在这种情况下国际税收也就无从谈起，所以国际税收绝不可能脱离国家税收而独立存在；另一方面，在国与国之间经济联系日益紧密，相互依赖和相互依存不断加强的情况下，国家税收又要受到国际税收方面一些因素的影响，因为这时任何国家制定本国的税收制度都不能不考虑国际税收关系，本国与他国达成的国际税收协定以及国际社会公认的一些国际税收规范和惯例都应当在本国的税收制度中或税收征管过程中有所体现。

国际税收与国家税收的区别主要表现在以下几个方面：（1）国家税收是以国家政治权力为依托的强制课征形式，而国际税收是在国家税收的基础上产生的种种税收问题和税收关系，不是凭借某种政治权力进行的强制课征形式；（2）国家税收涉及

的是国家在征税过程中形成的国家与纳税人之间的利益分配关系，而国际税收涉及的是国家间税制相互作用所形成的国与国之间的税收分配关系和税收协调关系；(3) 国家税收按课税对象的不同可以分为不同税种，而国际税收不是一种具体的课征形式，所以没有自己单独的税种，如国际所得税或国际财产税等，它只能涉及一些由各国政府开征的具体税种。

在国际税收与国家税收的关系问题上特别需要注意不应把一国政府根据本国税法对外国居民的境内所得和本国居民的境外所得课征的税收视同为国际税收。因为这种对跨国纳税人（即在居住国以外有所得，同时面临居住国和所得来源国征税权的纳税人）的跨国所得（即纳税人在居住国以外取得的所得）进行的课税是一国在其地域管辖权和居民管辖权范围内实施的，它所直接涉及的仍是国家与纳税人之间的征纳关系，所以从性质上看这种课税仍属于国家税收的范畴，不能将它们归入国际税收。当然，在国家税收中，这部分对跨国纳税人的跨国所得课征的税收最容易与其他国家的税收制度发生矛盾，从而也极易引发所得的国际重复征税和税收协调等一系列国际税收问题，同时这部分课税也必须遵循国际税收规范，所以在研究国际税收问题时，对这部分国家税收的内容必须认真掌握，但我们不能因此把一国对跨国纳税人课征的税收说成是国际税收。

（二）国际税收与涉外税收

涉外税收是一国税收制度中有关对外国纳税人（包括外国企业和个人）征税的部分，是一国政府对外国纳税人所课征的税收，是政府凭借其政治权力强制执行的国内税收，并没有超越其管辖范围而进入国际范围，如我国目前的外商投资企业和外国企业所得税。尽管涉外税收主要是针对外国纳税人或外资企业，它仍然属于国家税收的范畴。涉外税收只不过是把国家税收制度中的涉外部分独立出来，单独设立了税种。事实上，目前多数国家对外国纳税人或外资企业并不单独设置税种，它们要与本国纳税人适用同一个税法，在税种上不作区分。事实上，一旦涉外税收牵涉到与别国政府在征税方面的利益分配，或者该项涉外税收基于某一国际税收协定时，涉外税收便转化成为国际税收了。

第二节　国际税收协定

税收国际化是经济、贸易国际化的重要组成部分。其突出的特点是出现了跨国的纳税人和跨国的征税对象。在税收产生后的几千年发展历史中，税收关系一直没有跨越国界。经济、贸易的国际化以及跨国公司的出现使得国家之间的税收利益发生矛盾和冲突。协调国家之间的税收利益，对国家的征税权加以约束，就成为各国政府必须面对和解决的问题。国际税收协定就是在国际经济环境下产生和发展起来的。所谓国际税收协定，系指两个或两个以上主权国家，为了协调相互间处理跨国纳税人征税事务方面的税收关系，本着对等原则，经由政府的谈判所签订的一种书面协议。

国际税收协定所要解决的主要问题，首先是处理国家之间的双重征税问题，这也是国际税收协定的基本任务，各类协定的主要条款内容都是围绕这一问题订立的。其次是要实现平等税收负担原则，这是处理国际间税收关系的一项重要原则，也是谈判签订税收协定的目标之一。第三是情报的互相交换，防止或减少国际间的偷漏税。通常在避免双重征税协定中都有“情报交换”条款，缔约国之间按照协定的规定互相提供税收情报已经成为防止跨国偷漏税的有力手段。

一、产生背景

世界上最早的国际双边税收协定是1843年比利时与法国签订的。该协定主要为了解决两国间在税务问题上的相互合作和情报交换。两年之后比利时又与荷兰签订了内容相似的税收协定。奥匈帝国和普鲁士王国于1899年6月缔结了世界上第一个防止双重征税的协定，提出不动产所得、抵押贷款利息所得、常驻代表机构所得以及个人劳务所得，可以由收入的来源国征税；其他类型所得由居住国征税。1921年，国际联盟根据1920年布鲁塞尔国际财政会议的要求，委托荷兰的布鲁英斯、意大利的艾因诺第、美国的塞利格曼和英国的斯坦普四名税务专家着手研究国际双重征税问题。1923年4月3日他们发表了首次报告，报告的第一部分分析了双重税收对资本国际流动的影响，第二部分分析了国家的税收管辖权，提出应依据个人能力课征所得税，但只能课征一次，国家之间可按照经济利益原则划分征税权。这些专家认为确定纳税义务的主要因素有两个：一是财富从哪里取得的，二是财富所有者的居住地。同时提出了避免国际双重课税可供选择的4种方法：一是居民所在国对其居民在外国缴纳的税收予以减除；二是收入来源国免征非居民来源于境内收入的税收；三是税收在居民所在国和收入来源国之间进行分配；四是对某些专项收入可明确由居民所在国或由收入来源国独占征税权。

与此同时，国际联盟在1922年还组织了一个由比利时、捷克斯洛伐克、法国、意大利、荷兰、瑞士、英国等欧洲7国专家参加的专门委员会研究国际双重税收与国际偷漏税问题。这个专门委员会于1925年向国际联盟的财政委员会提出了第一份报告。报告指出，由于各国税收制度的差别很大，不能设想确定一个放之四海而皆准的消除国际双重税收的单一方法，而只能根据各国的实际情况，通过国与国之间的双边协定，提出它们认为适当的方法，德国、日本、波兰和委内瑞拉于1926年，阿根廷和美国于1927年也指派专家参加了这个专门委员会。这个委员会前后提出了关于所得与财产避免双重课税、关于遗产避免双重课税、关于税务行政相互协作和关于税务征收管理相互协作等4个专题报告。接着27个国家政府的专家于1928年在日内瓦举行会议，研究草拟了以消除国际双重课税和防止国际偷漏税为主要内容的国际税收协定初稿。国际运输征税权确定在企业的实际管理机构所在地的国家，以及“常设机构”在国际税收中的概念也是在这次会议上提出的。

1929年国际联盟根据日内瓦会议专家的建议，任命了一个常设委员会进一步研究国际税收问题。经过对35个国家的调查研究，对于跨国企业常设机构经营所得的征税问题提出了两种方法。一种是“单独核算法”，就是收入来源国只对归属于常设机构的那一部分所得征税；另一种是“比例分配法”，就是收入来源国只对总机构分配给常设机构的那一部分所得征税。不过，后一种方法因财政委员会认为有漏洞而被否定了。

1940年和1943年，国际联盟财政委员会前后两次在墨西哥举行区域性会议，拉丁美洲国家、加拿大和美国的代表出席了会议。后一次会议通过了对所得防止双重征税双边协定及其议定书范本。这份被称作“墨西哥文本”的税收协定范本的突出特点是强调了收入来源地国家的优先征税权。1946年3月财政委员会在伦敦召开第十次会议，重新起草了税收协定的“伦敦文本”。其内容结构虽然基本保持了“墨西哥文本”的框架，但对经营所得以及股息、利息、特许使用费收入强调居民所在国具有优先的征税权。“伦敦文本”为以后出台并流行于世的经合组织协定范本定下了基调。

第二次世界大战以后，起先是由欧洲经济合作组织草拟了国际税收协定范本。此后包括有澳大利亚、奥地利、比利时、加拿大、丹麦、芬兰、法国、联邦德国、希腊、冰岛、爱尔兰、意大利、日本、卢森堡、荷兰、新西兰、挪威、葡萄牙、西班牙、瑞士、土耳其、英国、美国等24个成员国的经济合作与发展组织的财政事务委员会继续进行了研究工作，并于1963年提出了税收协定草稿，随后发表了《关于对所得和财产避免双重征税协定范本》。1963年至1977年这一段时间，经合组织成员国之间签订了179个全面性的税收双边协定。在实践基础上，1977年经合组织修改并正式通过了上述的税收协定范本。此外，1966年公布了关于遗产税协定范本（草稿），1982年又补充上有关赠与税的内容。此外，联合国还于1979年制定了具有相当影响的《联合国税收协定范本》。发展中国家之间及发展中国家与发达国家之间签订的税收协定主要依照《联合国税收协定范本》。据联合国统计，除关税外，截止到

20 世纪 80 年代初期，国际上的各种税收协定已有 1 300 多个。自从世界上出现地区性经济集团和大国政治集团，继双边税收协定后，又产生了多边税收协定。多边税收协定是在双边税收协定的基础上发展起来的。由于涉及的国家较多、涉及的范围较广，协调起来比较困难，因而目前缔结的多边协定还不多。主要有 1971 年签订的《印第安集团内避免双重征税的协定》，1972 年北欧五国签订的《税务行政协助的协定》，1975 年欧共体与非洲、加勒比地区和太平洋地区发展中国家签订的《洛美协定》等。

综上所述，国际税收协定自 1843 年出现以来，经历了一个从单项到综合、从双边到多边、从随机到模式化的发展过程。而《经合组织范本》和《联合国范本》的产生标志着国际税收关系的协调进入了规范化阶段。

二、《联合国范本》和《经合组织范本》

随着世界经济一体化的进程不断加快，迫切需要制定国与国之间签订税收协定时可供参考和遵循的标准。1977 年，经合组织（OECD）正式通过了《关于对所得和财产避免双重征税协定范本》，这是国际税收协定规范化的一个里程碑。但是，经合组织范本更多地倾向于发达国家的利益，并没有合理地考虑到发展中国家的要求，因而在实践过程中引起了一些发展中国家的不满。为此，联合国经济及社会理事会通过了一项决议，要求秘书长成立一个由发达国家和发展中国家代表共同组成的专家小组，研究制定能够广泛代表不同国家、不同区域、不同税收制度的国际税收协定范本。1979 年，联合国税收专家小组通过了《关于发达国家与发展中国家间避免双重征税协定范本》，即所谓的《联合国范本》。

《经合组织范本》和《联合国范本》在结构上基本相同，都分为协定序言、协定条款和结束语三部分。序言和结束语要求按照缔约国的宪法程序起草。协定条款部分，前者包含 30 条，后者为 29 条。

两个范本的基本内容包括：

第一章，协定范围。明确协定使用的人的范围和税种的范围。

第二章，定义。对协定涉及的概念，如人、公司、主管当局、国民、居民、常设机构等作出明确的定义。

第三章，对所得的课税。明确规定缔约国对各类所得的课税办法及行使地域管辖区课税的条件。

第四章，对财产的征税。明确缔约国对财产征税的办法。

第五章，避免国际重复征税的方法。规定了缔约国可以使用的抵税方法和免税方法。

第六章，特别规定。在《联合国范本》中规定了无差别待遇，相互协商程序，情报交换，税款征收协助以及外交使团成员和领馆领事享受的财政特权；另外，在《经合组织范本》中还包含了协定使用区域的扩大的相关内容。

第七章，最后规定。规定了批准文件的互换与协定生效的期限以及协定的终止方式。

如上所述，两个范本的侧重点不同，《经合组织范本》适合经济发展水平相近的国家使用，特别是发达国家之间使用。《联合国范本》则适合经济发展水平不同的国家使用，特别是发达国家和发展中国家之间签订税收上边协定时使用。两个范本在以下几个方面存在着区别：

（一）常设机构

国际税收协定一般规定，缔约国一方居民在另一方从事经营活动，如有常设机构者，由缔约国另一方征税，根据联合国范本，有更多情况下可构成常设机构，如：

（1）经合组织范本规定，建筑工地或建筑、装配工程，其经营时间满 12 个月者为常设机构，而联合国范本规定的范围更广，经营时间更短，如规定建筑工地、建筑安装工程，或上述工地、工程的有关监督管理等活动连续时间达 6 个月者为常设机构。

（2）经合组织范本规定，对未交付货物或商品的设施或保管库存均不构成常设机构，而联合国范本认为应视为常设机构。

（3）经合组织范本规定，缔约国一方企业通过独立代理人在另一方进行营业的不构成常设机构，对此联合国范本规定加以限制，认为如果该代理人经常为上述企业签订合同的，则构成非独立代理人，从而构成常设机构。

（4）联合国范本规定，在缔约国另一方收取保险费的保险公司构成常设机构，对此，经合组织范本规定不构成常设机构。

（二）营业利润

经合组织范本规定，对常设机构征税只限于该常设机构经营的利润，联合国范本对此扩大至通过该常设机构实现同样或类似商品销售及其他营业利润。

在计算利润扣除上，对常设机构采购货物支付利息，经合组织范本规定不许扣除，而联合国范本规定由双方研究决定。

（三）国际运输

经合组织范本规定，对船舶从事国际运输利润在企业实际管理机构所在的缔约国征税，而联合国范本对此则加上：如果在缔约国经常从事船运的，应对该企业全部船运利润由双方缔约国协商按比例分配征税。

（四）股息、利息和特许权使用费

（1）联合国范本对股息、利息和特许权使用费不提具体的预提税税率，主张通过双方谈判决定。经合组织范本无此提法，而规定订出具体税率。

（2）对特许权使用费，经合组织范本规定由居住国独占征税权，而联合国范本规定，通过谈判，来源国应享有一定比例的征税权。

（3）在特许权使用费的界定上，经合组织范本只包括工业特许权（含商标）、文化特许权和专用技术等使用费，而联合国范本扩及使用或有权使用工业、商业或科学设备等的支付，从而包括租赁上述设备的所得，而此项所得在经合组织范本中属于营业收入范畴，来源国对其一般不得征税。

（五）资本利得

与2000年更新的经合组织范本比较，联合国范本增加了以下两条规定，扩大了来源国的征税权：一是对公司转让位于来源国不动产构成的股份，且不动产价值占资产总值50%以上的资本利得（经合组织范本2003年修改本接受此规定）；二是对个人转让来源国居民公司股份，而且该个人拥有一定比例股份者的资本利得。

目前税收协定的联合国范本越来越受到发展中国家欢迎。国际财政文献局对1980年1月1日（第一部联合国范本公布之日）起至1997年4月1日间，签订的国际税收协定800多项分析发现，其中700多项是发展中国家同发达国家或其他发展中国家签订的，在发达国家之间签订的只100多项。700多项中有500多项协定列有常设机构的建筑工地经营时间规定，其中采用联合国范本规定（6个月）的竟有450多项，占总数约90%，这450多项协定中有相当部分是发达国家参加签订的。这说明许多发达国家也趋向采用联合国协定范本，而且日益增多。再者，联合国范本的广泛推行，使代表发达国家税收利益的经合组织协定范本的许多规定不得不随之修改，前面说过，其2003版本的资本利得条款中对转让股份资本利得改为来源国征税即属一例。

三、中国的对外税收协定

（一）我国对外税收协定的发展情况

在新中国成立之后，我国根据不同时期经济发展的需要，与有关国家缔结了大量的、不同类型的国际税收协定。

早在20世纪50年代初，刚刚建国的中国就与苏联和东欧各国以及朝鲜、越南等国签订《友好通商条约》或者《通商航海条约》，其中就包括有双方免征海洋运输收入税收的条款。之后又逐步与古巴、老挝、阿富汗、瑞士、加拿大、联邦德国、芬兰、英国、荷兰、比利时、希腊、意大利、挪威、丹麦、瑞典、科威特等国签订了互免海运收入税收或互免空运收入税收的专项税收协定，或者将互免海运收入税收或互免空运收入税收的条款包括在双方签订的海运协定或民用航空协定中。此外，我国还以换文的形式与波兰、阿根廷、法国等国达成了互免海运收入税收或互免空运收入税收的协议。在1981年1月以前，我国同有关国家签订的这类协定换文已达40多个。

自20世纪70年代末以来，我国对外经济贸易发展迅速，外资涌入，对外投资和劳务输出飞速发展，我国与世界各国之间关于对跨国投资者和经营者的征税问题变得十分现实和突出，税收矛盾也随之出现并且日益复杂化，其中有很多问题是我国单方面难以解决的，如国际重复征税问题、对跨国纳税人和跨国所得征税权的确认问题等。在1980和1981年我国先后颁布了《中华人民共和国个人所得税法》、《中华人民共和国中外合资经营企业所得税法》和《中华人民共和国外国企业所得税法》三个涉外税法，初步确立了中国的涉外税收体系，为对外谈判和缔结全面避免重复征税协定奠定了国内法律基础。自1981年，我国开始与有关国家缔结全面性的双边税收协定。

1983年我国同首先开展经贸往来的日本签署了第一个综合性的国际税收协定《中华人民共和国和日本国政府关于对所得避免双重征税和防止偷漏税的协定》。2006年，国家税务总局在税收协定谈判和签署方面，有选择性地与英国、比利时等5个国家开展对原有协定的修订工作，完成了与香港特别行政区对原有税收安排的修订并签署了全面的税收安排，积极与中资企业境外投资活动较多的国家开展税收协定谈判。在税收协定执行方面，加强与缔约国税务当局相互协商，解决我国企业境外投资活动中遇到的税务纠纷及不公正待遇，妥善处理了一些有影响的我国企业境外税案。至2006年年底，我国共对外正式签署89个税收协定，生效协定82个，与香港、澳门签署了避免双重征税安排。

已经生效的82个协定是（依签字顺序）：

日本，美国，法国，英国，比利时，德国，马来西亚，挪威，丹麦，新加坡，芬兰，加拿大，瑞典，新西兰，泰国，意大利，荷兰，捷克斯洛伐克，波兰，澳大利亚，保加利亚，巴基斯坦，科威特，瑞士，塞浦路斯，西班牙，罗马尼亚，奥地利，巴西，蒙古，匈牙利，马耳他，阿联酋，卢森堡，韩国，俄罗斯，巴新，印度，毛里求斯，克罗地亚，白俄罗斯，斯洛文尼亚，以色列，越南，土耳其，乌克兰，亚美尼亚，牙买加，冰岛，立陶宛，拉脱维亚，乌兹别克，孟加拉，南斯拉夫，苏丹，马其顿，埃及，葡萄牙，爱沙尼亚，老挝，塞舌尔，菲律宾，爱尔兰，南非，巴巴多斯，摩尔多瓦，古巴，委内瑞拉，哈萨克斯坦，印度尼西亚，阿曼，突尼斯，伊朗，巴林，吉尔吉斯，摩洛哥，斯里兰卡，特立尼达和多巴哥，阿尔巴尼亚，阿塞拜疆，格鲁吉亚，墨西哥。

香港、澳门签署了避免双重征税安排均已经生效。

已经正式签署但尚未生效的 7 个协定是（依签字顺序）：

卡塔尔国，尼泊尔，尼日利亚，希腊，文莱，沙特阿拉伯，阿尔及利亚。

（二）我国有关国际税收协定的原则

我国对外签订税收协定的基本原则是：既要有利于维护国家主权和经济利益，又要有利于吸收外资，引进技术，有利于本国企业走向世界。在此基础上，我国目前对外签订的综合性双边税收协定中，一般坚持以下具体原则：

1. 待遇对等原则

即协定中所有条款的规定要体现对等，对缔约国各方具有同等的约束力。

2. 地域管辖区优先原则

即坚持和维护所得来源地优先课税的权力，在合理合法的基础上充分保障我国的税收权益，这是从我国对外交往多处于资本输入国的角度考虑的。

3. 遵从国际税收惯例原则

即我国对外商签税收协定，应该参考国际通行的税收协定范本，在兼顾双方利益的基础上结合各个范本制定出适合自己的范本。

4. 税收饶让原则

即坚持对方国家对我国的减免税优惠要视同已征税额给予减免，使税收优惠切实有效。

在税收协定的具体执行过程中，为协调国内税法与国际协定，《中华人民共和国外商投资企业和外国企业所得税法》第 28 条规定："中华人民共和国政府与外国政府订立的有关税收的协定同本法有不同规定的，依照协定的规定办理。"但同时，在实施对外税收协定的过程中，我国实际上又坚持了税负从低的原则，即凡是国内税法规定的征税条件，待遇或负担严于或高于国际协定的，按协定规定执行；反之，凡是国内税法规定的征税条件，待遇或负担优于于或低于国际协定的，在一般情况下仍然按国内税法的规定处理，也就是将税收优惠政策切实落到实处。如《中日税收协定》第27条规定：“本协定不应解释为以任何方式限制缔约国一方根据缔约国法律或缔约国双方政府间的协定，已经给予或今后可能给予缔约国另一方国民或居民的免税、减税及其他扣除。”综上所述，当国内税法和税收协定出现矛盾时，应遵循税收负担就低不就高的原则。

第三节　主要国家税收制度

如前所述，国家税收是国际税收产生的基础，也是研究国际间税收关系的起点。因而，了解世界各国税收制度和税制结构，比较它们之间的区别与联系便是国际税收必须研究的问题。

一、税收制度概述

（一）税收制度的含义和内容

税收制度，指国家以法律、法令、条例、法规形式确定的各种课税办法的总称。广义的税收制度还包括税收管理体制和税收征收管理制度。其内容包括税种的设置，各税种的具体内容和规定，以及不同税种的组合搭配和相互关系。

（二）税收制度要素

税收制度同国际税收一样，也有其构成的基本要素，这些要素是税收的具体表现。税收制度的要素主要包括三个方面的内容，即对什么征税、征多少以及由谁负担和缴纳，具体来说就是征税对象、纳税人和税率。当然，构成税制的因素还有纳税环节、纳税期限等，在这里我们具体介绍一下三大基本要素。

1. 纳税人

纳税人是根据税法直接负有纳税义务的单位和个人，也可以称为纳税主体。所谓的单位也即法人，是具有民事权利能力和民事行为能力，依法独立享有民事权利和承担民事义务的组织。需要注意的是纳税人是直接纳税的主体，却并不一定是最终负税主体，在间接税条件下纳税人最终将其税负进行了转嫁。

2. 课税对象

课税对象是征税的标的物，是征税的起点和根据。不同的税种通常以课税对象来区分并加以命名，例如所得税即对各种所得征收的一种税，增值税是以商品生产、流通和提供劳务的各个环节的增值额或增值因素作为课税对象的一种税，等等。

3. 税率

税率是对征税对象的征税比例或征税额度。税率通常有三种形式，一种是定额税率，即按绝对量形式规定的固定征收额度，适用于从量记征的税种和税目，计量单位可以是自然单位，也可以是特别规定的复合单位；第二种是比例税率，指对同一征税对象，不论数额大小均规定相同的征收比例的税率，根据产品、行业、地区等的不同可以规定不同的比例，称之为“差别比例税率”，这种差别比例税率也包括国家规定一个税率幅度，由地方政府在此幅度内自由选择税率的形式；第三种是累进税率，即对同一征税对象，随数量（包括绝对量和相对量）的增大，征收比例随之升高的税率，累进税率又可分为“全额累进税率”、“超额累进税率”、“全率累进税率”、“超率累进税率”四种形式。

（三）税种分类

对税种进行分类的过程就是将繁多复杂的税种按照某一原则或方法进行归类的过程，也是进行税制研究和国家间税收制度比较的基础。税种在不同国家、不同地区千差万别，性质相同的税种可能会有不同的名称、征税环节、征税范围等，为了规范、研究和比较税收制度，通常可以将税制进行以下几种分类：

1. 从量税和从价税

若以课税对象的数量、重量、容积、体积等“量化”指标为计量标准进行征税，称之为从量税。若以课税对象的价格或价值为计量标准从价计征，则为从价税。

2. 中央税、地方税、共享税

顾名思义，中央税是由国家负责征收和管理的税种，其税收收入形成中央政府的财政收入；地方税是有地方政府负责征收和管理的税种，收入进入地方财政；共享税是由国家进行同一征收并按固定比例在中央和地方之间划分收入的税种。

3. 直接税和间接税

直接税是直接向税负的最终承担人进行征税的税种，如个人所得税、公司所得税、资本利得税、社会保障税等。直接税的税负是不可以转嫁的。间接税的征税对象并非最终的负税人，是通过纳税人“间接”向税负最终承担人征收的税种，如销售税、增值税、关税、消费税等流转税均为间接税，间接税是可以转嫁的。

4. 价内税和价外税

价内税是指税金包含在商品价格之中，按含税价计征的税种。价外税指税金不包含在商品的价格之中，按不含税价格计征的税种。

5. 对人税和对物税

若一国的征税着眼点是纳税主体，则称之为对人税；若着眼于课税对象，则称之为对物税。

6. 流转税、所得税、财产与行为税、资源税

流转税是以商品或劳务的流转额为课税对象的税种，如前所述销售税、增值税、关税、消费税等都属于流转税。所得税是以纳税人的所得为课税对象的税种，包括个人所得税、公司所得税、资本利得税、股息税等。财产税是以纳税人拥有的各类财产为课税对象的税种，如房产税、遗产税等。行为税是以特定经济行为为课税对象的税种，较为常见的是印花税、屠宰税等。资源税是国家对开发和利用自然资源的单位和个人，由资源条件的差别所取得的级差收入课征的一种税。

对税种的分类方法很多，在国际上影响较大的是 OECD 国家所统一使用的税收分类法，该分类法将税种分为七大类：（1）对商品和劳务课税；（2）对所得、利润和资本利得课税；（3）社会保险税；（4）按工资表或劳动力对雇主课税；（5）对净财富和不动产课税；（6）对赠与、继承、资本、金融交易课税和印花税；（7）其他税。

（三）税制结构

税制结构即按一定标准进行税种分类的基础上所形成的税种的分布格局、内部构造及其相互联系的系统。习惯上我们将税制结构分为两大类型——单一税制和复合税制。

单一税制是指整个税系只包含少数几个简单的税种，在此税制下不存在复杂的结构构造问题。单一税制结构简单，易于征集，但难于实现普遍课税，难以保障财政收入，易使税源枯竭，因而随着经济的发展已经遭到淘汰。历史上单一税制理论，是出于对当时政府严苛税政的不满而提出的，主张税收的透明化和简单化。

在税制历史上长期居于统治地位的是复合税制，是指由各种不同的税种组成并相互补充的税收制度。其内部构造主要包含三大税类体系：商品课税，收益所得课税，财产（土地）课税。其中商品课税称间接税，收益所得课税和财产（土地）课税称直接税。

对于复合税制体系，美国的财政学家马斯格雷夫通过现代社会的货币运动流程对税收的影响和课税分布点进行了剖析。

如图 1－1，假设整个国民经济由两部分组成：企业部门和个人家庭部门。通过顺时针方向表示家庭和企业的货币收支，逆时针方向表示生产要素的投入和产出。货币

收支和投入产出形成对流。家庭收入1可以分为消费支出2和家庭储蓄3两部分，消费支出2进入消费品市场购买，转化为消费品供应企业的收入4。家庭储蓄3通过资本市场形成投资5。然后在资本货物市场购买支出，形成资本货物供应企业的收入6。企业总收入7在支出使用8时，扣除补偿折旧的9，其余部分10在生产要素市场作为薪金11购买劳务，作为盈利利润12购买资本生产要素。按照等价交换的市场原则，要素提供者（劳动者和资本所有者）分别获得了工资13、股息、利息、租金14等国民收入份额。这些所得成为家庭个人的收入1。此外，还有一部分企业收入作为保留利润15，加上折旧9构成企业储蓄16，它和家庭储蓄3一起形成投资资金，进入资本货币市场。这样收入与支出的流转就结束了。

在马斯格雷夫看来，税收就是政府在收入支出的流转过程中抽取一定资金的过程。让我们再次回到图1－1中，点1是对家庭收入的征税，点2是对消费支出的征税，点4是对零售营业收入的征税，点7是对工商业毛收入总额的征税，点10是对扣除折旧后的净营业收入的征税，点11是对薪金的征税，点12是对利润的征税，点13是对工资收入的征税，点15是对保留利润的征税，点14是度股利的征税。目前许多国家税制中的主要税种就是根据这些税收节点设置的，如点1处征收个人所得税，4处征收营业税，11处征收薪给税，12处征收企业所得税等。

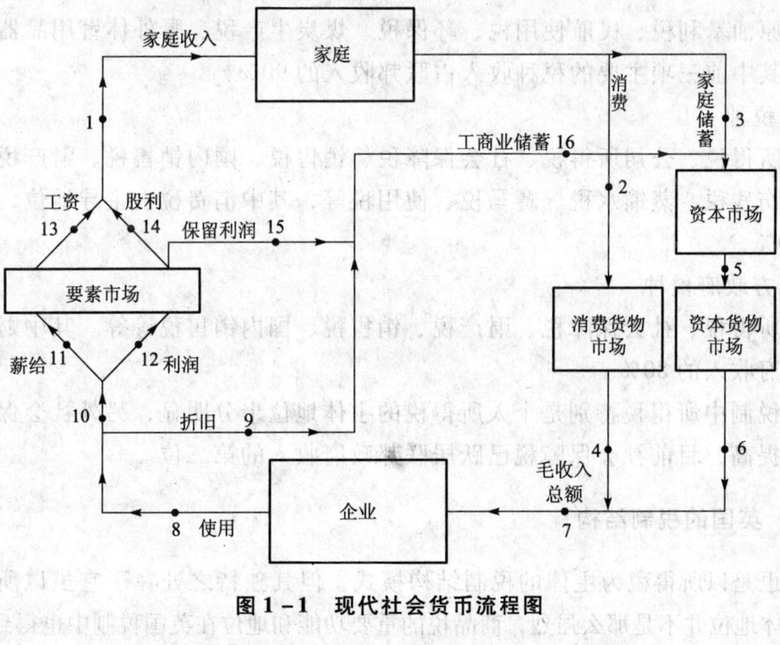

图1－1　现代社会货币流程图

从税制演化的历史以及目前各国经济发展水平及其税制结构的对应关系来看，税制结构的变化趋势是由简单、原始的直接税制演变为间接税制，再进一步演变发展为发达的现代直接税制，而在不同经济发展水平的国家之间，发达国家多以所得税中的个人所得税为主，发展中国家则以商品劳务税为主体，且其所得税以企业所得为主体，研究表明税制的安排与国家经济发展水平息息相关。

二、主要国家税制结构模式

（一）美国的税制结构

美国的税制结构是以所得税为主体的税制结构模式。其税收体系由联邦、州、地方政府各自税收体系所构成。其中联邦政府的税收主要依靠所得税，州政府主要依靠消费税，地方政府主要依靠财产税。除此之外，社会保障税主要由联邦政府进行征收。美国共有80多个税种，它们在联邦、洲、地方政府的分布如下：

1. 联邦税种

个人所得税、公司所得税、社会保障税、国内消费税、财产税、遗产与赠与税、能耗高的车辆税、坐飞机和轮船旅行税、外国人承担的保险单税、没有注册等级的承保人税、原油暴利税、民航使用税、环保税、煤炭生产税、野外体育用品器械税、关税等等。其中前三项主要的税种收入占联邦收入的90%。

2. 州税种

个人所得税、公司所得税、社会保障税、销售税、国内销售税、财产税、遗产与赠与税、伤残税、蒸馏水税、赛马税、使用税等，其中消费税占主导地位，约占地方收入的60%。

3. 地方政府税种

个人所得税、社会保障税、财产税、销售税、国内销售税等等。其中财产税收入占地方政府收入的80%。

美国税制中所得税特别是个人所得税的主体地位十分明显，另外社会保障税的地位在不断提高，目前社会保障税已跃居联邦政府收入的第二位。

（二）英国的税制结构

英国也是以所得税为主体的税制结构模式，但其独特之处在于它虽以所得税为主体，但主体地位并不是那么强烈，商品税的重要功能和地位在英国税制中也得到了体现。

英国税收管理权高度集中于中央，主要税源掌握在中央政府手中，几乎全部的税收收入都由中央政府统一支配和使用，地方政府的经费主要来源于中央的补助金。

从税制上看，英国的税制主要由下列各税组成：个人所得税、公司所得税、社会保障（险）税（或社会保障交款）、增值税、石油税（包括石油收入税和石油特许使用费）、资本利得税、资产转移税、土地开发税、印花税、国内消费税（汽油税、烟税、酒税）、遗产税和关税。

（三）加拿大的税制结构

加拿大的税制结构模式是以直接税为主的税制。其直接税主要包括个人和企业所得税，资本收益税等。其主要税种和税源在各级政府间共享。个人所得税在联邦、省和地方财政中均占有重要地位。

加拿大税制的另一个特征是共享税与专享税并存。主要税种如个人所得税、企业所得税、社会保险及销售税以及商品服务税等是联邦、省和地方共享税，其中个人所得税、公司所得税由联邦税务机构统一征收，其他共享税分征分管。同时，各级政府均有专享税，如关税只能由联邦征收，资源税专属省政府，财产税专属地方政府。

加拿大的主要税种尤其是所得税税率十分复杂，如个人所得税联邦实行超额累进税率，其计税依据是收入总额减去法定扣除额。而省个人所得税是以居民应交联邦个人所得税额为税基，另对高收入者加征一道附加税。同时，各省之间的个人所得税税率也不相同，如 1993 年爱德华王子岛省为联邦所得税率的 59%，纽芬兰省为 69%，马尼托巴省为 52%，萨斯喀彻温省为 50%，安大略省为 55%，新不伦瑞省为 62%，艾伯塔省为 45.5%，不列颠哥伦比亚省为 52.5%，西北地区为 45%，育空地区为 50%，而且随着年度变化这些税率也经常变动。

（四）法国的税制结构

法国的税制结构模式是以社会保障缴款（即社会保障税）和增值税为主体的双主体型税制结构模式。税收收入高度集中于中央，中央税收收入占总税收收入的绝大部分。

法国的税收立法权归属于中央，地方只能在中央规定的税率幅度内确定税率。中央税（国税）占全部财政收入的比重约为 80% 左右，地方税基本上是与经济效率没有联系，比较稳定的财产税类等。

法国现有 50 多种税，中央地方完全分税，税种在中央和地方的分布如下：

1. 中央税种

增值税、个人所得税、公司所得税、消费税、关税、石油产品税和其他税收。

2. 地方税种

(1) 地方直接税：职业税、住房税（居住税）、土地税、不动产交易税；(2) 间接税：分为强制性和非强制性两种，强制性的有：饮料销售专利税、演出税、娱乐税、通行税；非强制性的有：矿泉水附加税、电力消耗税、广告税和打猎税等。

（五）德国的税制结构

德国的税收结构比较成熟，是以所得税和增值税为主体的双主体税制结构模式。德国是一个联邦制国家，实行联邦、州、地方政府三级分权自治的管理体制。德国目前有42种税，包括专享税、共享税以及一个特殊的由教会而非政府管理的教会税。这些税种的具体分布如下：

1. 联邦税

关税、各类消费税（如烟草税、酒税、咖啡税、茶税、石油税、糖税、盐税、照明灯税等）、公路税、资本流转税、交易所营业税、保险税、货币兑换税和东西德合并按工资额征收的团结互助税等。

2. 州税的主要税种

财产税、遗产税、地产购置税、机动车税、啤酒税、消防税、彩票税、赌场税、赛马税等。

3. 地方税

地产税、营业税、企业资本利得税、娱乐税、附加税（饮料税、狗税、渔猎税等）。

4. 共享税

工资税、估定所得税、非估定所得税、公司所得税、增值税、进口增值税。共享税的分配比例为：工资税和估定所得税，联邦、州、地方分别享有42.5%、42.5%和15%；非估定所得税和公司所得税，联邦和州各分享50%；增值税和进口增值税由联邦和州分享，但分享比例视两者财力而定，一般为联邦65%左右，各州35%左右。

（六）日本的税制结构

日本的复合税制以所得税为主体，其税负在发达国家中属于比较低的。其财政体制实行分税制。日本现行的税制体系如下表。

表 1-1 日本现行税制体系

类别		国税	都道府县税	市町村税
所得课税	个人	个人所得税	都道府县民税 个人事业税	市町村民税
	法人	法人税	都道府县民税 法人事业税	市町村民税（法人）
商品课税		消费税、酒税、烟税、汽油税、石油液化气税、航空燃料税、石油税、汽车重量税、关税、吨位税、地方道路税、电源开发促进税	地方消费税、都道府县烟税、高尔夫球场使用税、特别地方消费税、狩猎者注册税、矿区税、汽车购置税、汽油交易税、出猎税、汽车税	轻型汽车税、市町村烟税、矿产税、矿泉浴税、宅基地开发税、国民健康保险税、公共设施税
财产课税		遗产税、赠与税、地价税、交易所税、有价证券交易税、印花税	不动产购置税、水利地益税、固定资产税（特例）	固定资产税、特别土地所有税、事业所税、城市规划税、水利地益税

（七）印度的税制结构

印度是以间接税为主体的税制结构模式，在独立初期，间接税占全部税收收入总额的2/3，近年来更增加到了税收收入总额的3/4左右。印度实行分税制，把现行税种分为中央税即联邦税、地方税（即各邦税）和共享税。但从各税种对中央与地方的财政关系看，共享税也应属中央税，只是由议会规定按一定比例划拨给各邦。

按照不同的标准，印度的税收可以划分为直接税和间接税，中央税和地方税。

1. 直接税和间接税

直接税主要包括所得税、财富税、农业税、利息税和赠与税等。间接税主要包括消费税、销售税、有限度增值税、入市税、关税等。

2. 中央税和地方税

（1）主要税种的划分。划属中央税的税种，是由印度联邦政府依法管理并征收的税种。其中除个别税种的收入划拨给各邦一部分外，全部作为联邦政府的收入。这些税种包括所得税、关税、中央消费税等。地方税是由各邦政府按照被授予管理权限征收的税种，所得税收均为各邦收入，主要有销售税、各邦销售税、土地税、娱乐税等。

（2）税收管理权限的划分。各税种的立法原则上由政府统一掌握，同时把应归地方征税的征收权授予地方。

（3）税务机构的设置。与分税制相适应，印度税务机构也是中央和地方政府各自分设，分别设置管辖中央各税和地方各税的税务机构。中央各税的管理机构有在财政部设立的中央直接税管理委员会和中央消费税及关税管理委员会，分别掌管直接税和间接税。两个委员会都在各地按照税源分布情况划定征管区，设立派出机构，分别委派税务司主管。

复习思考题

1. 什么是国际税收？国际税收涉及哪些方面？

2. 什么是税收管辖权？有哪两种基本形式？

3. 什么是国际双重课税？避免国际双重课税可以采取哪些方法？

4. 什么是国际避税和反避税？反避税的措施有哪些？

5. 国际税收协定产生的背景是什么？它的作用有哪些？具有世界性意义的两个国际性税收协定是什么？

6. 简述国际税收、国家税收和涉外税收的关系。

7. 国际税收的主体和客体是什么？什么是跨国公司？跨国公司的基本特征是什么？

8. 选定一个国家，按照你对税收制度含义的理解，详细阐述其税制结构并与书中所述国家进行比较分析。

第二章　国际税收筹划的基本原理

✓本章摘要

● 国际税收筹划是指跨国纳税义务人运用合法的方式，在税法许可的范围内减轻或消除税负的行为。

● 国际税收筹划的前提条件主要包括税收法治的完善和纳税人权利的保护。

● 跨国公司税收筹划的特点为合法性、顺法性、目的性、综合性、专业性、超前性等。

● 国际税收筹划的原则包括成本效益原则、利润最大化原则、不违法原则、动态原则、重视货币的时间价值原则、充分利用政策导向等。

● 在进行税收筹划时应对政策风险、操作风险以及税务执法风险予以充分考虑。

● 税收筹划有利于发挥税收调节经济的杠杆作用，有利于国家税法及税收政策的不断改进和完善，有利于跨国公司实现股东利益最大的目标。

✓本章关键词

国际税收筹划　　国际税收筹划的特点　　国际税收筹划的原则

国际税收筹划的风险　　国际税收筹划的意义

✓学习完本章，你需要掌握：

- 了解国际税收的起源以及税收筹划在中国的开展状况。
- 了解过各国家地区对国际税收筹划概念的表述。
- 了解税收筹划的前提条件。
- 掌握国际税收筹划的特点和原则。
- 学习国际税收筹划过程中的风险及跨国公司如何规避这些风险。
- 理解国际税收筹划的意义。

随着经济全球化、生产经营国际化的日益发展，特别是加入 WTO 以后，我国经济活动要和国际经济接轨，参与国际竞争，在强手如林的世界经济舞台争得一席之地，谋求利益的最大化，充分运用税收筹划（Tax Planning）就成为必然。近年来，在资本跨国跨地区互相渗透和流动过程中，国际税收筹划在我国的研究和运用有所发展。

第一节　国际税收筹划概论

一、税收筹划的起源

税收筹划是税务咨询的一项重要业务，故其与税务咨询有着密切的关系。谈到会计、金融和税务咨询的历史，人们一般都会想到意大利。会计的借贷记账法，最早的起源是十二三世纪意大利威尼斯金融业的复式记账法。世界最早的商业银行，于 1580 年成立于意大利的威尼斯。因为商业繁荣、法制健全，19 世纪中叶在意大利从事税务咨询的专业人员的地位也比较高。在当时的意大利，任何人不用经过任何注册都可以从事包括税务咨询在内的税务业务，也包括税收筹划。

比较早的税收筹划的法律依据，税收专业界谈论较多的是英国上议院议员汤姆林爵士针对“税务局长诉温斯特大公”这一税案中所作的声明。他指出，“任何一个人都有权安排自己的事业，根据法律这样做可以少缴纳税款。为了保证从这些安排中获得利益，不能强迫他多缴税”。汤姆林爵士的观点赢得了法律界的认同，英国、澳大利亚、美国在以后的税收判例中经常援引这一法律原则精神。

谈到现代税务咨询及相关的税收筹划业务的实施机构，人们一般首先会提起欧洲税务联合会。欧洲税务联合会于 1959 年在法国巴黎由 5 个欧洲国家的从事税务咨询的专业团体发起成立，其会员是税务顾问和从事税务咨询的专业团体，目前有会员 15 万，分别来自奥地利、比利时、瑞士、德国、英国、丹麦、西班牙、法国、意大利、卢森堡、荷兰等 22 个欧洲国家，由于有些是以团体名义入会的，所以参加欧洲税务联合会的税务顾问人数实际上更多。欧洲税务联合会明确提出税务专家是以税务咨询为中心开展税务服务，同时从事纳税申报表、财务文件的填报和编制，以及对行政机关、法庭或纳税人的代理等业务，于是形成了一种独立于税务代理业务的新业务，这种业务的一个重要内容就是税收筹划。特别是近 30 年来，税法在各国完善的同时，也变得相当庞杂。又由于税法涉及经济学、法学、会计学等多个学科领域，专业性强，非专业人士对此难以真正驾驭。正如美国南加州大学 WB · 梅格斯博士在

《会计学》中谈到的那样："美国联邦所得税变得如此复杂，这使为企业提供详尽的税收筹划成了一种谋生的职业。现在几乎所有的公司都聘用专业的税务专家，研究企业主要经营决策上的税收影响，为合法的少纳税制定计划。"此外，社会中介组织，包括会计师事务所、审计师事务所、律师事务所和税务代理所，其业务的很大一部分就是为客户提供税收筹划。即便是税收机关，对税收筹划的研究也非常重视。因为从纳税人的税收筹划活动中，可以掌握多种税收信息，从而使税收法制与征收管理的建设日益完善。

税收筹划的学术研究在税收筹划业务兴起之后开始出现。德国人伐克主编的《德国与国际税收百科全书》所引用的有关税收筹划的最早文献是H·校肯霍夫写的《企业纳税筹划》，"税收筹划"一词开始出现在该文献中。在20世纪50年代，税收筹划开始从企业的经营计划里独立出来，引起了人们的重视，并因此带动了对包括个人税收筹划在内的税收筹划的全面研究，开辟出了一个新的研究领域。20世纪80年代以后，在税收筹划业务广泛开展的同时，对税收筹划理论的研究也进一步深入，有关文章、刊物、专著不断出现。费尔勒国际出版公司曾于1989年出版过一本名为《跨国公司的税收筹划》的专著，书中提出的观点及税收筹划技术在一些跨国公司中颇有影响。

税收筹划在我国的开展也是一个循序渐进的过程。建国后我国建立起计划经济体制，税收分配作为规范的分配手段，在行政命令整齐划一的计划分配体制下，就显得不合时宜，被当作"烦琐哲学"遭到抛弃，更不用说所谓的税收筹划了。

改革开放初期，税收筹划还鲜为人知。随着改革开放的不断深入与社会主义市场经济的发展，尤其是在我国设立的众多的外商投资企业在其经营过程中普遍实施税收筹划并获取了较大的税收利益，给中国纳税人和税务征收机关以很大的震动和启发后，税收筹划才逐渐为人们所认识、了解和实践。

1994年我国建立起了比较适应市场经济要求的税收制度，税法更加规范，专业性也随之增强。税务代理制度也于1984年在我国建立并在全国试行。1996年人事部、国家税务总局联合颁布《注册税务师资格制度暂行规定》，1999年两部又联合下发了《注册税务师执业资格考试施行办法》，标志着我国注册税务师考试制度的正式建立。这从制度和人才上为税务代理及税收筹划的开展打下了基础。

近年来，我国企业税收筹划的主动性不断增强，税收筹划的意识不断提高。同时，随着我国税收环境的日渐完善，税收筹划被一些专业税务代理机构看好，成为这些专业机构的新的业务增长点和利润增长点。北京、深圳、大连等纳税筹划较为活跃的地区涌现出一些税收筹划的专业网站。如"中国税收筹划网"、"中国税务通网站"、"大中华财税网"等。

从目前一些专业机构为纳税人所做的税收筹划的实际情况来看，大致可分为三个层次：一是最高境界的投资战略筹划，税收因素是整个战略规划的重要组成部分；二是税收管理方面的筹划，将税收筹划运用到企业的日常财务管理中，使企业的在合法的范围内，延缓纳税，减轻税负，增加收益；三是税收筹划个案的解决，只针对企业的某一项具体问题提出解决方案。其中，第三层次的税收筹划应用最为广泛。

由于税收筹划在我国出现的时间很短，尽管目前关于税收筹划的著作已经出现不少，但税收筹划理论的系统性和深度还不够，有说服力的操作实例也不多。从整体上看，税收筹划在我国仍然属于一个新的课题。我们有理由相信，税收筹划作为合法的为纳税人节省支出的业务，作为中国法制完善的助推器，应该有其存在和发展的空间。

二、国际税收筹划的概念和内涵

税收筹划是境外一些国家或地区代理业和税收咨询业的重要业务内容和常用词，但税收筹划在国际社会却无统一概念。各国或地区均在实际操作性上适用各自的概念或定义。较有代表性的表述有以下几种：

荷兰国际财政文献局（IBFD）编著的《国际税收辞汇》中下的定义是“税收筹划是指纳税人通过经营活动或个人事务活动的安排，实现缴纳最低的税收”。

印度税务专家 NJ 雅萨斯威在《个人投资和税收筹划》一书中称：“税收筹划是纳税人财务活动的安排，以充分利用税收法规所提供的包括减免税在内的一切优惠，从而获得最大的税收利益。”

美国南加州大学的梅格斯博士在与 RF · 梅格斯合著的、已发行多版的《会计学》中写到，“人们合理又合法的安排自己的经营活动，使之缴纳可能最低的税收，他们使用的方法可称之为税收筹划……少缴税和递延交纳税收是税收筹划的目标所在。”另外他还说：“在纳税发生前，有系统地对企业经营或投资行为作出事先安排，以达到尽量的少缴所得税，这个过程就是税收筹划”。

税收筹划概念的上述三种表述各不相同，但对其共性的认识基本一致：（1）税收筹划的前提是遵守或至少是不违反现行税制及其相关的法律法规；（2）税收筹划的直接目的是获得最大的税后利益；（3）税收筹划是纳税人的一种管理职能，是纳税人在纳税之前，通过事先安排和规划，达到减轻税负的目的。由此，纳税筹划可表述为：纳税人在遵守或不违反国家现行税制及相关法律的前提下，通过对生产经营活动的科学统筹和合理安排，选择最佳的纳税方案，达到降低税金负担，获得尽可能大的税后利益的目的。

国际税收筹划是指跨国纳税义务人运用合法的方式，在税法许可的范围内减轻或消除税负的行为。国际税收筹划是国内税收筹划在国际范围内的延伸和发展，其行为不仅跨越了税境，而且涉及两个以上国家的税务政策，因此，国际税收筹划较国内税收筹划更复杂。

“国际税收筹划”在我国虽然还是一个新概念，但在国际上早已成为企业投资、理财和经营活动中的一项重要活动。世界各国（或地区）的税种、税率、税收优惠政策等千差万别，为跨国企业开展国际税收筹划提供了广阔的空间。经济全球化、贸易自由化、金融市场自由化以及电子商务的发展都为国际税收筹划提供了可能。在科技进步、通讯发达、交通便利的条件下，跨国企业资金、技术、人才和信息等生产资料的流动更便捷，这为国际税收筹划提供了条件。大型跨国公司往往专聘税务专家为本公司进行税收筹划。如以生产日用品闻名的联合利华公司，其子公司遍布世界各地。面对着各个国家的复杂税制，母公司聘用了45名高级税务专家进行税收筹划。一年仅“节税”一项就给公司增加数百万美元收入。在西方发达国家，税收筹划这个概念像工作计划一样频繁使用，并有人专门以此为职业。

国际税收筹划可以说是一门跨国交易设计的艺术。它是专业人员在自己丰富的国际税收原理知识和大量商业实践的基础上，找到的可以减轻纳税义务而又顺从法律意图的商业活动和资金流途径。国际税收筹划的过程主要是对跨国交易中的现金流进行跟踪，从现金流开始之东道国追踪至其最终目的地，即跨国公司的母国。税收筹划可以帮助减少累进征税，避免国际双重征税，最大限度地利用东道国的税收优惠政策，以最低的成本和风险，合法地获取海外税收收入。

三、税收筹划的前提条件

税收筹划的前提条件是指进行税收筹划所必须具备的基本条件。税收筹划并不是在任何条件和环境下都可以进行的。我国在很长一段时间内没有税收筹划，也不知道什么是税收筹划，而发达国家已经在很长一段时间内实践着税收筹划并已将其发展为一项非常有前途的产业，这种截然相反的状况与是否具备税收筹划的前提条件具有很大关系。不具备税收筹划的前提条件就无法进行税收筹划，也不容许有税收筹划的存在，而一旦具备了税收筹划的前提条件，税收筹划就会如雨后春笋一般冒出来，这同样是不以个别人的主观意志为转移的。因此，探讨税收筹划的前提条件是研究税收筹划的一个非常重要的基本理论问题。税收筹划的前提条件主要包括两个方面：税收法治的完善和纳税人权利的保护。

（一）税收法治的完善

税收法治是实现了税收法律主义以及依法治税的一种状态。税收法治的完善的基本前提条件是税收立法的完善。税收法治的完善之所以是税收筹划的前提条件是因为税收筹划是在法律所允许的范围内进行的筹划活动，而如果没有完备的法律，一方面无法确定自己所进行的筹划是否处于法律所允许的范围内，也就无法区分自己的行为是税收筹划还是违法避税甚至偷税，另一方面，税法不健全，纳税人往往通过钻法律的漏洞来达到减轻税收负担的效果，而没有必要进行耗费精力和人力、物力的税收筹划行为。

税收筹划首先在税收法治比较完善的国家兴起也在某种程度上验证了我们的观点。我国在很长一段时间没有出现税收筹划，甚至没有人提出税收筹划，与我国税收法治建设的水平较低有很大关系，目前我国正在加紧进行税收法治建设，依法治税的口号也提出了许多年，这样，客观上就为税收筹划提供了一个发展的空间。在未来二十年，我国的税收法治建设将提高到一个较高的水平，因此，税收筹划的发展前景也是非常乐观的。

（二）纳税人权利的保护

纳税人权利保护也是税收筹划的前提条件，因为，税收筹划本身就是纳税人的基本权利——税负从轻权的基本体现。纳税人最大和最基本的权利，就是不需要缴纳比税法规定更多的税收。税收是国家依据法律的规定对具备法定税收要素的人所进行的强制征收。税收不是捐款，纳税人没有缴纳多于法律所规定的纳税义务的必要。纳税人在法律所允许的范围内选择税负最轻的行为是纳税人的基本权利，也是自由法治国中“法不禁止即可为”原则的基本要求。如果对纳税人权利都不承认或者不予重视，那么作为纳税人权利之一的税收筹划权当然得不到保障。世界税收筹划比较发达的国家都是纳税人权利保护比较完善的国家，而纳税人权利保护比较完善的国家也都是税收筹划比较发达的国家。

我国的税收筹划之所以姗姗来迟，其中一个很大的原因就是不重视纳税人权利保护。目前仍有人没有从纳税人权利的角度来认识税收筹划，把税收筹划认定为是纳税人投机取巧、与国家争利益的行为，这是不利于税收筹划事业发展的。税收筹划作为纳税人的一项基本权利，应当得到法律的保护，应当得到整个社会的鼓励与支持。我国纳税人权利保护的水平在不断提高，因此，税收筹划也必将在纳税人行使自己权利的过程中不断发展壮大。

第二节 国际税收筹划的特点和原则

一、国际税收筹划的特点

跨国公司税收筹划是指跨国纳税人利用各国税法差异，通过对跨国筹资、投资、收益分配等财务活动进行合理的事先规划和安排，以减少或消除其对政府的纳税义务，跨国公司税收筹划具有以下特点：

（一）合法性

合法性是跨国公司税收筹划最基本的特点，这是纳税筹划必备的前提条件，也是税收筹划与偷逃税之根本区别所在。各国税法是各国政府明确纳税人权利和义务的法律准绳，跨国公司作为纳税义务人必须依法纳税，超越或违反国家现行法律制度的任何税务活动都是不允许的。跨国公司税收筹划是在遵守各国税法的前提下，利用各国税法差异作出纳税方案选择，以避免法定纳税义务之外的任何纳税成本的发生，从而保护自身利益的一种财务决策手段。它是一种合法、合情、合理的纳税行为，而不是利用税法漏洞和措辞上的缺陷来避税，更不是违法的偷税逃税。税收筹划只能在法律规定的范围内，在依法纳税的前提下对纳税义务合法规避。如果偏离了合法性，就可能演变为避税或偷逃税，跨国公司将面临涉税风险，可能被有关政府制裁，遭受经济和名誉的双重损失。

但是，在完全符合法律要求的前提下，税收筹划又是完全合理的纳税人的理性行为。英国、美国、德国、阿根廷、巴西、日本、墨西哥、挪威等国家都认可纳税人拥有进行税收筹划（包括避税）的权利。1935 年，英国上议院议员汤姆林爵士针对“税务局长诉温斯特大公案”指出“任何一个人都有权安排自己的事业，依据法律这样做可以少缴税。为了保证这些安排中得到利益……不能强迫他多交税”。汤姆林爵士的观点赢得了法律界的普遍认可，因此，许多国家在税收案例中都援引这一原则。正如 1947 年，美国著名法官汉德说的“法院一直认为，人们安排自己的活动达到低税负的目的，是无可指责的，每个人都可以这样做，不论他是富翁，还是穷光蛋。而且，这样做是完全正当的，因为他无须超过法律的规定来承担国家税收；税收是强制课征的，而不是靠自愿捐献的。以道德的名义要求税收，不过奢谈空论而已”一直都被引为美国税收筹划的法律基础，其他大法官也郑重宣告：“纳税人以法律许可的手段减少应纳税额，甚至避免纳税，是他们的合法权利，这一点不容怀疑。”

（二）顺法性

税收筹划不仅是在遵循法律规范的基础上进行的，而且更重要的是它尽可能地迎合政府有关政策导向，与政府的宏观调控目标相一致。

与避税相比，虽然税收筹划和避税都是在不违反税法规定的前提下进行的，但是，税收筹划不仅不违法，而且还迎合国家税收政策导向，与税收法理的内在要求相一致；而避税却违背税收政策导向，与税收法理的内在要求不一致。税收筹划是国家鼓励和提倡的，而避税却是政府需要通过完善和修订税法、加强征管来加以抵制的，许多国家由此提出了“反避税”的种种措施。

税收筹划是根据现行法律、法规的规定进行的选择行为，是完全合法的。不仅仅是合法的，在很多情况下，税收筹划的结果也是国家税收政策所希望的行为。我们要在法律许可的范围内进行税收筹划，而不能通过违法活动来减轻税收，减轻税收的行为至少是不被法律所禁止的。因此，我们要熟悉现行的法律和政策规定，从而在存在多种纳税方案可供选择时，利用自己对税收法律政策的掌握选择负担最小的方案。

（三）目的性

跨国公司税收筹划的最终目的是在国际经营中实现税负最低、跨国公司整体利益最大化。围绕这一目的，不同企业或同一企业在不同时期的具体目标可能有所不同，有所侧重。这些具体目标通常包括：（1）减轻税负。通过对跨国公司在各个国家的税收筹划来降低整体税负。（2）延期纳税。通过对跨国公司纳税时间的筹划，延缓纳税，以获得税款的时间价值。（3）降低纳税成本。跨国公司为履行纳税义务，必然会发生相应的纳税成本，如税款计算成本、税收筹划成本等。降低纳税成本，可相应增加税收筹划收益。（4）实现涉税零风险。保证账目清晰，纳税及时足额，适当履行纳税义务，可以避免与各国税务机关发生税务纠纷而受处罚，从而规避税务风险。

（四）整体性

跨国公司进行税收筹划的目的，就是要在法律允许的限度内最大限度地减轻税收负担，降低税务成本，从而增加资本总体收益。经营、投资、理财活动是多方面的，税收政策也是有针对性的，纳税人和征税对象的性质不同，税收待遇也往往不同，这在另一方面显示出可选择较低税负决策的机会。具体可细分为两层：一是要选择低税负，低税负就意味着成本低，资本回收率高；二是推迟纳税时间，取得迟延纳税的收益，即在纳税总额大致相同的若干方案中选择纳税时间晚的，因为纳税时间的推后，意味着企业得到一笔无息贷款。这里要注意的是，目的性不能仅仅考虑某一个税种，而要从企业的总体税负考虑。比如，企业要交纳5个或10个税种，可能有一个税种的税率较高，但其他税种的税率比较低，因而，总体税负还是比较低的，在这种情况下，应综合考虑，选择最佳方案。而不能只关注一个税种，否则就可能出现在某一个税种上减轻了税收负担，而在另外一个税种上增加了税收负担，总体上可能是没有获得任何税收利益，甚至还加重了企业的税收负担。因此，从整体的角度进行税收筹划是非常重要的原则。

（五）综合性

跨国公司应该用全面的观点，正确衡量税负水平。在进行税务筹划时着眼于整体税负的轻重，注意税收与非税收因素，综合衡量税务筹划方案。更重要的是，税务筹划方案应着眼于经济利益的最大化，而不是税收负担的最小化。跨国公司进行税收筹划的目的在于降低企业的税收的负担，但税收负担的降低并不一定带来企跨国公司总体成本的降低和收益水平的提高。企业进行税收筹划时，如不考虑企业财务管理的总体目标，只以税赋轻重作为选择纳税方案的唯一标准，就可能影响到财务管理总体目标的实现。这里有三重意思：

其一，纳税筹划不能只考虑一个纳税期内的某一种税，要综合考虑总体税收负担和各纳税期的衔接，不要顾此失彼，形成不良后果。跨国公司下属公司所在各国的税收环境各异，每个公司内部涉税的各生产经营环节、各公司之间的税负、各税种的税基均有不同程度的关联。跨国公司一方面税负的减少可能带来另一方面税负的增加；近期税负的减少可能使远期税负增加；整体税负的下降可能导致其他方面的负面影响。

以企业筹资方式的税收筹划为例：发行股票，企业支付的股息支出不能在计算所得税前扣除，增加了企业的纳税成本；发行债券，企业支付的债券利息支出，其不高于金融机构相应标准的部分，准予在计算所得税前扣除，降低了企业的纳税成本。假设筹资1亿元，债券利率为5%，股息收益率为2.5%，金融机构同类、同期贷款利率为4%，与筹资无关的应纳税所得额为5 000万元，企业所得税率为33%。根据上述条件，如果单一地从“税负最低”目标考虑，应选择发行债券方式，这样可少缴企业所得税132万元，但其净收益只有2 882万元。而发行股票方式，企业虽多缴所得税132万元，但其净收益却可以达到3 100万元。上例说明理性的税收筹划不应拘泥于税负最低这一目标，而应着眼于企业整体利益最大化目标，将税收筹划和投资环节、融资环节、购进环节、生产加工环节、销售环节、分配环节等业务流程相结合，和会计核算方法相结合，才能发挥最大效益。

其二，要善于聚集纳税主体内部各个方面的智慧和力量，通力合作。如果只是某个环节或部门的少数人或少数部门在从事筹划工作，不仅不能取得理想效果，往往会适得其反。

税收筹划不仅仅要着眼于法律上的思考，更重要的是要着眼于总体的管理决策，有时还要与企业的发展战略结合起来，所以，税收筹划活动的开展需要企业高层管理者的参与。纳税人在进行税收筹划时，除了要通晓税法外，还要熟悉与投资决策相关的其他法规，使其符合国家的政策导向，增强促进公共利益的社会责任感。

其三，不能只做事前工作不做事后工作，一定要首尾相接，不断总结经验教训，不断提高水平。由此可见，跨国公司的税收筹划必须综合考虑各下属公司、各生产经营环节、各个时期的涉税事项，并结合企业的发展目标、经营方向、社会形象等方面，进行全方位、多层次的整体运筹和安排，才能筹划出能增加跨国公司整体和长远利益的纳税方案。

由此可见，跨国公司应将税务筹划方案放到整体经营决策中加以考虑。税务筹划是为企业整体利益最大化服务的，是一种方法与手段，而不是企业的最终目标。再次，跨国公司进行税务筹划应具有长远眼光，税收筹划是企业的一种长期行为，故应该着眼于企业的中长期利益。有的税务筹划方案可能会使跨国公司某一时期的税负减轻，却不利于其长远发展。因此，在选择税务筹划方案时应考虑跨国公司的长远发展目标，选择能增强企业经济实力的税务筹划方案。

（六）专业性

跨国公司税收筹划的综合性，决定了它是一项高智能的筹划活动。从地域范围来划分，跨国公司的税收筹划也可以分为国内税收筹划和国际税收筹划。国内筹划是跨国公司针对本国或东道国国内税法进行的，主要考虑的因素有税种的差别、税收优惠政策、成本费用的列支等。国际税收筹划则要考虑不同国家、国际组织的税法规定，相关国家的税收协定等。中国企业和美国企业之间进行贸易，就要熟悉美国的税法规定，如美国的网上交易实行零税率，如果我们不了解，就无法据此进行税收筹划活动。

税收筹划的综合性对税收筹划人员提出了相当高的专业要求：其一，要深入了解各个国家的税法及国情，并能充分预计其税法变动趋势；其二，要熟悉各国的财务会计制度及其与税法关系；其三，要掌握各公司生产经营状况及其涉税事项；其四，要熟悉各公司之间的税务联系及各税基间的相互关系。另外，随着跨国公司数量和规模的扩大、国际税收环境日趋复杂、各国税法日益呈现复杂性和频变性，单靠跨国公司自己进行税收筹划已显得力不从心，并且税收筹划成本也十分高昂。事实上，跨国公司可将税收筹划工作委托给各国从事税务代理、咨询及筹划业务的专业人员和专业机构去做，这样既可以降低税收筹划成本，也可以获得更好的税收筹划方案。

（七）超前性

这表示事先规划、设计、安排的意思，即税收筹划是纳税人通过对经营、投资、理财活动的精心策划，选择最优纳税方案，以期达到减税增利的目的。企业的纳税义务通常是在应税行为发生之后才履行的，具有滞后性。纳税行为相对于经济行为而言，具有滞后性的特点。跨国纳税人只有在收益实现或分配之后，才有缴纳所得税的可能，如产品或劳务销售后才交纳增值税、营业税、消费税；收益实现后才缴纳所得税，这在客观上为纳税人提供了纳税前作出事先筹划或安排的机会。但税收筹划不是在应税行为发生之后设法减轻税负，而是在跨国筹资、投资时运用财务预测、分析等方法进行事先筹划，即对公司的应税经济行为事先进行规划、设计和安排，测算比较不同经济为下的税负并择优选用，具有超前性。

超前性要求跨国公司进行税收筹划时，必须在国家和企业税收法律关系形成以前，根据国家税收法律的差异性，对企业的经营、投资、理财活动进行事先筹划和安排，尽可能地减少应税行为的发生，降低企业的税收负担，才能实现税收筹划的目的。如果企业的经营、投资、理财活动已经形成，纳税义务已经产生，再想减轻企业的税收负担，那就成为偷税、欠税，不可能进行税收筹划。

二、国际税收筹划的原则

（一）成本效益原则

任何一项筹划方案都有两面性，随着某一项筹划方案的实施，纳税人在取得部分税收利益的同时，必然会为该筹划方案的实施付出额外的费用，以及因选择该筹划方案而放弃其他方案所损失的相应机会收益。因此，税收筹划应遵循成本效益原则，既考虑税收筹划的直接成本，同时还要将税收筹划方案比较选择中所放弃方案的可能收益作为机会成本加以考虑，而不能一味地考虑税收成本的降低，而忽略因该筹划方案的实施引发的其他费用的增加或收入的减少，必须综合考虑采取该税收筹划方案是否能给企业带来绝对的收益。只有当税收筹划所获取的收益大于成本时，该筹划方案才可行。这就要求企业始终要以自身的健康发展为前提，注重整体经济效应，不能因为降低了一个税种的成本，而过多地增加其他成本费用（包括其他税款），也不能仅仅为降低税收成本，过度增加生产经营的风险，以致影响到企业生产经营的根本。

（二）服从利润最大化原则

从根本上讲，税收筹划属于企业财务管理的范畴，它的目标是由企业财务管理的目标——实现企业所有者财富最大化所决定的。企业开展税收筹划也应符合这一总体目标。也就是说，税收筹划首先应着眼于整体税负的降低，而不仅是个别税种税负的减少。这是由于各税种的税基相互关联，具有此消彼长的关系，某种税税基的缩减可能会致使其他税种税基的扩大。因此，税收筹划既要考虑带来的直接利益，也要考虑减少或免除处罚带来的间接影响；既要考虑某一种税种的节税利益，也要考虑多税种之间的利益抵消因素。最佳的税收筹划方案并非是税负最轻的方案，有时一味追求税款减少反而导致企业总体收益的下降。因此，进行税收筹划应遵循整体原则，选择企业净利润最大、有利于企业长期可持续发展、有利于企业提高其市场竞争力的方案。一项成功的税收筹划必然是多种税收方案的优化选择，我们不能认为税负最轻的方案就是最优的税收筹划方案，一味追求税收负担的降低往往会导致企业总体利益的下降。牺牲企业整体利益换取税收负担的降低是不可取的，必须综合考虑采取该税收筹划方案是否能给企业带来绝对的收益。另外，税收利益虽然是企业的一项重要的经济利益，但不是企业的全部经济利益。项目投资税收的减少并不等于企业整体利益的增加。因此企业开展税收筹划还应从企业的社会形象、发展目标、经营方向、经营规模、政策引导等多方面综合考虑、全面权衡，不能为筹划而筹划。

（三）不违法原则

税收筹划是在不违反现行税法的前提下进行的，是以国家政府指定的税法为研究对象，对不同的纳税方案进行比较后作出的纳税优化选择。税收筹划必须要遵守税收法律和政策，只有在这个前提下，才能保证所设计的经济活动、纳税方案为税收部门所认可，否则会收到相应的惩罚并承担法律责任。这是税收筹划的最基本原则和税收筹划赖以生存的前提条件。税收筹划的合法性，具体包含两个方面的内容：首先，必须符合税收政策的引导趋势，进行积极的税收筹划，使得企业在享受有关税收优惠的同时，也顺应了国家宏观调控经济的意图；其次，操作过程注意“度”的把握，认识并划清与偷、逃、骗税等其他减税方式之间的界限，坚持合法筹划，防止违法减税。

（四）动态原则

各国的税收政策，尤其是实施细则会随着政治、经济形势的发展不断发生变化，同时企业的发展状况、财务状况也不是一成不变的。因此，企业应随时关注国家税收制度的变化，要根据企业具体的实际情况，制定税收筹划方案，并保持相当的灵活性，以便随着国家税制、税法和相关的法规的改变及预期经济活动的变化随时调整项目投资，进行节税的应变调整，保证税收筹划目标的实现。

（五）重视货币的时间价值原则

税收筹划的节税目标有两种表现形式：一是应交纳税款绝对额的减少；二是延缓税款的实际交纳时间，获得货币时间价值。前者的节税效果较为明显，易得到重视，后者的节税效果较为隐蔽，容易被忽视。实际上这二者同等重要。现代企业的发展，不仅依赖于企业的积累水平，同时也有赖于已有资金的利用效果。延缓交纳税款，虽然最终实际交纳的税款没有减少，但交纳时间的递延，可使企业无偿获得递延期间这部分税款资金的使用权，从而减少资金的使用成本，提高资金使用效率，同样达到节税目标。

（六）充分利用政策导向

企业税收筹划要充分利用政策导向，包括充分利用国家对为农业生产品产前、产中、产后服务行业的税收优惠政策、国家对科研单位和大专院校从事技术性服务的税收优惠政策、国家对兴办第三产业的税收优惠政策、国家对高等学校和中小学校办工厂的税收优惠政策、国家对民政部门举办的福利生产企业的税收优惠政策、国家对新办的劳动就业服务企业的税收优惠政策、国家对特殊行业的税收优惠政策、国家对乡镇企业的税收优惠政策、企业设立地享受优惠政策等。

第三节　国际税收筹划的风险和意义

一、国际税收筹划的风险及规避措施

在市场经济条件下，企业的任何经济活动都存在一定的风险，跨国公司的税收筹划也不例外，它可能给跨国公司带来相应的风险。这种风险是企业无法取得预期的筹划结果，或者付出远大于收益的各种可能性。

（一）国际税收筹划过程中的风险

所谓税收筹划的风险，通俗地讲就是税收的筹划活动因各种原因失败而付出的代价。在企业中，各种税收筹划的具体方案是在纳税行为发生之前作出的决策，在实施的过程中，由于税收法律法规的可能变化以及企业错综复杂的内外部经营环境因素，使得税收筹划具有不确定性，蕴含着一定的风险。尤其是对于跨国公司来说，它的生产和经营都建立在世界范围之内，不同投资地区税收政策的变化、不同部门筹划措施的选择都会将企业暴露在风险之下。为此，企业，特别是跨国公司，在进行税收筹划时应对相关的风险因素给予充分考虑。

1. 政策风险

政策风险是指在企业进行税收筹划的设计以及具体筹划措施的实施过程中，由于税收政策变化而面临的风险。它具体包括：

（1）税收政策不稳定导致的风险。在一些发展中国家，由于国家本身的法制建设并不成熟，而经济的运行又经常遇到新的情况，使政府的税收政策处于不断的调整和完善之中，这使跨国公司的税收筹划面临着由于政策不稳定而带来的风险。我国税收政策经常有新的补充和调整，这一方面为企业税收筹划提供了空间，另一方面又给企业带来风险。在筹划期间如税收政策发生变化，就有可能使得依据原有税收政策设计的筹划方案，由合法变成不合法，由合理变成不合理，从而产生筹划风险。

（2）法律层次低导致的风险。税收筹划的过程就是寻找那些影响企业应纳税额的因素并利用这些因素对税收进行有效控制的过程。从目前来看，我国现有的税收法律、法规涉及的税收可控制因素有限，大量的筹划依据（税收优惠政策、财务与税收核算差异等）以暂行条例、部门规章、红头文件等形式出现，缺乏统一性和严肃性。这些行政规章、文件往往不够明晰，企业依据这些行政规章、规范性文件等开展税收筹划，有可能因为对税法精神理解错误而导致税收筹划失败。

2. 操作风险

由于国际税收筹划经常是在税收法规规定性的边缘操作，来帮助跨国公司降低企业的整体税负，实现利益最大化，加上不同国家税收立法体制层次繁多，立法技术参差不齐，许多法规内容存在模糊之处，这就为跨国公司进行税收筹划带来了很大的操作风险：

（1）对税收政策不了解导致的风险。由于我国的税收优惠政策具有很强的时效性，而且每一项优惠政策一般都有明确的条件、地域上的限定，这使得不少纳税人因为不能全面了解税收优惠政策，或者了解不及时、理解不透彻，或者税收筹划操作程序上的失误，丧失了享受税收优惠的机会，从而损失了本可以得到的税收利益。

（2）项目选择不当导致的风险。税收筹划涉及企业筹资、投资、生产、经营、分配等各个领域，涉及增值税、所得税、营业税等几乎所有的税种，但由于每个企业的具体情况千差万别，有的税收筹划可能涉及一个项目、一个税种，有的可能涉及多个项目、多个税种，有的是单一性的，有的是综合性的，如果企业未加合理选择开展筹划，操作程序不规范，其筹划成功的概率必然较低。

(3) 片面理解税收筹划导致的风险。一些企业对税收筹划不重视，没有真正理解税收筹划的实质内涵，把税收筹划误解为单纯的少纳税，甚至采取违规手法开展“筹划”。如会计核算和财务管理混乱，会计信息严重失真，纳税信誉较差，违反税法偷税、抗税、骗税等。还有的企业筹划人员的财务会计、税收政策、企业管理、经济法律等方面的专业知识欠缺，统筹谋划、综合分析判断能力不强，也很难使税收筹划真正取得实效。

(4) 筹划方案不严谨导致的风险。一些企业对于纳税筹划仍然停留在愿景阶段，听起来心动，说起来激动，做起来没动。在税收实践中，一些企业过分追求纳税筹划而忽视税收政策和财务核算规范，不科学的税收筹划时有发生，表现在税收筹划方案严重脱离企业实际，不符合成本效益原则，没有从企业整体发展战略角度设计，缺少全局观和战略观。

3. 税务执法风险

严格意义上的税收筹划是合法的，符合税收立法精神和立法者的意图，但这种合法性还需要得到税务机关的确认，在这一确认的过程中，客观上存在着税务执法偏差而产生的筹划失败的风险。这是由于各国税收法规对具体税收事项的处理规定常留有一定的弹性空间，即在一定的范围内，税务机关拥有自由裁量权，再加上不同国家税务执法人员的素质参差不齐，客观上为税收政策的执行偏差提供了可能性。也就是说，即使是合法的税收筹划行为，也有可能因为税务行政执法的偏差而导致税收筹划方案在实务中无法实行，或被税务机关视为恶意避税甚至偷税而加以处罚，不但没有得到节税的受益，反而加重了税收成本，产生税收筹划失败的风险。

税务筹划是企业理财活动中的一个重要决策问题。既然是决策，就会有风险。税务筹划的风险在于它是一种事前控制，具有长期性和预见性，如果纳税人未能预见到今后一段时期国家财税法规、政策的变化，或者未能把握好税务筹划与偷、逃税的界限，筹划力度过大，都有可能给自身带来不必要的损失。此外，虽然现代税制强调税收的中立性，即纳税人不因政府课税而改变其既定的投资活动，但在许多发展中国家，政府关注更多的是税收的政策导向性而非中立性。如果政府的税收政策导向正确，且被纳税人正确把握了，税务筹划将会是成功的；反之，如果政府的税收政策导向不很明确、经常变化，或被纳税人“误解”了，都会给企业乃至政府带来某种程度的利益损失。因此，企业在进行税务筹划时，要有风险意识，要吃透税法的立法精神和政府的政策意图，反复权衡、慎之又慎，切忌草率行事。

（二）如何规避跨国公司的税收筹划风险

首先是正确认识税收筹划，牢固树立风险意识，建立风险控制机制。无论是从事税收筹划的专业人员，还是接受筹划的纳税人，首先要树立税收筹划的风险意识，并正视风险的存在，在企业生产经营过程和涉税事务中应始终保持对筹划风险的警惕性。由于税收筹划只能在一定的政策条件下、一定的范围内发生作用，因此不能对其要求过高。从事税收筹划的专业人员在接受委托时，应向委托人和接受筹划的纳税人说明税收筹划潜在风险，并在委托合同中就有关风险问题签署具体条款，从而对或有风险有一个事先的约定，减少可能发生的经济纠纷；在进行税收筹划的过程中，要注意税收及相关政策的综合运用，从多方位、多角度对所筹划的项目的合法性、合理性和企业的综合效益进行充分论证，随时随地注意税收筹划风险的防范；在既定的税收筹划方案的规划与指导下，各级管理、业务、财务人员都应该严格照章办事、规范操作，使各项行动朝着同一个目标前进；有条件的企业还应当利用现代先进的网络设备，建立一套科学、快捷的税收筹划的预警系统，对税收筹划过程中存在的潜在风险进行实时监控，一旦发现风险，立即向筹划者或经营者示警，规避风险的发生。

其次是及时掌握税收法律变化，正确理解税收政策精神。纳税人进行税收筹划以合法为前提，必须具备必要的法律知识和财务知识，了解并熟练掌握税法规定。在进行税收筹划时，不仅要了解各种决策因素适用已有法律的不同而产生的不同的法律效果或安全程度，还必须注意税法的变动，适时调整税收筹划方案，使税收筹划不断适应新的税收政策要求，以达到预期效果。这就要求税收筹划者在正确理解税收政策的规定性、巧妙运用会计技术手段的同时，加强与当地的税务机关联系，处理好与税务机关的关系，随时关注当地主管税务机关的税务管理的特点和具体的方法，及时获取相关信息，这也是规避和防范税收筹划风险的必要手段之一。事实上，如果不能适应主管税务机关的管理特点，或税收筹划的方案得不到当地税务机关的认可，就难以达到预期的效果，失去其应有的收益。

最后是保持税收筹划方案适度的灵活性。由于企业所处的经济环境千差万别，加上税收政策和税收筹划的主观、客观条件时刻处于变化之中，这就要求在进行税收筹划时，要根据企业的实际情况，制定税收筹划方案，并保持适度的灵活性，以便随着国家税制、税法和相关政策的改变以及预期经济活动的变化随时调整项目投资，对税收筹划的方案重新进行审查和评估，及时调整或更新筹划的内容，采取措施分散风险，保证税收筹划目标的实现。另外，还应把握税收筹划的时机，要在纳税义务发生之前通过对企业筹资、投资、经营活动的周密筹划来达到节税的目的，而不能在纳税义务发生之后采取所谓的补救措施来推迟或逃避纳税义务。事实上，全面、准确地把握税收政策的规定性是规避税收筹划风险的关键。在现实生活中，税收筹划没有固定的模式和套路，手段与形式也是多样的。因此，在税收筹划过程中，应把握具体问题具体分析的原则，选择最合适的税收筹划方案。

跨国公司的投资经营活动往往具有连续、长期的特点，这就决定了税务筹划必然以对各国投资环境，包括经济形势、税法和税制改革的充分了解和研究为前提，对企业投资战略和经营活动进行有前瞻性的长远规划，致力于企业的长远发展。跨国公司在税务筹划中应牢记合法性是税务筹划的本质，不能简单地进行风险与收益的权衡，而必须首先对纳税义务的适当履行进行筹划，规避法律风险，才能使企业更加健康快速地发展。

二、国际税收筹划的意义

国际税收筹划是自然人和法人所制定的一项法律允许的使全球的税收负担最小化的计划，其目的是使对外经济活动的所有管辖区的总所得实现最大化。

（一）税收筹划有利于发挥税收调节经济的杠杆作用

税收是政府调控宏观经济的最重要杠杆之一。政府通过税收法规和政策形成一定的税负分布，以实现合理配置社会资源、保护自然环境、调整产业结构等政策目标。税收政策直接作用于市场，其政策目标的实现有赖于作为市场主体的纳税人对这一政策导向作出积极的回应。成功的税务筹划意味着纳税人对国家制定的税收法律、法规的全面理解和运用，对国家税收政策意图的准确把握。如果纳税人完全没有避税意识，对税负的变化毫无反应，那么政府的税收政策目标就不可能实现。这也是为什么许多国家现在对税收筹划行为持肯定态度。而且，企业的税收筹划行为虽然旨在降低企业的税负，但随着产业布局的逐步合理，可以促进生产的发展。企业规模扩大了，效益提高了，收入和利润增加了，从整体和长远发展上来看，国家的财政收入也将同步增长。

跨国纳税人根据国家税收政策的差别及各项税收优惠政策，通过税收筹划对纳税方案进行择优，尽管主观上是为了减轻自己的税收负担，但客观上却是在国家税收经济杠杆作用下，逐步走向了优化产业结构和合理配置资源的道路。如果政府的税收政策导向正确，税收筹划无疑将会对社会经济产生良性的、积极的正面作用，有利于资本的流动和资源的合理配置，税收的宏观调控功能将会得到更好的发挥。

（二）税收筹划有利于国家税法及税收政策的不断改进和完善

随着社会经济形势的发展与变化，新事物层出不穷，新问题不断涌现，现有的税收法律、法规和制度不可避免地会出现过时或不适应之处，如覆盖面上有空白点、衔接上有间隙处、掌握上存在模糊性等等。这些税法的不完善或缺陷所在，难免会被纳税人在税务筹划时所利用。但从另一角度来看，纳税人利用税法的不完善之处进行税收筹划，是对国家税法及有关税收经济政策的反馈行为，是对国家税收政策导向的正确性、有效性和国家现行税法完整性的检验，这就为国家进一步完善税法和税收政策提供了依据。国家可以利用纳税人税务筹划行为所反馈的信息，了解税收法规和税收征管中的不尽合理和不完善之处，适时地对税法和税收政策进行补充、修订和调整，从而促使国家的税收法制建设向更高层次迈进，促进社会经济生活的法制化、规范化进程。

（三）国际税收筹划有利于跨国公司实现股东利益最大的目标

追求集团利润最大化的目标是跨国公司进行国际税收筹划的内在动因，实现股东权益最大化是跨国公司从事生产经营的最终目标。跨国公司最能代表经济全球化的具体内容，跨国公司以各国为车间，充分利用世界各地的技术、资本、劳动力和市场优势进行生产和经营，在世界范围内选择最有利的区位来生产经营，其最终目标是追求本公司集团利润的最大化。跨国公司有效地利用税收筹划，就可以尽最大可能减轻集团的整体税负，在激烈的国际市场竞争中立于不败之地，从而实现其股东利益最大化的目标。

同时，跨国公司的税收筹划与实现其财务管理目标之间存在着密切的联系。首先，跨国公司的税收筹划是在合法、合理的前提下展开的，实现零涉税风险，尊重了社会资本利益。其次，通过税收筹划实现经济纳税，争取最大的税后收益，为权益资本和人力资本参与税后收益分配提供了尽可能大的“蛋糕”。最后，跨国公司相对于单个企业而言，资金雄厚、涉及产业领域广泛、筹划效果明显，因此在税收筹划方面具有其他企业所无可比拟的优势，能够为实现跨国公司的财务管理目标“锦上添花”。

复习思考题

1. 什么是国际税收筹划？
2. 税收筹划的前提是什么？
3. 国际税收筹划的特点有哪些？
4. 国际税收筹划的原则有哪些？
5. 国际税收筹划过程中可能遇到哪些风险？如何规避这些风险？
6. 简述国际税收筹划的意义。

第三章　税收筹划技术与税种选择

✓本章摘要

● 现行税制的差异性包括：国家间税收管辖权的差异、税制因素以及税收协定网络的存在。这些差异为税收筹划提供了可能。

● 税收筹划的基本技术包括免税技术、减税技术、税收差异技术、分割技术、扣除技术、抵免税技术、延（缓）期纳税技术和退税技术等。

● 对特定税种的税收筹划主要取决于经济与税收相互影响因素以及税收自身的因素。关税和所得税是实施面最广的税种。

● 根据马斯格雷夫提出的“税收影响点”理论，在投资、生产、销售、分配、消费整个经济运行的过程中，不同环节的税种对经济活动产生着不同的影响。

● 税负弹性取决于税基、扣除、税率和税收优惠等因素。

● 流转税是以商品和劳务的流转额为课税对象而缴纳的税种的统称，又称为商品和劳务税。流转税是我国税制结构中的主体税种。

● 流转税按照课税对象可以分为增值税、消费税和营业税；按计税方式可以分为从价税、从量税和复合计税。其特点是与商品与劳务的交易行为紧密联系、对物税和间接税。

● 流转税税收筹划的特点是利用税率差异技术、规避课税环节、分析先进流量、符合双方交易原则。

● 所得税是以自然人或法人的法定所得作为课税对象的税种的统称。可划分为个人所得税与企业所得税。我国的所得税包括企业所得税和外商投资企业和外国企业所得税。其特点是直接税、按能负担、富有弹性、计税依据是计算比较复杂的应税所得额以及实行按年计征、分期预缴的管理方法。

● 所得税税收筹划的特点是注意时间跨度与时间价值、选择合适的会计政策以及利用税收优惠政策。

- 税收筹划成本是企业因进行税收筹划而增加的成本，分为显性成本和隐性成本。

✓本章关键词

税基　比例税率　累进税率　定额税率　免税技术　减税技术
税率差异技术　分割技术　扣除技术　抵免税技术　（缓）延期纳税技术
退税技术　税收影响点　税负弹性　流转税　增值税　消费税
营业税　从价税　从量税　复合计税　所得税　税收筹划的显性成本
税收筹划的隐性成本

✓学习完本章，你需要掌握：

- 理解税收筹划是纳税人追求自身利益最大化的必然选择。
- 理解现行税制的差异性，以及这些差异性为税收筹划提供的空间。
- 掌握税收筹划的基本技术，包括免税技术、减税技术、税收差异技术、分割技术、扣除技术、抵免税技术、延（缓）期纳税技术和退税技术等。
- 学习“税收影响点”理论。
- 理解税负弹性及其决定因素，掌握关税和所得税的弹性决定因素。
- 掌握流转税的概念、分类和特点，及其税收筹划特点。
- 掌握所得税的概念、分类和特点，及其税收筹划特点。
- 了解税收筹划的成本及如何控制显性成本和隐性成本。

第一节　国际税收筹划产生的基础

一、税收筹划是纳税人追求自身利益最大化的必然选择

对于跨国公司来说，税收筹划有着强烈的内在动机，即尽可能减轻税负的强烈欲望，因为费用最小化，利润最大化是各跨国公司追求的目标，而税收又是公司财务管理中，影响其跨国业务所有方面的主要环境因素之一，故跨国公司在利益驱使下，必然会特别重视税收筹划。

市场经济是一种竞争经济，企业一个重要特征就是具有自身的利益取向，追求自身价值的最大化。影响企业价值高低的因素有多种，税后利润是最重要的因素之一。企业增加利润的途径无非两种：一是增收，二是节支。前者在投资一定的情况下，虽能有所作为，但潜力是有一定限度的，后者虽也潜力有限，但代价较小、成效显著。

于是，众多企业把节约开支作为实现企业财务目标的重要选择。节约开支可能表现为节水、节电、节约业务招待费、节约原材料消耗等等，也可以表现为节税企业在税法许可的范围内，通过对投资、经营、组织、交易等事项的适当安排和筹划，以减轻税收负担或规避纳税义务，税收筹划既是市场经济赋予纳税人的一项基本权利，也是纳税人追求自身经济效益的一种本能反应和必然选择，是纳税人最大限度地维护自身利益的市场行为，是合法的、无可厚非的。

减轻纳税义务，增加税后留利，可利用的方式很多，如果纳税人采用偷漏税的方式来减轻税负，不免会遭到有关国家机关的严厉打击，使其名誉扫地、钱财受损，结果是得不偿失。偷漏税方式需要付出太大的风险和代价，使纳税人承担极大的心理压力。相反的，税收筹划既不违反税法，不致遭到法律的严厉打击，又能获得额外的税收效益。因此，跨国纳税人出于安全方面的考虑，又要取得尽可能大的税后利润，必然会选择有效而风险不大的国际税收筹划方式，运用各种策划严密的手段，利用各国税收法律的差异，进行公开的不违法的国际税收筹划。

二、现行税制的差异性为税务筹划提供了广阔的发展空间

税收筹划是企业维护自身利益的市场行为。企业在不违反税法的范围内，通过对税收法律规则的深刻理解和合理运用，是可以减轻税收负担的。

在现实经济生活中，税收既是国家取得财政收入主要手段，还兼有宏观调控职能。各国政府为了鼓励纳税人按自己的意图行事，无不把实施差别税收政策作为调整产业结构、刺激国民经济增长的重要手段加以利用。政府鼓励和提倡的经济行为，就采用小税基、低税率和较多的税收优惠，实行低税负；政府不鼓励和提倡的经济行为，就采用较大的税基、较高的税率、较少或没有税收优惠，实行中税负；政府限制的行为，就规定最大的税基、最高的税率且不享受任何税收优惠，课以重税。税收作为调控手段在经济实践中的运用，使得无论多么健全严密的税制，税负在不同纳税人、不同纳税期、不同行业和地区之间总是存在差别，这就给纳税人进行税务筹划、减轻税收负担提供了极大的可能和众多的机会。纳税人通过对国家税法和税收政策的研究、理解，为了实现税后利益的最大化，必然要选择国家鼓励或提倡的经济行为组织生产经营活动。从这个意义上讲，税务筹划实质上是国家区别对待的税收法规和政策的产物。

国际税收筹划针对的是世界上各个国家不同的税制。每个国家都制定了自己的税收规则，并对不同来源所得适用不同的税率，纳税人不同，课税方式也不同。因此，在征税范围，税收规则以及如何适用这些规则等方面都存在相当大的差别。例如，所

得收入分类和所得来源地规则就往往不同。资本和收入项目有别，其税收处理也常常呈现差异。有些国家或地区按照交易实质征税，而有些国家则只看交易形式。尽管目前世界上大部分国家都遵照税收协定范本征税，但由于国内客体不同以及缔约国的谈判能力不同，故适用的具体税收条款也有差异。各国税制之间缺乏协调再加上各国对不同税制的适用，给国际税收筹划带来了机会。税收法规作为各国宏观调控的主要手段，受到本国政治、经济、社会、文化等因素的影响，存在较大差异，而且这些法规还会经常变动，造成国际税收管理的复杂性，但也正因如此，给跨国公司全球税负最小化的筹划提供了可能，这些税收差异主要包括：

（一）国家间税收管辖权的差别

对各国的税收管辖权的分析是进行国际税收筹划的起点。每个国家由于其国体或政体不同，导致其管理国家的方式和方法有所不同，反映在税收的管理上即是各国的税收管辖权规定的不尽相同。因为国与国之间的差异，在国际之间的衔接上，有可能形成某种重叠和漏洞。从事国际贸易的跨国公司，可以利用这些差别和漏洞，将自己的税收负担降到最低水平。从这个角度来说，它从三个方面为税收筹划提供了可能性：

1. 两个国家实行不同税收管辖权所造成的国际税收筹划

比如A国实行地域税收管辖权，B国实行居民税收管辖权，那么A国的居民从B国获得的所得就可以躲避所有纳税义务。同样，对于两个国家实行不同税收管辖权的其他情况，纳税人也可以找出类似的其他办法来避免自己的税收负担；

2. 两个国家同时实行所得来源管辖权造成的国际税收筹划

各国确定所得来源的标准不同，有的国家根据支付者的来源确定，若所得支付者是本国自然人或法人，则该所得来源于本国，否则该所得来源并非本国；有的国家则根据其他的标准来断定一项所得是否来源于本国。这样，对涉及两个国家的同一项所得是否来源于本国，当这两国认为这笔所得的支付者与所得者不属于本国的自然人或法人时，这笔所得就可以躲避纳税义务；

3. 两个国家同时行使居民管辖权造成的国际税收筹划

由于各个实行居民管辖权的国家对自然人和法人是否为本国居民有不同的确认标准，比如，当确定一自然人是否为本国居民时，有的国家采用住所标准，有的国家采用时间标准（即以居住时期超过一定期限为准），有的国家采用居住场所标准，还有的国家采用意愿标准，即询问自然人是否愿意成为本国居民；当确定一法人为本国居民时，有的国家采取登记注册标准，有的国家采取机构所在地标准。因此，跨国纳税人有可能同时避开在两个国家的纳税义务。

如若两个国家同时以住所标准确定自然人的居民身份时，跨国纳税人若在两个国家均无住所，就可以同时躲避在两个国家的纳税义务；当一国以时间标准确定自然人的居民身份，而另一国以意愿标准确定居民身份时，纳税人可以采取不使自己在前者逗留超过一定时间，而又根据自己需要选择纳税地点的方式躲避税收，当一国实行注册标准，而另一国实行总机构标准确定一法人是否为本国居民法人时，跨国纳税人可以根据有关国家的标准设置总机构和登记注册，以达到减轻税收负担的目的。

（二）税制因素

由于各国自然资源禀赋不同，生产力发展水平差异较大，不同国家必须采取相应的财政经济措施和办法，反映在有关税收法规上，也将会出现明显的差别。这种差别主要表现在以下几个方面：

1. 税种的差异

有的国家开征甲税，有的国家开征乙税，而有的国家除了征甲、乙税以外，还征收丙税等。

2. 税基的差异

税基指课税的基础与依据，一般而言，税基不外三种情况：对收入课税，即以纯收入或总收入为课税依据；对财产课税，即以财产的实物量或价值量作为课税的基础；对商品流转与非商品流转额课税。对于与从事跨国经营活动的跨国公司来说，需要掌握每种税基所包括的具体范围。比如，对作为所得税纳税基础的所得来源，由于各国制定税法时所考虑的侧重点不同，同为所得税的税基，其外延可能不同。跨国纳税人在进行跨国经营活动时，往往要了解各国所得税基的宽窄情况，从而避重就轻，选择所得税基窄的国家，巧妙地进行税收筹划。又比如在计算应纳税收入时，各国对费用的确认和分配，资产的计价等项目的规定往往有很大的差别，像在固定资产摊提、交际费列支方面都存在较大的差异。

3. 税率上的差异

税率是税收制度中的核心要素，税率分为比例税率、累进税率、定额税率三种。所谓税率上的差异，就是指同一数量的应税所得在不同国家之间承受高低不同的税率，从而负担轻重不一的税负。有的国家和地区税率很高，税负重。如瑞典、丹麦、比利时等国，税率一般高达50％以上，而有的税率很低如香港等地。

4. 税收优惠上的差异

为吸引更多的外国资本向本国投资，特别是投入到本国的基础性产业和“瓶颈”产业，许多国家，特别是一些发展中国家竞相采用了大量的税收优惠政策和优惠措施，比如对投资者直接给予减免税或给予一些税种的扣除等，这些税收优惠有广度和深度上的差别。各种税收优惠政策的实施的直接后果，就是使实际税率大大低于名义税率，使受惠者的实际税收负担大大地降低了，这就为那些实施跨国投资的公司在税收筹划上提供了广阔的空间。

此外，在分税制普遍实行的今天，跨国纳税人在进行税收筹划时，对中央和地方政府税收分权体制的情况，也必须掌握。关注的重点在于中央和地方政府各自课征的那些税种，分别课征也好，附加课征也好，关键是看纳税人的实际税负有多高。必须特别注意的是，有些国家地方税的比重很大，如果测算税收成本时，只计算中央税，忽略地方税，将会带来税收筹划的重大失误。

（三）税收协定网络的存在

国家之间签订税收协定是目前协调各国税收分配关系、避免各国因税收管辖权的重叠而对同一纳税人的跨国经营活动重复征税的重要措施，因此，税收协定网络也是跨国纳税人必须关注的重要问题。

目前世界上国家与国家之间签订的双边税收协定已有 1 000 多个，我国目前已与 63 个国家签订了避免双重税收协定。30 多年来世界各国对外缔结国际税收协定一般以《经合组织范本》为蓝本，15 年前增添了《联合国范本》后，发展中国家多以此为据，同时也参照《经合组织范本》。税收协定对缔约国的居民纳税人提供了许多优惠待遇，主要有：

（1）跨国企业的营业利润只在其为居民的缔约国一方征税，收入来源的缔约国免于征税，除非该企业在收入来源国设有常设机构。在设有常设机构的情况下，收入来源国也只就其归属于该机构的利润征税，而且所征税款可以在居民所在国得到抵免。

（2）股息、利息、特许权使用费等投资所得，在收入来源缔约国可以按照比该国常规税率低的限制税率缴纳预提税，有的还可以免税。

（3）从事专业性的独立个人劳务所得只在其为居民的缔约国一方课税，除非该人在收入来源国设有固定基地或者停留时间（或收入数额）超过规定限度。

（4）雇员的非独立个人劳动所得，如果该人在收入来源缔约国只是短暂停留，而且并非由收入来源国的居民雇主支付，也并非由雇主设立的常设机构（固定基地）支付，该项所得只在其作为居民的缔约国一方纳税。即使在收入来源国可以征税的情况下，所征税款也可以在居民所在国得到抵免。

（5）对缔约国一方的居民在缔约国的另一方学习、培训或者从事讲学、研究，收入来源的缔约国有一定的免税优惠。

（6）财产所得通常由财产所在国征税。财产所有人在其为居民的所在国，如果征税也应予以抵免。

（7）在居民所在国允许提供“饶让抵免”的条件下，跨国公司纳税人在收入来源国所享有的减免税优惠的条款，可视同缴纳，在其居民的缔约国得到抵免。这样，跨国纳税人得到的税收利益可以全额成为其不负担税收的净所得。

由于税收协定提供较多的税收利益，所以跨国纳税人在选择投资国时要注意这些国家对外缔结协定的网络状况，一般网络大的国家对投资者更有利。

三、税收管理效率上的差异

有些国家社会稳定、经济发达，政府政策透明，运转效率高，法律和政策的贯彻实施及时而到位，像北欧的瑞典、丹麦等国家，在这些国家之中，税收征管制度是成熟的，便利了企业利用对税法的了解和对国家优惠政策的领悟安排自己的生产经营活动来进行税收筹划，相反，在一些发展中国家中，政局不稳，缺乏一个持续稳定的税收政策，征管工作也很不到位，给的税收筹划工作带来了很大的困难。

世界上有的国家虽然在税法中也规定有较重的纳税义务，但由于征管不力，工作中漏洞百出，给逃税、避税造成了许多可乘之机，从而造成税负的名高实低。对国际税收筹划者来说，这些差别正是实施国际税收筹划的空间。一个明显的例子是在执行国际税收条约规定的情报交换条款的各有关税务当局管理效率上的差别。如果某一缔约国的管理水平不佳，就会导致该条款大打折扣，造成国际的避税条件。

第二节　税收筹划的基本技术与税种选择

一、税收筹划的基本技术

（一）免税技术（Tax Exemption Technique）

免税方式有法定免税、特定免税和临时免税三种，其中后两种免税方式带有不公平性和随意性。免税筹划技术就是利用税法规定的免税条件，尽量争取免税额最大、免税期最长。比如，国家对在经济特区、经济技术开发区注册登记的企业规定从获利年度起，有一定时期的免税期。如果其他条件相似或利弊基本相抵，公司完全可以办到经济特区、经济技术开发区去，从而在合法的情况下节税。

（二）减税技术（Tax Reduction Technique）

减税就是国家对纳税人应缴税款的减征。它是国家对某些纳税人或纳税人的某些纳税对象进行的鼓励或照顾、扶持。减税筹划技术就是尽量争取获得减税待遇和使其减税额最大、减税期最长。比如 A、B、C 三个国家，公司所得税的普通税率基本相同，其他条件基本相似或利弊基本相抵。某企业生产产品 90% 以上出口到世界各国，A 国对该企业所得按普通税率征税；B 国为鼓励外向型企业发展，对此类企业减征 30% 所得税，减税期为 5 年；C 国对此类企业减征 40% 所得税，而且没有减税期规定。打算长期经营此项业务的企业，完全可以考虑把公司或其子公司搬到 C 国去，从而在合法的情况下，使节减的税款最大化。

（三）税率差异技术（Tax Rates Difference Technique）

税率差异技术就是在不违反税法的前提下，尽量利用税率的差异，使因之减少的应纳税款最大化。在开放的经济环境下，一个企业完全可以利用税率的差异使节减的税款最大化。比如 A 国的公司所得税税率是 20%；B 国为 25%；C 国为 30%，那么在其他条件基本相似或利弊基本相抵的条件下，投资者到 A 国开办公司就可使减税最大化。

（四）分割技术（Splitting Technique）

分割技术就是使应税所得、应税财产在两个或更多纳税人之间进行分割而使少纳的税款最大化。所得税和财产税的使用税率如果是累进税率，则计税基础越大，适用的边际税率也越高。应税所得、财产在两个或更多个纳税人之间进行分割，可以使计税基础缩小，从而降低最高边际适用税率，节减税款。比如一国应税所得 20 万元以下适用的税率是 8%，20 万元到 45 万元的使用税率是 15%，该国允许夫妇分别或合并申报，一对某年各有应税所得 15 万元的夫妇就可以分别申报纳税。

（五）扣除技术（Deductions Technique）

扣除技术就是使税前扣除额、宽免额和充抵额等尽量最大化。在同样收入额的情况下，各项税前扣除额、宽免额和亏损等冲抵额越大，计税基础越小，应纳税额也越少，所节减的税款就越多。比如国家允许公司按照两种方法扣除国内业务招待费：一是按公司销售收入的一定百分比计算扣除；二是按占限额规定的实际发生额扣除。公司就完全可以选择可扣除招待费较多的方法计税。

（六）抵免税技术（Tax Credit Technique）

抵免税技术就是使税收抵免额尽量最大化、重复纳税额最小化。各个国家往往规定了多种税收抵免，如国外所得已纳税款抵免、研究开发费用等鼓励性抵免。税收抵免额越大，应纳税额越小，所节减的税款就越多。对一个必须不断进行研究开发才能求得生存和发展的企业来说，在其他条件基本相抵或利弊基本相抵的条件下，就可以选择抵免额最大的方案。

（七）延（缓）期纳税技术（Tax Deferral Technique）

延（缓）期纳税技术就是尽量采用延（缓）期缴纳税款的计税技术，即递延纳税。它是纳税人根据税法的有关规定将应纳税款推迟一定期限缴纳。递延纳税虽不能减少应纳税额，但纳税期的推迟可以使纳税人无偿使用这笔款项而不需支付利息，对纳税人来说等于是降低了税收负担，纳税期的递延有利于资金的周转，节省了利息支出，还可使纳税人享受通货膨胀带来的好处，因为延期后缴纳的税款由于有可能被允许将这些所得平均分配到数年之后去计税和纳税，或是对取得高所得年度应纳税款采用分期缴纳的方式，以避免纳税人的税负过重。若允许纳税人对其营业资产采用初期折旧或自由折旧法可以减少高折旧年度的应税所得，从而实现延期纳税，鼓励投资。如国家规定公司外国投资所得只要留在国外不汇回，就可以暂不纳税，那么把国外投资所得留在国外，就会有更多的资金可以利用，将来可取得更多的收益。税收递延的途径很多，纳税人可充分利用税法给予的优惠，积极创造条件，在遵守法律规范的前提下进行税收筹划，享受更多的税收优惠。

（八）退税技术（Tax Repayment Technique）

退税技术就是尽量争取获得退税待遇并且使退税额最大化的节税技术。许多国家的税法都规定了投资退税、出口退税、先征后退等退税政策，纳税人在已缴纳税款的情况下，退税无疑降低了税负。比如 A 国规定企业用税后所得进行再投资可以退还已纳公司所得税税额的 40%，公司在其他条件基本相抵或利弊基本相抵的条件下，用税收所得而不是借入资金进行再投资，无疑可以节减税款。

二、税收筹划的税种选择

从原则上说，税收筹划可以针对一切税种，但由于不同税种的性质不同，税收筹划的途径、方法及其收益也不同。因此，只有在精心研究各个税种的性质、法律规定，以及了解各税种在经济活动不同环节中的地位和影响的基础上，才能做到综合衡量、统筹考虑，选择最优的节税方案，取得尽可能大的收益。分析起来，对特定税种的税收筹划主要取决于两个因素：一是经济与税收相互影响的因素，也就是某个特定税种在经济活动中的地位和作用。对纳税人经营决策有重大影响的税种当然是税收筹划的重点所在。二是税收自身的因素，这主要看税负的弹性。税负的弹性越大，税收筹划的潜力越大。

（一）税收影响点

首先分析一下经济与税收的相互影响因素。对此，美国著名的经济学家马斯格雷夫曾经提出“税收影响点”的理论。他把整个国民经济假定为由两个部门组成：一个是个人家庭部门，另一个是企业部门。不同税种在两个部门的收支流转中处于不同的“影响点”，如下图所示：

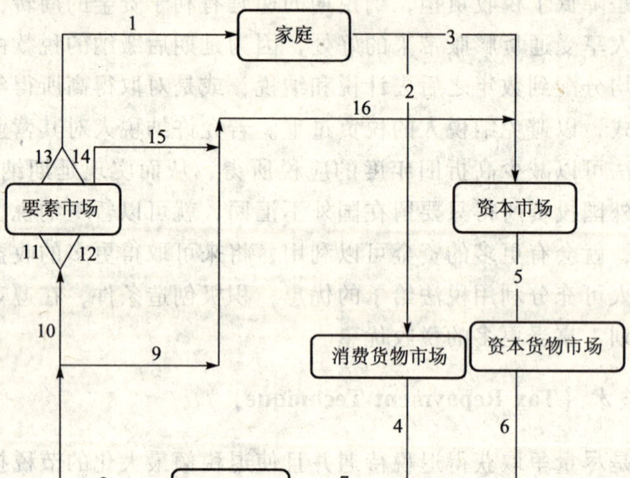

图 3－1　税收影响点

图中各数字所代表的因素为：1 家庭收入；2 消费；3 家庭储蓄；4 企业出售消费品的收入；5 投资；6 企业出售资本品的收入；7 企业毛收入总额；8 使用；9 折旧；10 使用后剩余部分；11 薪给；12 利润；13 工资；14 股利；15 保留利润；16 工商业储蓄。

把图中所示的收入与支出的货币流动用顺时针方向表示。因此，家庭所得的收入

1 可分为：消费支出 2 和家庭储蓄 3 两部分。用于购买消费品的消费支出流入市场并成为出售这些消费品的企业收入 4。储蓄通过资本市场而形成投资 5，而后又成为在资本市场上的支出，最终则成为生产这些资本货物的企业的收入 6。工商企业毛收入 7 为企业所用，其中的一部分用于补偿折旧 9，其余部分 10 则在要素市场上用薪给 11 购买劳务，用利润与利息 12 购买资本和其他投入要素，这形成了国民收入中的要素份额。这些份额提供给这些要素的供应者，采用工资 13、股利 14、股息、租金等形式最终又变成家庭收入 1。然而，有一部分利润作为保留利润 15，并没有计入股利之中。这些保留利润加上折旧补贴，构成了工商业的储蓄 16，最后与家庭储蓄 3 一起形成投资资金，或再行购买资本货物。这样，收入与支出的流转就结束了。

上图中共有 16 个影响点：

第 1 影响点，指对家庭收入的征税，即个人所得税。税负的大小直接影响个人可支配的收入。

第 2 影响点，指的是对个人消费支出的征税，通称综合消费税，或简称支出税。斯里兰卡和印度于 1959、1964 年曾分别试行过，但未获成功。经济学家设想把投资和储蓄从传统的个人所得税税基中排除出去，只对个人的支出额课征，目的是为了激励投资和保护资本积累。

第 3 影响点，指的是个人储蓄的征税，目前还没有开征储蓄税，储蓄的利息收入只是包含在个人所得税税基中课征。如果实行“支出税”，对储蓄的征税便可得到免除。

第 4 影响点，主要指的是对零售营业收入的征税，税种的名称不一，在我国称营业税，在美国称销售税。此类税属于间接税性质，最终由消费者负担。不过对经营者来说，减轻税负可能带动销售的扩大和利润的增加。

第 5 影响点，表示转化为投资的征税。目前有些国家对资本额课征登记税、净财富税、印花税等，多半由企业负担，是一种资本支出。税负高低影响投资成本的大小。

第 6 影响点，主要指的是对资本物包括有形资产、无形资产以及证券交易的征税。要分清对财产转让课征的是所得税还是流转税，第 6 影响点是指流转税而不是所得税。征税一方面影响投资者的资本积累，另一方面增加企业主投资成本，总之直接影响投资行为。

第 7 影响点，指的是对各项销售总收入的征税，通称之为商品及劳务税。其影响点与第 4 点基本相同。这种税由于是以销售毛额为税基，商品流转环节越多，累积的税负就超重，不利于专业化的社会化大生产。

第 8 影响点，表示对各项生产要素支付的征税，一般说来，企业新增的附加值首先要扣除固定资产折旧，以补偿资本损耗，然后再分为工资、租金、利息和股息 4 个部分。这一种包含折旧因素在内的“附加值”等同于“生产型”增值税的税基。它可以用加法计算，也可以用减法计算，要说明的是，上图没有把支付租金、利息表示出来，这些将按不同的资金来源分别流入家庭部门和企业部门，并据以课征个人所得税或企业所得税。

第 9 影响点，表示对提取折旧的征税。按理说，折旧是固定资产损耗的补偿，未补偿前暂时作为企业的储蓄形态保留，至今没有一个国家单独对提取折旧征税。不过实行“生产型”增值税的国家由于折旧不从税基中扣除，实际是被连带地征了税。另外，由于折旧支出允许在利润中扣除，加速的超前折旧使成本的扣除提前，这等于递延税收负担，无偿地使用国家税款。

第 10 影响点，表示“收入性增值税”的税基。现在只有拉丁美洲的某些国家实行此制。大多数国家实行“消费型增值税”，资本物的购入可以一次性扣除。但不论哪一种类型的增值税，均属间接税性质。根据间接税的原理，税款由最终消费者负担。

第 11 影响点，指的是对薪给的课税，美国的薪给税和许多发达国家课征的社会保障税都是以薪给总额为税基，由雇主缴纳或由雇主与雇员共同负担。由雇主缴纳的部分，作为企业的成本费用列支，由雇员负担的部分是个人收入的减除，所以负担的轻重给企业和个人都会带来影响，不过这种税带有“专款专用性质”，具有偿还性。

第 12 影响点，指的是对营业利润的课税，即公司（企业）所得税。这是当今世界普遍课征的一个税种，税负的轻重集中影响税后净所得的形成。税负重，净所得少；税负轻，净所得多。

第 13 影响点，指的是对工薪的课征。工薪收入是个人所得税税基的主体部分。大多数经济发达国家都以个人所得税为主体税种。税负的轻重直接影响家庭收入，进而影响个人可支配收入、消费和储蓄。

第 14 影响点，指的是对股息的课征。股份投资者若是个人，股息便是个人所得税税基的组成部分；如果投资者是企业，股息便是公司所得税税基的组成部分。对股息和利息的税负差别往往影响资本结构的变动。

第 15 影响点，指的是留存利润的征税。在正常情况下，企业的经营利润已课征过公司所得税，那么税后的所得将逐步流到投资者的口袋里，再不能重复课征所得税。问题在于，第 14 影响点对股息课征个人所得税给 15 影响点带来了不良后果。这就是人们所说的“经济性重复征税”。于是投资者的思想敞开了，股息分配少一点，留存利润多一点，税收负担自然就轻一点。为此，德国、日本等国税务当局采取了对策，实行差别税率。公司的经营利润作为股息分配的部分采用低税率，作为留存利润的部分采用高税率。这样，摆在投资者面前的问题，是要衡量一下税收负担水平对投资回收率的影响，考虑什么样的利润分配方案才是最优方案。

第16影响点，类似于第3影响点，留存利润有多种用途，或用于扩大投资，或用于增加福利，或作为储备基金。留存利润形成储蓄，进入资本市场，通常是不征税的。但进入资本市场取得的利息或股息，有的国家要合并到企业经营利润中课征公司所得税，有的国家全部或部分免税。投资所得的税负轻重对投资行为的偏好将产生影响。

通过以上的分析，可以看出在投资、生产、销售、分配、消费整个经济运行的过程中，不同环节的税种对经济活动产生着不同的影响，也影响着纳税人的经营决策。例如：

对投资行为的征税，目前有些国家对资本课征登记税、印花税等，在一定程度上加重了投资成本。公司制企业在投融资时，对权益资金和借入资金不同的税收政策也是首先要考虑的。权益资金需要支付股息，股息要从税后利润中支付；借入资金需要支付利息，但可以作为费用在税前扣除，因此借入资金的比例大可以降低资金成本。但有的国家对资本弱化限制规定比较严格。

对资本物，包括股票、土地、房屋、机器设备交易的征税，也直接影响投资行为，影响投资者的资本积累。对这类所得是作为普通所得税课征，还是作为财产税课征，对收益也有影响。有的国家把这类资本利得作为所得的一个组成部分课征，有的国家则区别对待，对持有时间较长的资本利得允许一定比例的扣除，或按较低税率课征。

对资本要素的征税，还表现在对提取折旧的征税。按理说这就使固定资产损耗的补偿，未补偿前暂时作为企业的储蓄形态保留，至今没有一个国家单独对提取的折旧征税。不过实行“生产型”增值的国家，由于折旧不从税基中扣除，实际是被连带征了税。

对销售环节课征的流转税，称为商品及劳务税（包括销售税、消费税、营业税、关税），属于间接税，最终由消费者负担。不过对于经营者来说，减轻税负可能带动销售的扩大和利润的增加。

社会保障税是以工薪总额为税基，由雇主缴纳或由雇主与雇员共同负担。由雇主缴纳的部分，作为企业的成本费用列支，雇员负担的部分是个人收入的减除，所以负担轻重都会对企业和个人带来影响。

在企业利润的分配环节，经济型重叠课税直接影响投资的回收率。经济型重叠课税即投资所得的经营所得，在公司阶段缴纳了公司所得税，接着税后所得作为股息分配给股东时，又再缴了个人所得税。有的投资者采取股息分配少一点，留存利润多一点的办法，来减轻税负。

对个人家庭收入影响最直接的是个人所得税，包括对工薪收入、股息收入、利息收入、租金和权利金及其他收入课征的税收。税负的轻重直接影响个人或家庭的可支配收入，进而影响消费和储蓄。

（二）税负弹性

上文分析了税收筹划必须考虑各个税种在经济活动中的地位和影响，接着要分析影响税收筹划的另一个因素，即税收自身因素。这主要看各个税种的税负弹性。

一般说来，税源大的税种，税负伸缩的弹性也大。税收筹划当然要瞄准主要税种。另外税负弹性还取决于税种的要素构成，这主要包括税基、扣除、税率和税收优惠。如果用数学函数来表示税收负担（TB）与税基（b）、扣除（t），以及税收优惠（i）之间的关系，可表示为：

$$TB = F(b;\ t;\ 1/b;\ 1/i)$$

即税基越宽，税率越高，税负就越重；或者说税收扣除越大，税收优惠越多，税负就越轻。如果把税基看作是应税所得，则扣除额已包含在税基之内。由于扣除是影响税负的一个重要因素，此处单列出来更能说明问题。

跨国公司主要的国际经营活动是国际贸易和国际投资。从税务的角度看，国际贸易涉及的主要是商品课税制度，尤其是进出口商品时的关税和消费税；国际投资涉及的主要是所得税制度，尤其是公司所得税、个人所得税和预提税，国际投资涉及的税种比国际贸易广泛而复杂。与之相应的，在世界各国的税种之中，关税和所得税是实施面最广的税种。下面对这两种税收的税负弹性分别做具体的分析。

1. 所得税的税负弹性

依据 $TB = F(b;\ t;\ 1/b;\ 1/i)$ 这一公式，可以看出公司所得税、个人所得税等税种的税负弹性比较大。因为不论是税基的宽窄、税率的高低、扣除额的大小，还是优惠的多少都有较大的弹性幅度。各税种内在各要素弹性的大小决定了各税种的税负弹性。

公司所得税是世界大多数国家开征的重要税种，其纳税人是公司企业，征税对象是营业利润，计税依据通常按照国际会计准则。当会计处理与税收法规相冲突时，以税收法规为准。公司所得税的许多方面的弹性都很大。

公司所得税的税基通常受到以下 8 个因素的影响：

（1）境内所得和境外所得是否合并征税？

（2）间接投资的利息、股息、特许权使用费收入是否分别计算征税？

(3) 资本利得怎样对待?

(4) 汇兑损益如何纳入税基?

(5) 存货计价是否采用后进先出法?

(6) 有哪一些准备金制度?

(7) 实行什么样的亏损结转抵补办法?

(8) 对关联企业的转让定价怎么处理?

公司所得税的税率，也有一定弹性。例如：实行单一的比例税率还是多级的超额累进税率？实行各行业统一税率还是差别税率？国内企业与涉外企业税率是否一致？税收筹划要考虑边际税率，进而考虑税收筹划的边际收益和边际成本。对税收筹划影响较大的税率不是某项税负的平均税率，而是其边际税率。边际税率是对任何税基下一个单位使用税率，亦即对每一新增应税所得额适用的税率。对比例税率而言，边际税率是不变的，始终等于基本税率；对累进税或累退税而言，边际税率随所得额的大小和税率结构变化而变化。在实践中，往往会出现“边际税率越低，税收收入越高，边际税率提高，税收收入反而降低”的怪现象，这反映了边际税率变化对纳税人心理的影响及对经济行为的影响。企业通过对边际税率的考察，核算税收筹划的边际收益与边际成本，合理展开税收筹划活动。

又如扣除，弹性就更大了。诸如：资本支出是否给与一定的税收抵免？限制资本弱化对利息支出怎样处理？捐赠支出如何对待？交际接待费如何扣除？研究开发费支出有哪些扣除规定？支付给总机构的管理费及特许权使用费怎样对待？社会保险如何支出？

再如优惠政策多少，也直接影响到税负弹性。要考虑：有没有地区性或行业性的税收优惠办法？如何确定减免税期？由此可见，影响公司所得税税负弹性的因素很多，这就给税收筹划提供了空间。

2. 关税的税负弹性

从税收筹划的角度考察，关税税负弹性较小。其在税目、税基、税率以及减免优惠等方面都规定得相当详尽、具体，不像所得税那样有较大的伸缩余地。但在贸易额度较大的情况下，注重筹划也会有可观的收益。

关税弹性较大的是完税价格的确定，在税率固定的情况下，完税价格的大小，直接关系到纳税人关税负担的多少。对于进出口货物和物品如果能制定或获取合理的、较低的完税价格，并且是在不违反法律规定的条件下，即通过关税筹划的方式，达到不多缴税或少交税的目的，将直接影响到企业的投资决策和市场营销战略。

在经济交往和国际协作日益密切的今天，《关税与贸易总协定》可以看作海关进出口税则的国际基本准则。目前，各国自主订立的海关进出口税则分类目录逐步被

《海关合作理事会分类目录》所取代，包括我国在内，世界上已有150多个国家和地区以这一目录为基础制定了各自的海关税则。由于税目规定十分明细，税率的适用对象十分具体，应征关税的商品，转换税目以高报低的现象不太容易发生。关税弹性较大的是完税价格的确定，因为在同一税率下，完税价格如果高，以价计征的税负则重，如果低，税负则轻。

以我国海关估价为例，收发货人主动报明货物的成交价格，并经海关审查确认后，才能据以确定货物的完税价格。海关审定的进出口货物的成交价格，应该是该项货物在公开市场上可以采购到的正常的价格。如果海关对申报人提供的进口货物的成交价格经审查未能确定的，应当以该货物的同一出口国或者地区购进的相同或类似货物的正常成交价格为基础的到岸价格为完税价格。在确定进出口货物的完税价格，运用税率并将外币折算成人民币后，海关即填发税款缴纳证，纳税人凭此证于开立的次月起7日内（星期日和节假日除外）向指定银行缴款，并将回执联送交海关，海关在报关单上盖放行章后，收发货人即可凭此提（装）货。

由此可见，不管是采用哪一种估价规则，都会遇上如同所得税那样的国际关联企业之间的贸易转让定价问题。进口关税的完税价格要防范的是进口方“以高报低”，逃避关税；应税所得要防范的是“高进低出”，即进货报高价，虚增成本；销货报低价，少列收入。不过具体分析起来，同一种商品，不同的国家有不同的关税课征范围，适用税率也不尽相同。对于那些不属于课征关税的商品品目，如收入来源国所得税税率低于居住国，高进低出的结果对纳税人肯定有利。

海关对此区别情况会作出相应的处理：

（1）申报价格低于海关审定价格的，应由出口商品的发货人或其代理人缴纳相当于申报价格与海关审定价格的差额保证金后，由海关放行货物，并通知有关进出口商会和国家外汇管理部门进行调查。经调查，对有确凿证据属低报价格逃、套外汇的，由外汇管理部门依据《违反外汇管理处罚实施细则》的规定处理，并由海关处以货物等值以下的罚款或罚金。

（2）申报价格明显低于海关审定价格，经海关调查构成隐瞒价格行为的，海关可将货物予以扣留，不准出口，并处货物等值以下的罚款，同时通知有关进出口商会和国家外汇管理部门。

因此，不能把完税价格的避税方法片面理解为降低申报价格。如果跨国纳税人为了少缴关税而一味降低申报价格的话，那么其行为将不再是税收筹划，而是违法的偷税。

关税优惠也是纳税人进行筹划的重点。例如，世界上几百个经济性特区对关税的课征一般都实施大同小异的优惠待遇；我国对企业从事高新技术和生产出口产品实行鼓励政策，对于从事上述产品生产的企业所需的进口设备及配套技术、配件、备件及软件费等给予减免关税和进口环节增值税。这些都为企业开展税收筹划，调整经营战略提供了空间。根据关税条例规定，进口税率分为普通税率和优惠税率两种。对于原产地是与中华人民共和国未订有关税互惠协议的国家或地区的进口货物，按普通优惠税率征税；对于原产地是与中华人民共和国订有关税互惠协议的国家或地区的进口货物，按优惠税率征税。

在出口退税环节，我国现行对不同类型的企业，不同货物制定了不同的出口货物退（免）税政策和管理办法，纳税人通过精心筹划和选择也可以达到"节税"的效果。例如改变货物收购方式，根据实际情况选择合适的退税方式等，都能达到降低成本，增加效益的目的。可见，税收筹划在国际贸易中还是有着较大的发展空间的。

第三节 主要税种简介及税收筹划的成本控制

一、流转税及其筹划特点

流转税是以商品和劳务的流转额为课税对象而缴纳的税种的统称，国际上一般将其称之为商品和劳务税。商品和劳务的流转额，是指从事商品生产、经营活动和各种劳务活动而发生的货币金额，包括商品销售收入额、购入商品支付金额和提供劳务取得的货币金额。

流转税一直是我国税制结构中的主体税种，我国现行流转税制由增值税、消费税、营业税等组成，在工业领域和商业批发零售领域普遍缴纳增值税，选择少量消费品交叉缴纳消费税，对不实行增值税的劳务和第三产业缴纳营业税。流转税的税改趋势是："增值税由生产型改为消费型，将设备投资纳入增值税抵扣范围。完善消费税，适当扩大税基"（《中共中央关于完善社会主义市场经济体制若干问题的决定》）。2004 年，消费型增值税首先在东北老工业基地的八个企业实行，允许企业抵扣当期新增及其设备所含的进项税额。

（一）流转税的分类

1. 按照课税对象分类

按照课税对象分类，可以将流转税分为以下三种：

（1）增值税。增值税是对在我国境内销售货物或者提供加工、修理修配劳务，以及进口货物的单位和个人，就其取得的货物或者应税劳务的销售额，以及进口货物的金额计算税款，并实行税款抵扣制度的一种流转税。

(2) 消费税。消费税是以特点消费品为课税对象所缴纳的一种流转税。现行税制是在对货物普遍缴纳增值税的基础上，选择少数消费品再缴纳一道消费税。

(3) 营业税。营业税是以在我国境内提供营业税应税劳务、转让无形资产和销售不动产的行为为课征对象所征收的一种流转税。

2. 按照课税环节分类

按照对课税环节的分类，可以将流转税分为以下两种类型：

(1) 单一环节的流转税，指在商品的产制（进口）、批发、零售各环节中只选择一个环节课税，如消费税。

(2) 多环节的流转税，指在商品流通的两个或两个以上环节征税，如增值税。

3. 按照计税方式分类

按照对计税方式的分类，可以将流转税分为以下三种类型：

(1) 从价税。从价税是以商品（劳务）的价格为计税依据计算应纳税额的流转税。从价税一般按照商品的不同类别采取差别比例税率。

从价税又可分为按照含税价格计税和按不含税价格计税。

按含税价格计税的称为价内税，是将应纳税额包含在价格之内，按照含税价格计算应纳税额，如营业税。

按不含税价格计税的称为价外税，是指将应纳税额排除在价格之外，按照不含税价格计算应纳税额，如增值税。

(2) 从量税。从量税是以商品的数量、重量、容积或者面积为计税依据计算应纳税额的流转税。比如对黄酒、啤酒、汽油、柴油课征的消费税。

(3) 复合计税。复合计税是指从价从量复合计税。

(二) 流转税的特点

流转税与其他税种相比，具有以下特点：

1. 与商品或劳务的交易行为紧密联系在一起

流转税是按商品和劳务的流转额计税的，只有发生商品和劳务的交易行为，发生了商品和劳务的流转额，才有可能缴纳流转税。

2. 流转税是对物税

所谓对物税，是指不考虑从事经济活动人的情况，对不同纳税人从事同一种经济活动或发生同一种行为，按照相同标准纳税。

3. 流转税是间接税

所谓间接税，是指纳税人不一定是负税人，纳税人缴税之后，可能将税款附加在商品价格之上，通过商品流通，转嫁给最终消费者。

（三）流转税税收筹划的特点

1. 利用税率差异技术

不同的流转税税种之间，同一税种的不同税目之间的税率是不同的。在同一税种内，纳税人兼营不同税率、税目的业务，应当分别核算不同税率的税目的销售额，否则会从高适用税率。在不同的税种之间，增值税和营业税的税率也不同，所以增值税和营业税的混合销售行为就存在筹划的可能。

2. 规避课税环节

这一点特别明显地体现在消费税的税收筹划上，因为消费税的课税环节一般情况下是产制环节，而不是批发、销售环节，这就有可能将应税收入从产制环节转到批发零售环节实现，从而规避掉部分消费税。

3. 分析先进流量

增值税是价外税，难以用利润衡量，所以在涉及销售货物、应税劳务的时候，应该以税后现金流量作为判断指标，决定方案的取舍。

4. 复合双方交易原则

双方交易原则是指每一项交易都至少存在两方，在一方根据自己的经济利益决策时，另一方也会按照自己的经济利益决策，并且对方和你一样聪明、勤奋和富有创造力。因此，在决策时要正确预见对方的反应。流转税的涉税事项往往都涉及交易双方，一方在做税收筹划的时候，必须考虑到另一方的反应。比如，销售方在选择自己的增值税纳税人身份时，就要考虑购买方是否要求取得增值税专用发票。

二、所得税及其筹划特点

所得税是以自然人或法人的法定所得作为课税对象的税种的统称。当今世界上各国缴纳的所得税税种很多、名称各异，按照纳税人的属性不同，大致可以划分为个人所得税和企业所得税，本书所指的所得税如无特别说明，都指企业所得税。我国企业所得税税改的趋势是统一各类企业税收制度。内资企业所得税与外商投资企业和外国企业所得税将会合并。

（一）所得税的分类

1. 按照所得来源分类

按照税制结构分类，通常可以把所得税分为以下两种类型：

（1）分类所得税

分类所得税就是把归属于同一纳税人的所得按来源不同划分为若干类别，对不同性质的所得规定不同的税率，分别计算、缴纳所得税。分类所得税是根据对不同性质的所得应区别对待的原则设计的。如对勤劳所得，应课以较轻的税，而对投资所得，因所含辛苦较少，应课以较重的税。实行分类所得税，不仅可以依据所得的性质缴纳不同的税收，而且便于广泛采用源泉一次缴纳的方法。在这种税制下，税源容易得到控制，并减少了汇算清缴的麻烦。

（2）综合所得税

综合所得税就是把归属于同一纳税人的各类所得，不管其来源如何，作为一个所得总体，综合计算，缴纳所得税。综合所得税的建立，是基于这样一种思想，既然所得税是一种对收入缴纳的税，因而其应纳税的所得就应该是综合反映纳税人的负担能力的各类所得的总额。综合所得税最能体现税收按能力负担的原则。我国目前采取的是综合所得税。

2. 按照纳税人分类

（1）中外资企业分税

2008 年 1 月 1 日前，按照纳税人分类，我国的所得税包括企业所得税、外商投资企业和外国企业所得税。企业所得税是指对中华人民共和国境内的一切企业（不包括外商投资企业和外国企业），就其来源于中国境内外的生产经营所得和其他所得而征收的一种税，其法律规范为 1993 年 12 月 13 日国务院颁布的《中华人民共和国企业所得税暂行条例》。而外商投资企业和外国企业所得税是指对在我国境内的外商投资企业（包括中外合资企业、中外合作经营企业、外资企业）和外国企业的生产经营所得和其他所得征收的一种税。1991 年 4 月 9 日全国人民代表大会第四次会议通过的《中华人民共和国外商投资企业和外国企业所得税法》，自 1991 年 7 月 1 日起施行。1991 年 6 月 30 日国务院以第 85 号令发布了《中华人民共和国外商投资企业和外国企业所得税法实施细则》，进一步明确了相关内容。

（2）两税合一

2007 年 3 月 16 日，全国人民代表大会第五次会议通过了《中华人民共和国企业所得税法》，明确规定企业所得税征收不再对中资和外资纳税主体进行区分，统一按 25% 税率进行征收。该法自 2008 年 1 月 1 日起施行。1991 年 4 月 9 日第七届全国人民代表大会第四次会议通过的《中华人民共和国外商投资企业和外国企业所得税法》和1993年12月13日国务院发布的《中华人民共和国企业所得税暂行条例》同时废止。

（二）所得税的特点

与其他税种相比，所得税具有以下几个显著的特点：

1. 所得税是直接税，其税负一般不能转嫁

所得税是对纳税人的净所得征收的一种税，其纳税人即负税人一般不会发生税收转嫁和重复征税的问题（对跨国所得征收的税收除外），因而对市场的正常运行干扰较小。

2. 所得税体现了按能负担的原则

所得税的课税对象是从纳税人的总收入中扣除了各项成本、费用开支之后的净所得额。由于净所得额代表了纳税人的购买能力，因而对纳税人的净所得按累进税率征收的所得税，能够调节纳税人的收入水平，体现税收的公平原则，即所得多、负担能力大的，多纳税；所得少，负担能力小的，少纳税；无所得、没有负担能力的，不纳税。

3. 所得税富有弹性

由于所得税的税基随着经济的增长和纳税人收入水平的提高而增加，随着经济的衰退和纳税人收入水平的下降而减少，因而具有较大的收入弹性。当经济高涨时，所得税税额会因税基的扩大、实际税率的提高而自动增加，从而有利于抑制因经济过热而带来的通货膨胀的影响。当经济衰退时，人均收入减少，所得税税额会因税基的缩小、实际税率的下降而自动的减少，从而有利于刺激经济的复苏。

4. 计税依据为应税所得额

所得税的计税依据，是纳税人的收入总额扣除各项成本、费用、税金、损失等支出后的净所得额，它既不等同于企业实现的会计利润额，也不是销售额或营业额，因此，所得税是一种不同于商品劳务税的税种。

5. 应纳税所得额的计算比较复杂

由于所得税是以应纳税所得额为税基，因此应纳税所得额便成为计征所得税的关键。为了保证计算正确，必须按照税法的规定核定所得，并确定扣除成本费用及减免税数额等。与其他税种相比，所得税的计缴要复杂得多。

6. 实行按年计征、分期预缴的管理办法

通过利润所得来综合反映企业的经营业绩，通常是按年度计算衡量的。所以，企业所得税以全年的应纳税所得额作为计税依据，分月或分季预缴，年终汇算清缴。与

会计年度及核算期限一致，有利于税收的缴纳管理和企业核算期限的一致性。

（三）所得税税收筹划的特点

1. 注意时间跨度与时间价值

所得税在季度终了后预缴，年度终了后汇算清缴；而流转税一般是以一个月为纳税期限。同样数额的所得税如果可以推迟缴纳，会比同样数额的流转税推迟缴纳有更高的时间价值。资产在足够长的时间内都会转化为费用，因此，如果不考虑其他因素，在此期间内资产的处理方式不同，不会影响所得税款总额但会影响所得税数额在前后期的分布。由于所得税税款支出是一种强制性的现金支出，考虑到时间价值，企业应该选择所得税税款支出现值最小的税收筹划方案。

2. 选择合适的会计政策

会计政策是指企业在会计核算时所遵循的具体原则以及企业所采纳的具体会计处理方法。企业所得税的应税利润就是在会计利润的基础上，通过调整差异项目金额计算出来的；对税法没有明确规定的事项，都是按照财务会计处理结果计算应税所得。会计政策的选择不同，核算出来的结果会有不同，不同的结果会对纳税人的税负产生影响，甚至有较大的影响。主要的会计政策选择包括存货计价方法、固定资产折旧方法等。

3. 利用税收优惠政策

所得税的税收优惠分为税基式、税率式、税额式三种形式。税基式优惠是对不同的征税对象减少计税的基数，例如加速折旧。税率式优惠是国家对鼓励或者照顾的地区、行业或者企业适用较低的税率，例如对深圳特区的外商投资企业适用15%的所得税税率。税额式优惠是对某些特殊行业或对象按规定先计算出税额再返还或者减征一定数额或比例，例如对招用下岗失业人员的新办服务型企业的减免税。在税收筹划时，首先要根据企业自身情况充分利用可以适用的税收优惠，其次要注意不同税收优惠之间的合理搭配，比如减免税期就不适合采用加速折旧。

三、税收筹划的成本控制

成功的税收筹划可以使纳税人获得利益，但无论由自己内部设立专门部门筹划，还是聘请外部专业税收筹划顾问，都要耗费一定的人力、物力和财力。税收筹划成本是企业因进行税收筹划而增加的成本。税收筹划成本可分为显性成本和隐性成本。显性成本是在税收筹划中实际发生的相关费用；隐性成本是企业因采用税收筹划方案而放弃的潜在利益，因此，隐性成本是一种机会成本。企业在进行税收筹划时，更应该关注后者。

1. 显性成本控制

显性成本包括进行税收筹划发生的直接费用。例如，企业为选择税收筹划方案而付出的税收法律政策的研究、学习费用，为实施税收筹划而组织相关人员的培训费用、工资等。如果纳税人寻求税务代理为其进行税收筹划，则该税务代理费用就是筹划费用。此外，显性成本还包括为满足某一税收优惠政策的要求，对目前企业经济状况的改变而发生的经济资源的消耗。例如，跨国公司从国外筹资，如果对方国家是一个与跨国公司居住国无税收协定的国家或地区，境外贷款者会将征收的高额利息预提所得税转嫁给跨国公司。因此，跨国公司为降低筹资成本，需要在第三国设立国际金融公司，获得该笔境外贷款。由于显性成本是税收筹划中实际发生的费用，且一般需用货币支付，因此，对于显性成本的控制，主要追求的是“节约”原则，力求最小的货币支出获得最大的筹划收益，或者在既定筹划收益下付出最小的成本。

2. 隐性成本控制

隐性成本主要是在利用税收优惠政策进行筹划的过程中，可能出现的各种不确定因素而造成的风险费用。例如，因社会经济因素的变化而使正在执行的优惠政策突然被取消而给企业带来的损失；或者在税收优惠政策实施过程中，因企业经营策略的改变，或其他意外因素使企业不再完全符合税收优惠政策的条件，而被迫取消享受优惠政策的资格。隐性成本的发生一般具有不确定性，因此，在筹划过程中难以用货币予以衡量。对于隐性成本的控制，需要企业集团有比较明确的发展战略，并且需要借助各种信息以及人力资源对宏观经济形成准确的判断。至于不可抗力引起的风险，可以通过商业保险获得一定程度的补偿。

复习思考题

一、概念题

1. 各国之间税制的差异主要体现在哪些方面？
2. 税收筹划的基本技术有哪些？
3. 比较免税技术、减税技术、扣除技术与抵免税技术的异同。
4. 简要概述马斯格雷夫的“税收影响点”理论。
5. 什么是税负弹性？有哪些决定因素？
6. 什么是流转税？流转税税收筹划的特点是什么？
7. 所得税可以分为哪几类？所得税的特点是什么？所得税税收筹划有哪些特点？

8. 税收筹划有哪些成本？如何控制？

二、计算题

1. 甲国某跨国公司某一纳税年度的总所得为6万元，其中国内所得4万元，来源于乙国的所得2万元。甲国所得税实行超额累进税率，年所得在2万元以下（含2万元）的，税率为20%；2万~3.5万（含3.5万）的，税率为25%；3.5万~5万元（含五万）的，税率为30%；超过5万元的，税率为35%。乙国所得税实行20%的比例税率，已纳税0.4万元。

计算：(1) 甲国不实行免税法时，该跨国公司在甲乙两国的税收负担。

(2) 甲国实行全额免税法时，该跨国公司在甲乙两国的税收负担。

(3) 甲国实行累进免税法时，该跨国公司在甲乙两国的税收负担。

2. A国某跨国公司在B国设有一分公司。某纳税年度，该跨国公司共获利50万元，其中，来源于A国的所得为35万元，B国分公司获利15万元。甲国所得税税率为20%，乙国所得税税率为15%。

计算：(1) A国不实行扣除法时该公司应纳所得税税额。

(2) A国实行扣除法时该公司应纳所得税税额。

三、数据分析题

1. S国某居民公司在某一财政年度共获利100万元，其中来自本国的所得为80万元，来自T国分公司的所得为20万元。

(1) 当两国税率相等，均为30%时，试分析该公司在直接抵免时的纳税情况。

(2) 当S国税率为30%，T国税率为20%时，试分析该公司在直接抵免时的纳税情况。

(3) 当S国税率为30%，T国税率为40%时，试分析该国公司在直接抵免时的纳税情况。

2. 美国A公司在中国、日本分别设立了B、C两家分公司，美、中、日三国企业所得税税率分别为35%、30%、30%。美国允许采取分国抵免法进行税收抵免，但抵免额不得超过同期所得按美国税率计算的税额。假设该年度A公司在美国实现应纳税所得2 400万元，B公司在中国实现应纳税所得500万元，C公司在日本亏损100万元。为减轻负税，A公司采取了以下方法：降低对C公司的材料售价，使C公司在日本的应税所得额由0变为100万元。试分析该公司总体税负的改变情况。

第四章 跨国公司与国际税收筹划

✓ 本章摘要

● 跨国公司形成于第一次世界大战之前，两次世界大战之间跨国公司发展缓慢，二战以后获得较大发展。20 世纪 90 年代以来，发展中国家跨国公司开始崛起，跨国公司的时代到来了。

● 跨国公司经历了从多国内独立系统、简单一体化系统向复合一体化体系和网络化、开放性的国际生产体系的历史演变。

● 对实行简单一体化战略的跨国公司，其区位经济决定因素主要是资源、效率和市场；实行复合一体化战略的跨国公司要求东道国具有能够提高其全球竞争力的综合区位决定因素。

● 跨国公司对经济全球化起了巨大推动作用，同时对全球化也产生了一些负面影响。

● 国际上对跨国公司税收筹划的研究主要是围绕税种类别或经营活动的不同方式展开的。

● 税收筹划贯穿于企业财务决策的各个领域：筹资决策、投资决策、生产经营决策和利润分配决策、产权重组决策。

● 跨国交易税收影响有三个层次，税收筹划在每个层次上都有机会。

● 国际税收筹划的制约因素包括跨国纳税人自身状况、税制因素和税收筹划实施的复杂性。

✓ 本章关键词

跨国公司　经营战略　区位因素　复合一体化战略　筹资决策　投资决策　生产经营决策　利润分配决策　企业产权重组

✓学习完本章，你需要掌握：

- 了解跨国公司产生发展的四个主要阶段。了解二战以后跨国公司的主要特点以及90年代以来发展中国家跨国公司崛起的原因。
- 了解跨国公司经营战略的四种选择及演变过程。
- 掌握对不同跨国公司经营战略而言的区位选择因素。
- 理解跨国公司对经济全球化的正面和负面影响。
- 掌握在现代企业财务决策的各个环节，企业税收筹划的不同安排。
- 了解税收筹划在三个不同层次的机会。
- 理解跨国税收筹划的制约因素。

第一节　跨国公司简介

一、跨国公司的成因与发展

跨国公司的发展仅有130多年的历史，但发展速度之迅猛举世瞩目。跨国公司的历史渊源可以追溯到17世纪初的英国。从1868年的第一家跨国公司——美国的胜家缝纫机公司（Singer）诞生至今，跨国公司经历了形成与初步发展、低谷与大发展和群雄并起等时期，成为世界经济舞台的主力军，每一时期的发展都有其特点，都与世界经济状况、政治局势息息相关。

（一）早期跨国公司的形成与初步发展（19世纪中叶至1913年）

跨国公司的形成主要是在第一次世界大战之前。跨国公司的先驱要追溯到19世纪60至70年代。资本输出是帝国主义形成和发展时期的重要特征，不断追求利润最大化，“不断扩大产品销路的需要，驱使着资产阶级奔走于全球各地。他们必须到处落户，到处创业，到处建立联系”。这是资本主义为了追逐最高利润，掠夺市场和资源而进行资本扩张的真实写照，也是跨国公司形成的最原始动因。

产业资本的国际化是跨国公司形成的基础。1863年，美国的胜家缝纫机公司为了满足国外市场的需求，于1868年在苏格兰的格拉斯哥设立工厂，这标志着世界上第一家跨国公司诞生。以后，德国的拜尔化学公司、西门子公司，美国的美孚石油公司、福特汽车公司等都纷纷在海外投资建厂，形成了早期的世界跨国公司。可以说，跨国公司既是对外直接投资的主体，又是对外直接投资的产物。

早期跨国公司具有以下几个特点：一是资本输出以英、法、德、美等少数资本主义国家为主。在投资总额中，英国居第一，其次为法国、德国和美国。二是投资方式以间接投资为主，尤其是购买证券及政府公债等，直接投资的数量和额度都比较小。三是制造业的投资主要是在发达国家和地区。在1914年，美国制造业子公司设在发达国家的占87.9%，英国占73.7%，就投资主体而言，这一时期以美国为主，1914年以前美国制造业的海外子公司是122家，而英国只有60家。四是跨国公司投资的目的主要是为宗主国向殖民地落后国家输出工业品，并从殖民地落后国家输入初级产品。

（二）两次世界大战之间发展速度缓慢（1914—1938年）

在两次世界大战之间（1914—1938年）跨国公司处于低谷时期，总体发展速度较为缓慢。但这一时期也有其自身特点。主要有：一是对外直接投资绝对额增加幅度加大。据统计，这一时期全球对外直接投资总额增幅不大，但对外直接投资的绝对额却增加了2倍，而且比重有较大提高。二是美国获得了较大发展。在此期间，发达国家的对外投资停滞不前，数额增加极为有限，但美国的对外直接投资额却大幅度增加。据统计，全球对外直接投资由1914年的143亿美元增加到1938年的263.5亿美元，其中美国由26.5亿美元增至73亿美元，虽然居英国之后列第二位，但比重却大幅度增长，呈上升态势。虽然英国仍位居世界首位，但优势已大大下降。向外扩张的跨国公司大多属于技术先进的新兴工业或生产大规模消费品的企业，这些企业通过兼并和重组使自己的国际竞争力得到了大大增强。如在这一时期，化学帝国公司康采恩通过国内的企业兼并重组扩充实力，在国际市场上与德国公司展开竞争；军火垄断企业维克斯·阿姆斯特朗公司在军火、船只、飞机等产品领域也大规模向外扩张；英伊石油、英荷壳牌占领着中东石油生产的76%，成为美孚石油的强劲对手。

但从总体状况来看，这一时期除了美国等极少数国家的跨国公司有所发展外，西方国家的跨国公司基本处于停滞不前或倒退状态。其主要原因，一是第一次世界大战的创伤使许多参战国遭受了巨大的战争损失，破坏了正常的生产。二是频繁的经济危机使整个资本主义世界的工业经济增长受到了影响，影响了对外直接投资。三是世界性的金融秩序混乱使资本主义国家的货币制度一直未能恢复到稳定的状态，对外直接投资的风险加大。四是一些国家的政府为了稳定国内经济，限制了对外投资，这也是限制跨国公司发展的重要原因。

（三）第二次世界大战开始后跨国公司的大发展（1939年至20世纪80年代末）

跨国公司获得较大的发展是在第二次世界大战以后，这一时期，跨国公司的数量急剧增加，并在世界经济中显示出越来越重要的作用。据联合国跨国公司中心资料统计，在1946—1950年间，美国和欧洲每家跨国公司平均每年在海外新建子公司0.4个，1961—1970年间，美国每家跨国公司每年在海外新建子公司达1.5个；1971—1978年间，美国每家跨国公司每年在海外新建子公司达1.2个，欧洲跨国公司达1.8个。

这一时期的跨国公司有以下几个主要特点：

一是对外投资总额及比重明显增长。二战以后，全部发达资本主义国家的对外投资额从1945年的510亿美元猛增至1978年的6 000亿美元，其中直接投资额的增加更为迅速，从1945年约200亿美元增至1978年的3 693亿美元，1983年增至6 000亿美元以上。

二是跨国公司的数量（包括母公司及分公司、子公司）明显增加。据联合国调查，1968—1969年间，主要发达国家的跨国公司共有7 276家，其国外分、子公司达27 300家以上。1978年世界跨国公司总数已达10 727家，1980年其子公司达98 000家。到20世纪80年代中期，跨国公司数已达2万家左右，其国外分、子公司达10万个，海外直接投资共6 500亿美元，其中50家最大的跨国公司拥有一半以上的海外直接投资额。

三是跨国公司的地区分布更为广泛。到20世纪70年代末，跨国公司的投资所在地已经超过160个国家和地区，几乎遍布世界的每一个角落。

四是投资领域由过去的铁路、采矿、石油等生产初级产品的产业转向电子、飞机制造、计算机、汽车、化工、机械、制药、石油化工等新兴工业部门。其中，美国直接投资于制造业的比重1985年为41.5%左右。

五是投资来源国非常集中。主要来源于美国、英国、联邦德国。

六是投资特点主要是发达国家之间的相互投资。据统计，20世纪80年代中期，跨国公司每年投资于海外子公司高达500亿美元，95%来自发达国家，有3/4投向其他发达国家。

七是美国的跨国公司超过英国，呈现出公司规模最大，建立海外子公司最多，对世界贸易和投资最有影响的特征。

这一时期的跨国公司得到高速发展，主要有以下几方面的原因：一是反法西斯战争的胜利使整个世界受到鼓舞，战争不再成为威胁经济发展的主要因素，国际投资也得到了巨大发展。二是第三次科技革命对世界经济发展产生了重要影响。大量科技成果的运用促进了经济的增长，也促进了生产和销售的国际化。三是企业兼并的浪潮使企业的规模和国际竞争力得到了很大增强，先进技术使垄断又进一步加深，这促进了跨国公司的对外投资欲望。值得一提的是，20世纪80年代后日本经过战后的恢复和积累，跨国公司获得了较大的发展，成为与美、西欧相提并论的跨国公司超级大国。到 1990 年，日本的对外直接投资达 480 亿美元，成为世界对外直接投资的大国之一。日本跨国公司数量也有很大的增加，在 1982 年美国《财富》杂志评选出的美国以外的 500 强公司中，日本达到 134 家，远远超过了英国和德国。

从上述分析中可以看出，在 20 世纪 90 年代以前，跨国公司基本限于发达资本主义国家，企业类型以工业企业为主，对外投资来源国主要集中在美、英、日等少数发达资本主义国家。

（四）发展中国家跨国公司的崛起与跨国公司时代的到来（20 世纪 90 年代至今）

发展中国家跨国公司的崛起标志着世界跨国公司时代的真正到来。进入 20 世纪 90 年代以来，跨国公司已经成为一种全球现象，不但美、日、英、法、德等发达国家群雄逐鹿，相互竞争，相互渗透，快速发展，而且发展中国家也开始到国外投资建厂，开拓国际市场，在世界经济舞台中登场亮相，成为这个全球性大家庭中的一员。发展中国家跨国公司的兴起，标志着跨国公司已经不再为发达国家所独有，也标志着发展中国家参与世界经济全球化的地位日益提高。发达国家跨国公司的全球化扩张和发展中国家跨国公司的崛起，共同构成了世界跨国公司群雄逐鹿的局面，标志着世界跨国公司时代的到来。

发展中国家跨国公司成为世界中小型跨国公司的主要组成部分。20 世纪 70 年代，世界中小型跨国公司取得了巨大发展，已经成为世界跨国公司的重要组成部分，而且发挥着重要作用，这使跨国公司以“大”为主要特征的传统理论已经被打破。在英国和法国，中小跨国公司的比例很高，数量分别占到跨国公司的 78% 和 80% 左右。德国 1990 年跨国公司母公司数有 6 984 个，除占总数不到 1% 的最大的 50 家公司占德国对外直接投资总额的 60% 以上外，其余 30% 多的投资来自 99% 的中小跨国公司。这说明跨国公司已经不再为“大公司”所独占。1977 年后，许多学者对中小型跨国公司进行研究，他们形象地把发展中国家的跨国公司称为新兴跨国公司。总体上讲，发展中国家跨国公司比之于西方发达国家跨国公司的规模仍然较小，但作用巨大，因此，它们成为世界中小型跨国公司的重要组成部分。

进入 20 世纪 90 年代以来，随着发达国家跨国公司全球化战略的实施，发展中国家以其巨大的市场和丰富的资源吸引着发达国家的跨国公司，从而作为它们国际化生产的重要基地和对外直接投资的重要来源，发展中国家的子公司也逐渐融入它们的全球生产网络。与此同时，这也促进了发展中国家跨国公司经营管理水平的提高、企业规模的扩大和企业技术进步。它们在吸收发达国家优强跨国公司先进经验的同时，积极参与国际市场竞争，在经营实践中越来越多的跨国公司已具备全球竞争力，成为具有世界影响力的大型跨国公司。目前，在全世界的6.3万多家跨国公司中，23个发达国家有47 850家，占75.4%，发展中国家和转轨中国家有15 699家，占总数的24.6%，已经形成了一支不可忽视的力量。

二、跨国公司的经营战略

跨国公司对外直接投资的区位选择，不仅与东道国的自然禀赋和特征相关，也与其自身经营战略密切相关。跨国公司根据其不同的经营战略，追求和利用不同的东道国条件。迄今为止，跨国公司不仅在数量增长和规模扩张方面令人注目，其经营战略也进行了一系列调整，新的国际一体化生产体系正在形成。跨国公司的发展演变经历了从多国内独立体系、简单一体化体系向复合一体化体系和网络化、开放性的国际生产体系的历史过程。

（一）跨国经营战略变化

1. 多国内独立生产体系

多国内独立生产体系是跨国公司早期的海外经营形式，这一形式表现为跨国公司通过对外直接投资，在海外建立生产型分支机构，分支机构在东道国独立经营，与母公司的联系主要体现在产权控制、转移技术和提供长期资本等。一般只要分支机构能够盈利，母公司就很少干预其经营，而由分支机构负责生产价值链中的绝大部分活动。大型跨国公司控制着许多独立的海外分支机构，使它们各自独立地服务于东道国市场。在存在贸易壁垒条件下，生产要素及非贸易服务的流动受到限制，跨国公司一般采取多国内生产体系，它的各个分支机构独立于母公司，与其他国外分支机构没有联系，实行水平一体化分工。其中以制造业跨国公司最为明显。由于服务业的非贸易性，这种战略在服务业部门也较为普遍。

2. 简单一体化生产体系

简单一体化生产体系出现于20世纪60年代初，主要集中在劳动密集型产业，这一产业内激烈的价格竞争促使跨国公司采取这种战略，以取得低成本竞争优势。跨国公司一般是在东道国建立分支机构，将其生产价值链中的某些价值增量环节转移到国外，以充分利用东道国的比较优势，开发和利用东道国当地的资源和廉价劳动力，为公司的其他企业提供所需的生产投入品。跨国公司通过股权与非股权安排，向分支机构提供生产必需的资本、技术、设备、原材料、技术指导与质量检验等。实行简单一体化生产体系的主要动机是利用东道国的区位优势，以降低生产成本。

3. 复合一体化生产体系

信息技术的发展，使资源跨国界流动更加便利，导致了跨国公司传统的全球生产体系的转变，变化的趋势是从传统的多国国内经营体系、简单一体化生产体系向复杂的复合一体化经营体系发展。具体来说，跨国公司正在使其在地理上分散的国外分支机构和不完整的生产体系转向全球性的一体化生产与营销网络，以寻求公司各分支机构的“协同效应”优势。实行这种生产体系的跨国公司对其拥有的一揽子生产资源和所有经营活动，进行跨国界的配置、协调和管理，在全球范围内安排从研究开发到售后服务的各项活动，统一各子公司的经营活动。跨国公司可以根据公司长期发展目标，将公司的各项具体职能安排在世界任何具有相应比较优势的区位，并以统一的方式为整个公司服务，最大可能地增强公司整体竞争力。在复合一体化生产体系下，跨国公司追求的不是单一目标，而是将市场、资源和效率等目标有机地结合起来，使公司的各项职能和经营活动在世界范围内实现最佳投资组合。复合一体化生产体系创造了企业内部的国际化分工，深化了国际生产网络的一体化。

4. 网络化、开放性的国际生产体系

网络化已经成为当今世界主要跨国公司国际生产的重要特征。跨国公司的生产经营网络并非是包罗万象而又自我包容的封闭网络，而是通过各种不同方式（如分包、许可协议、战略联盟）和不同渠道与其他公司保持密切联系，形成一个更大的、开放性的外部网络。随着跨国公司之间联盟与合作关系的发展，跨国公司在结构上逐渐演变成全球性网络公司，其全球性经营扩张日益表现为两个相互交错网络的拓展与延伸：一个是由跨国公司通过海外直接投资在世界各地构建的公司内部网络；另一个是跨国公司通过全球性战略联盟与其他公司建立的公司外部网络。内外两大网络相互渗透，互相补充，共同构成跨国公司进行全球竞争的战略基础和一体化国际生产体系。跨国公司之间的联盟协议，从1990年的1760份增加到1995年的4 600份，这种明显增加证明了跨国公司网络化、开放性的国际生产体系得以形成和发展。跨国公司之间联盟的目标指向高技术领域，围绕企业长期的共同战略目标，进行取长补短、优势叠加的合作，通过结成跨国战略联盟，跨国公司可以以较低的成本获得新技术、降低经营风险，并且可以取得技术协作的溢出效应。由此可见，跨国公司之间的竞争已不再单纯依靠单一跨国公司的内部资源，而是依靠多个跨国公司一系列经营活动组成的网络，将自己的触角伸向世界各地，寻求一切对自己有利的知识、技术、人力资源等方面的优势和机会。

在一体化的跨国公司国际生产体系中，大量的中间产品、技术、资金、服务以及无形资产不仅在母公司与国外分支机构之间，而且越来越多地在国外分支机构之间流动。在这一体系中，跨国公司不再是一个层级结构，而是一个网络结构。跨国公司国际一体化生产体系的发展，对世界经济以及各国的经济发展产生了深远影响，不仅加深了各国经济的相互依赖，也为各国企业提供了参与跨国公司国际分工和扩大生产与贸易的机会。

（二）跨国公司经营战略与区位选择因素

由于实行的经营战略不同，跨国公司寻求的东道国区位要素也不尽相同。实行简单一体化战略，旨在降低劳动密集型生产或价值增值链中的生产成本。跨国公司将在具有这方面区位优势的国家建立分支机构，通过控制股权与非股权安排，将生产或生产的某一阶段转移到具有区位优势的国家生产。以下三种区位经济决定因素对实行简单一体化战略的跨国公司的区位选择起主要作用：

1. 资源

满足一体化经营战略的首要的区位经济决定因素是非技术劳动力。如果具有丰富非技术劳动力资源的国家之一致力于吸引这类FDI，那么其非技术劳动力的供应不应是短期的，而且必须使这类资源在质量和数量上比其他竞争者具有更多的优势，如持续供应的可靠性、劳动力技术水平等。其他资源包括物质基础设施的质量和可获得性，这是生产出口最终产品所必需的。尽管最终要的资源是劳动力，但实际上劳动力总要加上其他优势，形成简单的优势叠加。

2. 效率

由于生产的低成本是简单一体化战略的主要推动力，劳动力成本、物质基础设施成本以及生产效率是决定FDI的最重要因素。低成本优势的消失（由于工资的提高超过劳动生产率的提高）导致国外分支机构生产的重新配置，跨国公司可能将生产转移到具有更多竞争优势的国家。

3. 市场

东道国市场不是跨国公司简单一体化经营战略首要考虑的因素，但东道国是否靠近国际大市场或发达国家市场，对跨国公司区位选择的影响非常大。如果东道国享有优先进入发达国家市场的权利，就拥有十分关键的区位优势。如果由于关税或非关税壁垒引起的进入限制，则东道国的区位优势就十分有限。

随着越来越多的国家竞争这种类型的投资，东道国提供的区位优势也不仅仅局限于低劳动力成本优势。除物质基础设施、能源和水源的可获得性外，受过教育和训练有素的劳动力资源也成为跨国公司考虑的一个重要资源因素。尽管低成本劳动力仍不失为区位优势，但跨国公司要求东道国的区位优势能够逐渐增加，形成一个工资、技术和生产效率结合的优势组合。

跨国公司实行复合一体化的国际生产战略，要求东道国的外资政策更加开放和自由，保证跨国公司在全球范围内自由地配置资源。当跨国公司采取增强竞争力型 FDI 时，影响 FDI 的首要经济因素不仅是降低生产成本和扩大市场份额，而是能否确保跨国公司获得技术和创新能力——这是一种不同于自然资源的人为创新性资产，具备这种资产是提高竞争力的关键。另外，东道国的经济自由化措施，技术性基础设施，人力资本的数量、质量和成本，聚合经济，资源广泛性，技术创新体系与创新能力，鼓励技术扩散和研究与开发的政策，激励国内外企业建立合作关系的政策、东道国技术政策等，对吸引跨国公司的 FDI 也都非常重要。

实行复合一体化战略的跨国公司从全球总体的最高利益出发，在世界范围内寻找最佳投资组合和配置各区位资产。复合一体化经营战略使跨国公司 FDI 的三种动机因素——资源、市场、效率转变成增加竞争力的单一动机。因此，在竞相吸引 FDI 的世界里，东道国满足或拥有单一的吸引 FDI 的经济决定因素是不够的，而必须具有能够提高跨国公司全球竞争力的综合区位决定因素，即既能够保证跨国公司生产经营的效率，自身又要具有高质量的资源、资产，并且能够为跨国公司进入国际大市场提供机会，只有这样，才能吸引跨国公司从事一体化国际生产战略。

增加竞争力型 FDI 的主要区位决定因素的相互作用因产品和服务不同而有所差异。尽管不同经济决定因素的相对重要性不断变化，传统的经济决定因素仍然具有重要作用，如自然资源的可获得性仍然是自然资源寻求型跨国公司的首要决定因素。同样，进入当地市场，对非贸易品而言，仍是影响 FDI 的关键因素，因为东道国非贸易品消费的时间或地点，必须与生产的时间或地点保持一致，如餐饮服务业等。越来越多的商品和贸易型服务被看作是增加竞争力的工具，这类投资的区位选择要求尽可能地组合最佳要素，在总体上能够增强跨国公司的综合竞争力。

吸引增强竞争力型 FDI 不仅要求维持现存的 FDI 政策框架，而且期望目前的政策框架能够扩展。跨国公司实行一体化国际生产战略要求东道国实行对世界经济更为开放的政策，保证跨国公司在国际范围内配置资源的自由。

东道国的政策框架必须伴随双边投资协议、双重税收协定、有关国际条约的适用性（如承认和执行国外仲裁书的纽约公约、争端解决条约）等。经营便利性措施虽然不具有直接决定 FDI 输出的作用，但无疑对吸引 FDI 是有利的。

除上述创造性资产外，其他与增强竞争力型 FDI 有关的东道国决定因素主要有：

（1）聚合经济。跨国公司在知识密集型产业寻求创造性资产可以带动该地区内相关产业的发展，如瑞士的手表产业链及跨国公司带入的各种高科技园、R&D 集团和辅助服务中心现代产业链的出现和发展等。新产业链的发展壮大具有正外部经济，有助于参与企业获得新竞争优势，如知识创造、非私有知识交流、互相学习、面对面讨论等，要获得这种正外部经济，企业必须在链条中拥有存在的区位。跨国公司不仅能从聚合经济中受益，也能进一步促进聚合经济的发展。

（2）基础设施。跨国公司实行复合一体化经营战略，必须有能力在相互支持的自动网络中将各专业分支机构的基础设施连接在一起。这些基础设施包括高质量的通信联络和可靠的运输系统，尤其是构成国外分支机构“及时性”生产系统组成部分和区域总部的基础设施。

（3）资源广泛性。由于生产活动中各个组成部分均可被分配到各专业化的国外子公司，东道国资源的广泛多样性可以缩短整个价值增值链。广泛性资源不仅包括作为投入品的自然资源、低成本劳动力和工程技术，也包括会计、法律服务、采购、市场营销、金融和 R&D 能力。复合一体化战略超越了早期经营战略，从早期限于获得一种资源（如自然资源）或生产一种产品（如劳动密集型产品），扩展到现在的整个价值增值链都从属于（或服务于）跨国界垂直一体化。若要吸引具有广泛价值增势活动的跨国公司直接投资，东道国政府必须具备相应广泛性资源的能力。

（4）特有资源。如果东道国缺乏广泛性资源，也可能吸引 FDI，因为跨国公司的复合一体化战略，使具有特殊区位资源的东道国吸引到在一体化中承担单一职能活动的 FDI——这种职能活动所需要的资源是东道国特有的，当然，这种资源必须是高质量的。

（5）资源和基础设施的价格。东道国资源（包括创造性资源和基础设施）的价格必须具有国际竞争力。当然有些无形资源，如靠近新产品、新市场或新技术，虽然与成本没有联系，但也能增强竞争力。

（6）大市场。大市场对于具有规模经济的复合一体化战略至关重要。尽管多边贸易自由化减少了通过 FDI 占领市场的必要性，但对于许多产品，如非贸易性服务、珍贵物品、非全球化标准产品、符合当地消费习惯的产品、需要对消费者偏好变化作出迅速反应的产品，以及需要提供密集型售后服务的产品等，FDI 仍是满足当地市场的重要手段，如果生产成本随着汇率的变化而波动，那么在消费市场内生产仍不失为一种理想选择。

许多吸引增强竞争力型 FDI 的主要区位决定因素，广泛存在于发达国家、发展中国家和经济转型国家。但并非一国之内的每个地区都有这些决定因素，只要某一地区、甚至特区内存在，再辅以适宜的国内政策框架，就能吸引这类 FDI。在一个日益自由化和全球化的世界经济进程中，重要的是东道国能否找到吸引 FDI 区位因素的最佳组合。

一国国内政策对吸引竞争力增强型 FDI 发挥着重要作用。有时区位优势不是自发产生的，而需要创造和培养。加强创新体系、强调创造性资产生产能力、鼓励技术扩散，以及激励国内外企业建立合作关系等政策，都非常有利于吸引竞争力增强型 FDI。

三、跨国公司对经济全球化的影响

（一）强大的经济实力使跨国公司主导着全球经济的发展趋势

据联合国贸发会议统计，2000 年世界 500 强跨国公司的营业额为 14.07 万亿美元，达到全球 GDP 的 46.3%。另据《2002 年世界投资报告》统计，目前全球共有 6.5 万家跨国公司，其海外子公司有 85 万个，这些国外子公司雇佣了 5 400 万员工，控制着世界贸易额的 65% 以上，还控制着世界工艺研制开发和技术转让的 80% 和世界对外直接投资的 90%。其中跨国公司创造了世界国内生产总值的 11%，全球贸易的 1/3。全球最重要的工业和第三产业都已经进入跨国公司的一体化国际生产、流通和服务网络中。

许多大的跨国公司富可敌国，它们拥有超国家的经济实力，年销售收入甚至高于许多发展中国家的 GDP，企业利润也与一些独立国家的财政收入旗鼓相当。如埃克森美孚、沃尔玛、通用汽车公司 2000 年度的销售收入都在 2 000 亿美元左右，超过了昔日的大国俄罗斯，中东强国以色列和亚洲发展中国家马来西亚的 GDP 只及其一半。又如，根据 2002 年联合国公布的一份调查结果，全球前 100 家最大的经济实体中有 29 个是跨国公司，其中前 44 名都是主权国家，埃克森美孚以 630 亿美元的增加值排在第 45 位，其排名高于巴基斯坦。这些数字足以表明跨国公司在全球经济中的显赫地位，它们将成为世界经济发展的主宰。

（二）高度的国际化生产和经营推动了生产要素在全球范围内的流动

经济全球化要求生产要素的国际流动和世界范围的资源统一配置，而企业跨国生产的大量发生则是导致生产要素国际流动加快和在世界范围内对资源进行配置的根本原因。因此，某种意义上讲，经济全球化就是跨国公司的全球化。跨国公司“以世界为工厂，以各国为车间”，促进了生产的国际化，从而扩大了世界各国之间生产、交换、流通、消费、技术与产品研究开发等方面的协作关系，促进了生产的国际化分工，例如，通用汽车公司在全世界 30 多个国家设有 60 多家汽车制造厂，国外生产占全部生产的 31.7%。美国的波音公司生产的 747 型客机的 450 种零部件，是由 26 个国家的 25 000 家企业协作生产的，其中，非美国企业提供的产品重量占飞机总重的 70%。跨国公司内部及相互之间的贸易成为世界贸易的一个重要组成部分。跨国公司的经营活动遍及全球，这种全球化的经营方式从客观上使资金、人才、技术和先进管理方式在全球范围流动，促进了全球生产的国际化和金融的国际化。此外，随着跨国公司的技术水平不断提高，产业结构的不断升级，一些生产基地也不断向劳动力成本低的国家转移。这种转移也从客观上促进了生产要素的世界范围流动。例如，世界制鞋业最大的跨国公司是美国的耐克公司，该公司的生产战略是在劳动力成本低的国家建立生产基地，产品在全球市场销售。20 世纪 60 年代后期，这家公司的生产基地设在日本；随着日本劳动力成本的快速上升，生产基地在 20 世纪 70 年代又转移到了韩国。到 20 世纪 80 年代，韩国的劳动力成本优势已经丧失，该公司又将生产基地转移到了中国。

（三）全球性的资本扩张使跨国公司成为世界对外直接投资增长的支柱

跨国公司既是对外直接投资的产物，也是对外直接投资的主体。二战以后，由企业跨国生产所引起的对外直接投资一直迅速增加。1972 年，全世界对外直接投资的存量为 1 400 亿美元，1980 年为 5 000 亿美元，1990 年为 1.6 万亿美元，1995 年增加到 2.7 万亿美元。近年来，随着全球经济的迅猛发展，跨国公司的对外直接投资也大幅度上涨。据联合国统计，2001 年世界对外直接投资总额达 1 万多亿美元，其中，发达国家是对外直接投资最多的国家，也是引进外资最多的国家，而跨国公司占世界对外直接投资额的 90%，而跨国公司对外直接投资中 70% 左右流向发达国家，30% 左右流向发展中国家。因此，跨国公司的对外直接投资不仅促进了发达国家的经济发展，也带动相对落后国家和地区的经济发展。

（四）力求全球市场化使跨国公司成为推动国际贸易发展的主要力量

国际贸易不仅是一国综合国力的重要体现，也是经济全球化的纽带。经济全球化趋势越强，各国经济往来越多，国际贸易就越发达。跨国公司面临着国际合作和竞争，进行大规模的国际化生产、跨地区经营，这为开展国际贸易奠定了雄厚的物质基础。跨国公司在开拓国际市场的同时使国际贸易的规模不断扩大。1998 年，世界贸易总额占世界 GDP 的 24.3%，比 1978 年增加了将近 3 倍，在世界经济中占有举足轻重的地位，对世界经济的拉动作用也日益增强。这其中，分布在世界各地的 6 万多家跨国公司占据了国际贸易的 60%，国际技术贸易的 70%；2001 年，全球 6.3 万多家跨国公司的年销售额超过 14 万亿美元，控制了全球产出的近 50%、世界贸易的 60% 和技术转让的 70%。

（五）为占领世界竞争制高点进行的科研开发使跨国公司成为世界科技发展的主力军

技术发展是经济全球化的基础。世界经济作为世界各国、各部门通过各种经济纽带而构成的一个有机整体，它的形成与发展的前提是科技革命所创造的物质和技术条件，而每一次科技革命都极大地促进了各国经济相互依存的程度。跨国公司为了抢占世界市场竞争的制高点，追求最高利润，必须不断地进行技术创新，这从客观上推动了世界科技的进步与发展。据统计，500 家最大的跨国公司集中和控制着这些国家 90% 的技术生产和 75% 的技术贸易，全世界每年产生的新技术新工艺的 70% 以上为 500 强跨国公司所有，许多跨国公司拥有数量巨大的知识产权。这些都可以看出，跨国公司已经成为世界研发活动的主体。

跨国公司对世界科技进步的推动主要来自三个方面：一是自主研发，二是联合研发，三是技术扩散。跨国公司拥有强大的资金实力、精良的设备优势和全球的人才优势，对高新技术项目的研发往往具有一般国家和企业不可替代的优势，据统计，2000 年，全世界研究与开发投资约 5 870 亿美元，在这些投资中，企业的研究与开发投资占 70% 左右。世界 500 强的研发投入基本保持在产品销售总额的 5% 到 10% 的水平，远远高于一般企业的研发投入。目前，美国通用汽车公司年度研发投资达 80 多亿美元。由于现代科技创新越来越高、精、尖，需要资金投入大，许多科研课题往往不是一个单独的企业所能独立完成的，因此，科研和科技开发的联合就成为必然趋势。近年来，跨国公司之间的企业技术联盟的建立大大加快了这些技术开发的进程，如空中客车等高技术产品都是联合研发的结果。此外，跨国公司通过在海外建立子公司的研发中心，通过与东道国的合资与技术合作，将较先进的技术进行转移。这些都从客观上促进了世界科技的传播和发展。

（六）跨国公司促进了国际分工模式的变化和先进管理方式的发展

高度的国际专业化分工是跨国公司经营的重要特征。随着跨国公司的迅猛发展，以跨国公司内部国际分工为主体的国际分工发展对世界经济发展起了重大推动作用。企业内部的分工与交换改善了各国资源的配置效率，加速了技术等知识产品的流动。“比较而言，今天大部分的世界制造业出口由跨国公司控制着。假定国际投资的增长源自分支机构和承包商，那么，随着跨国公司将其生产过程向国际扩展，半成品已有所增加。由此，跨国公司通过公司内贸易创造了全新的全球劳动分工，因为它能在世界范围内组织生产，以充分利用较低的生产成本或特殊的国际竞争条件。”进入 20 世纪 90 年代以来，跨国公司的全球投资和经营活动已经使得国际分工模式出现了新的特征。这种分工的基础是相对的技术优势，新的分工更强调企业间的紧密合作。同时，跨国公司在国际化经营过程中不断创造出新的先进的管理方式，这种管理方式在跨国经营中不断渗透，促使世界企业的管理水平不断提高。20 世纪 70 年代的日本企业体制模式、80 年代的韩国企业集团模式、90 年代以来美国企业模式都为全球企业管理方式的发展提供了宝贵的经验。

（七）超国家的经济实力使跨国公司引导着世界经济秩序的形成

纵观20世纪末期，跨国公司的影响无处不在，已经深入到世界政治、经济、文化的各个领域。进入21世纪后，跨国公司的作用将进一步加强，成为在世界范围内配置资源的核心力量。跨国公司已经成为国家经济实力的象征，是国家综合国力的具体体现，也是一国参与世界市场竞争的主力军，因此，跨国公司的发展直接体现了一个国家的国际竞争力。目前，世界上100个最大的经济实体中，51个是跨国公司，49个是主权国家。凡是世界市场占有率高的国家也是大型跨国公司多的国家，尤其是随着经济全球化的不断深入，一国拥有的跨国公司的规模和实力，已经成为衡量该国经济实力和国际竞争力的重要标志。从美国《财富》杂志公布的1998年世界500家最大公司可以看出，一国大公司在世界贸易总额中占有的份额和名次，与该国在世界国内生产总值和世界贸易总额中占有的份额和名次大体相当。不仅如此，跨国公司对本国的影响也十分巨大。在许多西方国家，大型跨国公司对国家政治变革、领导人更替、政治调整乃至世界和平都起到不可忽视的作用。2000年，美国三大汽车公司基本上控制了该行业市场的66%，5大公司已经垄断了美国的军工行业，这些大公司不仅控制着国家的经济政策和社会政策，而且还在对外政策决策中拥有影响力。

（八）跨国公司对全球化的负面影响

由于跨国公司世界经济巨子的地位，使它成为经济全球化有力的推动者。但也正因为如此，它的高度垄断地位对经济全球化所产生的负面影响也同样不可低估，如果东道国的政策不力，跨国公司的大举入侵就会形成对东道国经济的控制和国家主权的控制。主要表现在以下几个方面：

一是跨国公司通过大量的跨国兼并和设立子公司对东道国的经济进行控制，使东道国丧失经济主权。以阿根廷为例，由于国民经济的跨国公司化，给它的经济发展带来严重影响，甚至成为导致金融危机的主要因素之一。到1999年，阿根廷由国家控制的只有国家银行、造币局、核电站和电视台七频道等少数企业。跨国公司控制了阿根廷的金融、能源、交通、公共服务、退休基金、普通投资基金、汽车制造业、电话、有线电视、信息产业、食品加工等领域。阿根廷最大的10家企业中，有7家为跨国公司的子公司或跨国公司控股的公司。全国100家大企业中，以阿根廷资本为主的只有7家，最大的10家银行中，7家是外资银行，外资银行控制了阿根廷银行体系全部资产的62%。跨国公司控制了阿根廷的经济命脉，也同样使国家主权有所丧失。金融危机爆发之后，阿根廷政府制定任何经济措施都必须与外资控制的企业商量，凡是外资企业不同意的都不能实行。

二是对跨国公司投资产业缺乏相应控制政策会导致国家经济生产能力严重下降。仍以阿根廷为例，由于跨国公司的投资主要在基础产业部门和服务业，它们对阿根廷的国有资产及私有企业进行购并，不但没有使阿根廷的国家经济生产能力得到相应的增长，而且还导致了阿根廷丧失了原有的制造业的生产能力。

三是外资的过度兼并会导致东道国本国资本的工业迅速衰落，甚至走向消失。

从阿根廷的教训中可以看出，世界上没有免费的午餐。发展中国家简单地依靠跨国公司达到改造本国国有企业的目的，其代价将是非常昂贵的，其结果往往造成国家经济主权的丧失。因此，政府应制定相关对策，不能放任自流，不能无限度地跨国公司化，尤其是涉及国计民生和国家经济命脉的部门，如金融、基础产业等，但仍要坚持适度开放的政策，在引进外资的同时，要注意保护民族工业，这其中，政府要控制一定数量的重要企业，这不仅有利于掌握对经济总量的控制能力，也有利于对政府财政的支持。其次，要制定外资政策引导外资流向，既要保护弱势的民族产业，又能够提高外资的利用率。

第二节　跨国公司与国际税收筹划

一、跨国公司财务管理决策中的税收筹划

现代企业财务管理目标的实现，要求企业最大化降低成本包括税收负担。企业的税收负担包括直接税收负担和间接税收负担。直接税收负担是指企业在经营活动中发生应税行为依照税收法律缴纳的税款支出，间接税收负担是指企业在办理涉税事宜过程中发生的支出。税收负担的降低，虽然可以通过避税和偷逃税款来实现，但偷逃税款企业要承担相当大的财务风险，一旦被查出，企业就必须无条件接受惩罚的代价（包括税收罚款支出和降低企业信用等级等），这有悖于现代企业财务管理的宗旨。只有通过对经营、投资、理财活动的事先筹划和安排，进行科学的税收筹划，选择最佳的纳税方案来降低税收负担，才符合现代企业财务管理的要求，才是实现现代企业财务管理目标的有效途径。

总体说来，企业的规模与税收筹划成正比例的关系，即企业规模越大，税收筹划在企业发展战略中的地位就越高。尤其对于跨国公司来说，一方面，随着企业集团化的发展，内部交易的规模越来越大、深度不断加深，面临经济性双重征税的可能性加大；另一方面，随着企业跨国经营的发展，企业的跨国性越来越高，面临法律性双重征税的可能性加大；此外，由于跨国公司控制的经济组织不断增多，涉足的国家和地

区也不断增多，跨国公司进行税收筹划的能力和运作空间就大大地加强了。

对于跨国公司税收筹划的研究，从国际的实践看有两种方法：

一种是围绕税种类别的研究，比如公司所得税筹划、消费税筹划、增值税筹划、财产税筹划等等。因为税收筹划的成果最终体现在具体税种上。英国税务专家菲利普·斯潘塞曾经做过这种尝试。斯潘塞从1976年起在安达信会计公司（世界前五大会计公司之一）任职，1979年又到斯拉伊·海沃德公司，担任长达12年的税务高级顾问。他于1987年出了一本《财产税筹划手册》，在英国、澳大利亚、加拿大、新西兰、新加坡、南非、美国等地广泛发行，成为众多会计师事务所的培训教材。这本专著采取问答的形式，对有关财产税筹划阐述了47个方面201个专题，诸如财产投资的免税所得，资本利得的税收递延、财产租赁的计税扣除、所得计算的两种方法、资本损失的税收报补、增值税零税率在建设安装工程上的应用、工业建筑物的折旧推销等等。这种研究方法的优点是条目清晰，实用性强，但没有从原理上说明白，所以难于把握要领。特别在税法规定变动频繁时，操作更加困难。

另一种是围绕经营活动的不同方式展开研究，比如跨国经营的税收筹划，公司融资管理的税收筹划、企业运营管理的税收筹划、证券投资的税收筹划、财产信托的税收筹划等等。

如果用坐标图来表示，把税种作为纵坐标，经营活动作为横坐标，税收筹划的结果就是垂直坐标与水平坐标的结合点。不过，由于税种性质的不同，经营活动的多样化，两者结合的数学模式并非都是简单的线性方程，变量往往是多元和高次方的。我们倾向于从基本原理的阐述入手，围绕不同的投资决策与不同的经营活动方式，说明其对各个税种，尤其是主体税种的税收筹划。

近年来，税收筹划活动领域的专业化现象越来越明显，许多企业、公司都聘用税收顾问、税务律师、审计师、会计师、国际金融顾问等高级专门人才从事税收筹划活动，以节约税金支出。同时，也有众多的会计师、律师和税务师事务所纷纷开辟和发展有关税务筹划的咨询和代理业务，如美国约有50%的企业纳税事宜是委托税务代理人代为办理的；澳大利亚约有70%以上的纳税人也是通过税务代理人办理涉税事宜的。而跨国公司内也设置了专门为某特定经济活动出谋划策的税收筹划人员。

二、税收筹划对企业财务决策的影响

现代企业财务决策主要包括筹资决策、投资决策、生产经营决策和利润分配决策四个部分。这些决策都直接或间接地受到税收的影响。税收筹划贯穿于企业财务决策的各个领域，已成为财务决策不可或缺的重要内容。

（一）企业税收筹划安排：筹资决策阶段

对于任何一个企业来说，资金筹集是其进行一系列经营活动的先决条件，同时，企业开展对外投资活动和调整资本结构，也需要筹集和融通资金。筹资作为一种相对独立的行为，其对企业经营理财业绩的影响，主要是通过资本结构的变动而发生作用。企业所筹集的资金，主要有所有者权益和负债两大类。企业通过发行债券、银行借款、融资租赁等方式筹集的资金，属于企业的负债。企业资金筹集的方式不同，必然会影响其以后各年度的净利润和所得税。这是因为公司债和其他形式债务产生的利息支出，可以作为利润总额的扣除数，而向股东、投资者分派的股利则不能在税前利润中扣除。

分析筹资中的税收筹划时，应着重考察两个方面，一是资本结构的变动究竟是怎样对企业业绩和税负产生影响的；二是企业应当如何组织资本结构的配置，才能在税收筹划的同时实现所有者税后收益最大化的目标。例如在企业筹资计划中，筹资的利息支出是必须要考虑到的问题。我国税法规定，凡在筹建期间发生的筹资利息，计入开办费，自企业投产营业起，按照不短于五年的期限分期摊销；在生产经营期间发生的筹资利息计入财务费用。财务费用可以直接冲减当期损益，进而减少税前利润，减少应纳税额，而开办费和固定资产、无形资产价值则须分期摊销。因此，为了实现税收筹划，企业应尽可能加大筹资利息支出计入财务费用的份额。

企业筹资方式主要有：

财政拨款和补贴；

金融机构贷款；

自我积累；

社会集资和企业间拆借；

企业内部集资。

从税收筹划的角度分析，可以将上述筹资方式分为负债筹资（包括向银行借款、向非金融机构或企业借款、企业内部筹资、发行债券）、权益筹资（包括企业自我积累、发行股票）和其他筹资（如租赁）。虽然这些筹资方法基本上都可以满足企业从事生产经营活动对资金的需求，但这些筹资方法产生的税后效果却有很大差异，对某些筹资方式的利用可以有效地帮助企业减轻税负，获取税收的好处。一般来说，企业以自我积累方式所承受的税收负担要重于向金融机构贷款所承受的税收负担，贷款融资所承受的税收负担要重于企业间拆借所承受的税收负担，企业间拆借资金的税收负担要重于企业内部集资的税收负担。

企业税后利润的留成形成了企业的自我积累，这种筹资方式使业主权益增大，资金所有权与经营权合二为一。但自我积累速度慢，不适应企业规模的迅速扩大，而且自我积累存在双重征税问题，税收负担最重。而且自我积累方式由于资金的占有和使用融为一体，税收负担难以转嫁与分摊，难于进行税收筹划。

由于历史原因以及现阶段我国特殊的资本市场结构与银行体制等方面的原因，我国企业比较普遍的筹资方式是向金融机构（如银行）进行融资。这种筹资方式的成本主要是利息负债。我国税法规定，向银行的借款利息一般可以在税前冲减企业利润，从而减少企业应纳税所得额；向非金融机构以及企业筹资操作余地很大，但由于透明度相对较低，国家对此有限额控制。若从税收筹划的角度考察，企业借款及企业之间拆借资金效果最佳。

向社会发行债券和股票属于直接融资，避开了中间商的利息支出。由于借款利息及债券利息可以作为财务费用，即企业成本的一部分在税前冲抵利润，减少所得税税基，而股息的分配应该在企业完税后进行，股利支付没有费用冲减问题，这相对增加了纳税成本。所以一般情况下，企业以发行普通股票方式筹资所承担的税负重于向银行借款所承受的税负，而借款筹资所承担的税负又重于向社会发行债券所承受的税负。

经济学告诉我们，风险与收益总是成正比的。从资金的实际拥有或对资金风险负责的角度看，自我积累方法的风险和收益最大，企业内部集资入股方法的风险和收益最小，因此，它们承担的税负也就相应地随之变化。从税收筹划的角度看，企业内部集资和企业之间拆借资金方式产生的效果最好，从金融机构贷款次之，自我积累方法的效果最差。这是因为：通过企业的内部融资和企业之间拆借资金这两种融资行为涉及的人员和机构较多，容易寻求降低融资成本、提高投资规模效应的途径；金融机构贷款次之，但企业仍然可以利用与金融机构的特殊业务关系实现一定规模的减轻税负的目的。从税负和经营的效益来看，自然积累资金要经过很长的时间才能完成，而且企业投入生产和经营活动之后，产生的全部税负要由企业自负。贷款则不同，它不需要很长时间就可以筹足，而且投资产生收益后，出资机构实际上也要承担一定的税收，即企业归还利息后，企业的利润有所降低，特别是税前还贷政策，其本质是用财政的钱归还贷款，因此，企业实际税负被大大地降低了。所以说，利用贷款从事生产经营活动是减轻税负、进行税收筹划的一个有效途径。

举债虽然有利息支出可以从税前利润扣除的优势，却存在到期还本的问题；发行股票、吸收直接投资，虽然分派出去的股利、利润不能在税前利润中扣除，却无还本之忧，而且吸收资金的速度与规模，都是举债所无法比拟的。规避所得税的最终目的，无非是为了实现企业净利润的最大化，应综合考虑所选择的方式对所得税的影响程度，才可以合法、合理地达到税收筹划的目的。

在我国进行负债筹资的税收筹划时，还需要注意以下几个问题：

第一，利息资本化问题。资本性利息支出，如为建造、购置固定资产（指竣工前结算）或开发、购置无形资产而发生的借款利息，企业开办期间的利息支出等，不得作为费用一次性从应税所得中扣除。

第二，利息扣除标准问题。我国《企业所得税暂行条例》规定，纳税人在生产经营期间，向金融机构借款的利息支出，按照实际发生数扣除；向非金融机构借款的利息支出，包括纳税人之间相互拆借的利息支出，按照不高于金融机构同类、同期贷款利率计算的数额以内的部分准予扣除，超过部分不得在税前扣除。另外，我国《外商投资企业和外国企业所得税法》规定，企业发生与企业经营有关的合理的借款利息，经税务机关审核同意后，准予列支。合理的借款利息，是指不高于一般商业贷款利率计算的利息。

第三，关联方借款利息问题。企业从关联方取得的借款金额超过其注册资本 50% 的，超过部分的利息支出，不得在税前扣除。

企业在进行筹资的税收筹划中，租赁是常常遇到的特殊问题。作为企业资金筹集的一种形式，租赁在市场经济中的运用日益广泛，许多专门的租赁公司也应运而生。当前，在企业理财中，租赁已成为借以实现税收筹划的一种重要手段。对承租人来说，租赁既可避免因长期拥有机器设备而承担资金占用和经营风险，又可通过列支租金的方式，冲减企业的计税所得额，减轻所得税税负。对出租人来说，出租既可免去为使用和管理机器所需的投入，又可以获得租金收入。此外，机器设备租金收入按 5% 缴纳营业税，比企业缴纳 17% 的增值税更有利。

另外，租赁产生的税收效应，并非只能在同一利益集团内部实现，即使在专门租赁公司提供租赁设备的情况下，承租人仍然可以获得减轻税负的好处。租赁还可以使承租人及时开始正常的生产经营活动并获得收益。

（二）企业税收筹划安排：投资决策阶段

良好的投资决策是成功进行税收筹划的起点，在生产经营开始就进行有效的税收筹划应为每个企业首先关注的重点。在企业投资决策中，必须考虑企业投资活动给企业所带来的税后收益，税款是投资收益的抵减项目，而税法对不同企业组织形式、不同的投资区域、不同的投资期限的税收政策又存在着差异，这就要求企业在投资决策中必须考虑税制对投资的影响，进行科学的税收筹划。

（三）企业税收筹划安排：生产经营阶段

在企业的生产经营决策中，生产规模决策、购销决策、存货管理决策、成本费用决策等都不可避免地涉及纳税因素，都存在着如何进行税收筹划的问题。

对存货进行正确的决策和严格的管理，有利于提高流动资产使用的效益。而存货的计价方法的选择是进行税收筹划的主要内容之一：存货价格呈下降趋势时，采用先进先出法可使前期耗用存货的成本增大和利润减少，从而少纳所得税。如果存货的价格呈上涨趋势，企业采用后进先出法可以使期末存货额相对较低，销售成本相对较低，并可将净利润推迟至次年度，同时达到延缓缴纳所得税的效果。

此外选择有利的折旧方法（比如加速折旧法）、有利的更新改造形式、有利的结算日期，都可以获取节税。

（四）企业税收筹划安排：利润分配决策阶段

利润是企业一定时期的财务成果，它集中反映企业生产经营活动各方面效益，也是衡量企业生产经营的重要经济指标。在企业的利润分配决策中，可以根据税法合理提前或延后年度所得，通过选择利润分配方式、企业分得利润的处理方式、亏损弥补时间的安排来进行税收筹划。此外，在企业产权重组决策中，也应根据企业分立、企业合并和企业清算的税收政策差异进行税收筹划。

（五）企业产权重组时的税收筹划

企业在激烈的市场竞争中，通常会遇到企业分立、合并以及清算等产权重组问题，其基本方式有兼并、收购、联合、分设等等。通过购并，企业之间形成不同层次的控股关系，目的是实现集团化或是强化分工、协作，提高综合竞争力。对于企业而言，税收筹划并非资产重组的首要目的，但税收筹划在资产重组方面的重要作用也不容忽视。由于现行税法对不同企业规定的计税扣除项目、折旧政策和税率水平等存在较大差异，这就为合理避税提供了较大的运作空间。企业经营者在不违反国家有关法律政策的大前提下，可视企业的具体经营目标灵活加以运用。

1. 企业分立时的税收筹划

企业分立是指将一个企业依照法律的规定，分化成两个或两个以上新企业的法律行为。企业分立并不是原有企业的完全消失，它或者以解散原来企业成立新企业的形式出现，或者以原有企业分出一部分成立新的企业，原有企业仍存在的形式出现。总之，企业从本质上并没有消失，只是同原有企业相比，有了新的变化。也正是这种实质上的企业的存续，为税收筹划提供了可能。

企业分立中的税收利益主要体现在：（1）流转税种，一些特定产品是免税的，或者适用税率较低，这类产品在税收核算上有一些特殊要求，而企业往往由于种种原因不能满足这些核算要求而丧失了税收上的一些利益。如果将这些特定产品的生产部门分立为独立的企业，也许会获得流转税免税或税负降低的好处；（2）所得税种，在采用累进税率的情况下，通过分立使原本适用高税率的一个企业，分化成两个或两个以上适用低税率的企业，使其总体税负得以减轻。

2. 企业合并时的税收筹划

随着全球经济一体化趋势加强，世界各国并购的浪潮一浪高过一浪。作为迅速扩大市场份额、形成规模效应、节约生产成本、优化资本构成的一个重要手段，并购日益受到跨国公司的青睐。在并购过程中，成本（包括税收成本）的高低直接影响到并购能否成功。因此，在企业并购过程中进行税收筹划，从税收角度尽量降低并购成本具有重要的实践意义。

企业的合并是指两个或两个以上的企业依照法定程序变为一个企业的行为。我国《公司法》规定，公司合并可以采取吸收合并和新设合并两种形式。吸收合并指接纳一个或一个以上的企业加入本公司，加入方解散并取消原法人资格，接纳方存续，也就是所谓的企业兼并。新设合并是指公司与一个或一个以上的企业合并成立一个新企业，原合并各方解散，取消原法人资格。由于税收筹划是以纳税人生产经营过程连续进行为前提的，所以在此只讨论吸收合并的税收筹划。至于新设合并的税收筹划，其基本原理相同。

企业合并的税收筹划主要包括两个方面：一是合并中的支付方式，二是合并后存续公司的税收负担。

（1）合并中选择产权交换支付方式的税收筹划。企业并购通常有四种出资方式。即以现金换股票、以股票换股票、以股票加现金换股票和以信用债券换股票。在国际税收实践中，如果合并方以现金或其公司债券支付，则被合并公司股东收到现金时就要立即纳税。但如果被合并公司用其有表决权的股票支付，则被合并公司收到合并公司股票时可以免税，待股票出售后才计算损益，作为资本利得课税。在世界范围内，对资本利得，除了埃及等少数国家之外，大多采用从轻的税收政策。因此，支付股票对被兼并公司的股东而言，可以得到推迟纳税和减轻税负的优惠。

按照国家税务总局2000年6月发布的《关于企业合并分立业务有关所得税问题的通知》规定，企业合并，在通常情况下，被合并企业应视为按公允价值转让、处置全部资产、计算资产的转让所得，依法缴纳所得税。但是，如果合并企业支付给被合并企业或其股东的收购价款中，除合并企业股权以外的现金、有价证券和其他资产（简称非股权支付额）不高于所支付的股权票面价值（或支付股本的账面价值）的20%，企业可以自行选择所得税处理方式：一是被合并企业不确认全部资产的转让所得或损失，不计算缴纳企业所得税；二是被合并企业的股东以其持有的旧股换新股不被视为出售旧股、购买新股，不缴纳个人所得税。但非交换股权的股东获得的非股权支付额应视为旧股转让收入计算并依法纳税。

（2）合并后所得税的税收筹划。利润高的企业通过合并有累计亏损的企业，可以将企业利润转移到亏损企业的账上，表面上冲抵亏损，实质上是以被兼并企业的亏损额来抵减其应缴纳的所得税，从而使合并后企业的税负降低。

由于合并企业支付给被合并企业的价款方式不同，将导致不同的所得税处理方式，其涉及被合并企业是否对转让所得缴税，亏损是否能够弥补，合并企业支付给被合并企业的股利折现、接受资产增值部分的折旧等问题比较复杂。因此，并非在任何情况下，采取非股权方式支付额度不高于所支付的股权票面价值20%的合并方式都划算。要考虑可弥补亏损数额的大小，行业利润的高低等因素。

企业的合并、分立等重组行为是一项复杂的工程，“一组就灵”是理想化的说法，简单、机械的并购行为往往会走弯路甚至徒劳无益。在企业并购过程中，可行性分析是至关重要的一环，它不但包括对合并企业自身经济承受能力的分析，而且包括对被兼并企业税收负担能力的分析。只有在分析的基础上选择最佳方案并找出并购的最佳方案，才是并购双方的理想之举。

3. 收购外国公司的税收筹划

收购外国公司是跨国公司推行全球化战略的重要途径。跨国公司采用这种方式往往是想在当地市场上获取一个现成的网络，其目的是从地域上挤压竞争对手的生存空间，扩大经营项目，最终扩大市场占有率。从税收筹划的角度看，收购外国公司有如下好处：

（1）不需要进行企业的登记注册，从而避免了一系列手续费用，如登记注册费等，并且还避免了某些情况下必须交纳的资本税和各种地方税。

（2）如果收购的是一家资不抵债、失去支付能力的公司，那么其亏损在以后的纳税年度还可以冲抵整个跨国集团的应税所得，实际收购资金很大比例来源于少缴的税款。例如，一家处于高税国家的公司，适用所得税税率为50%，某年预计应税所得为5 000万美元，应纳所得税为2 500万美元。该公司在当年收购了一家外国亏损2 000万美元的公司为自己的分公司，则可少缴纳所得税1 000万美元。假定购进这家亏损公司须支付1 500万美元，则实际仅支付500万美元就能实现并购。这种方法在实行高税率的经济发达国家屡见不鲜。

在收购公司时，通常建议在集团总公司的担保下，从当地银行获取公司所在国货币贷款。此举首先是为了减轻因汇率变化可能带来的损失，避免汇率风险；其次，还可以避免有些国家的汇率差额税。收购公司可由设立在当地的控股公司来进行，由它来签订合同和筹集资金，收购的费用和贷款利息的支付可由所购公司以后的利润来补偿，完成收购的一切手续后，该公司就被纳入跨国公司的内部组织体系之中。在收购公司前，应该仔细研究所在国税法对类似业务的规定。在取得有关利息和债务的税收优惠之后，才能实现该公司和集团的联合。

跨国公司在收购外国公司时，应注意以下几个问题：

第一，在实现所购公司资本化时可能要承担税收义务，在改变公司所有人的时候要缴纳转让税；

第二，公司的经营活动要受到当地政府的限制，其中包括税收上的限制，例如，终止公司享受税收优惠政策的权利等；

第三，既要评估包括新公司在内的整个集团的税收负担水平，又要评估该公司在居住国将要承担的税收负担；评估所购公司的法律地位以及今后公司地位变化后可能产生的税收影响等。

三、国际税收筹划的机会

国际税收筹划是在考虑交易成本、管理结构和商业风险后尽量消除、推迟税收负担，或使税负最小化。它的目标不仅是降低在国外的纳税义务，而且在从来源国到最后目的地的整个交易中，提高税后总收入。税收筹划所得利益大小取决于好几个因素，这些利益还随着国外利润大小、本国和外国税率的差异议及收入性质不同而变化。比如，如果海外业务很有限或者不盈利，除非在国内计算应税所得时能够扣除，否则，国际税收筹划就可能没有价值。

跨国交易税收影响有三个层次，具体如下：

第一层次为来源国或东道国，即就海外子公司或分支机构所得应纳税款，以及由子公司或分公司缴纳的预提税；

第二层次为中间国（如果有的话），即就海外所得纳税以及汇回本国的利润或资本所缴纳的预提税；

第三层次为居住国或母国，即在母国接收到来源于他国公司的利润和资本进行纳税时，有时没有接收到这部分资本和利润也要纳税。

税收筹划在每一层次都有机会。比如：

（一）可以通过下列方法在收入来源国减税：

（1）当地税收筹划，根据其国内法和税收协定，最大可能地利用税收扣除、税收优惠、税收损失和特别税收减免优惠。

（2）免税，打破来源国或居住国（或既包括来源国也包括居住国）的征税连接因素，从而实现避税。

（3）使用各种各样的筹划技巧，确保应税利润在来源国之外产生。

（4）选择恰当的实体（如分支机构或子公司）以及恰当的融资形式（如债务融资

或股本融资)。

(二)可以通过下列方法减少中间国就汇回国内收入课税

(1)使用税收协定以减少在东道国应当缴纳的预提税。

(2)恰当地选择离岸金融中心,使所缴纳的公司税或预提税最小化或免缴这些税。

(3)改变支付给本国的收入特征或性质实现税收套利。

(4)使用各种各样的税收优惠,如对控股公司、公司总部和服务公司等推行的资本参与免税、欧盟母子公司税收指令。

(5)留存海外基金用于再投资或延迟缴纳汇回本国收入所得税。

(三)可以通过下列方法减少汇回本国的利润所得税

(1)使用恰当的全球公司结构,从而避免、减少或推迟纳税义务。

(2)最大可能地利用能够得到的外国税收抵免或免税优惠,以减轻本国所担税负。

(3)国际税收筹划在各个层级使外国所得的税负最小化,从而使税后收入最大化。由于税收筹划取决于税收协定和两个以上国家的国内税法,这就要求对各国的税法和税收实践、税收协定以及反避税规则进行全面了解。国际税收筹划比国内税收筹划更加灵活,从而也更加复杂。

(4)国际税收筹划策略使得税后所得和交易中资金从母国向东道国的流动达到最佳的效果。税收筹划综合考虑了交易成本、管理机构和其他可能的商业风险。最佳的税收筹划并不一定意味着税收负担绝对数最低,但与各关联国家征税总额相比,帮助纳税人实现全球综合税负最小化。

四、国际税收筹划的制约因素

制约税收筹划的因素有以下几个方面:

(一)跨国纳税人自身状况

影响税收筹划潜力的跨国纳税人自身因素主要包括纳税人的经营规模、业务范围、组织机构、涉及税种的多少、纳税金额等。一般来讲,跨国公司的经营规模越大,组织机构越复杂,业务范围越广,缴纳的税种越多,纳税的金额越大,则税收筹划的空间也就越广阔,获取节税利益的潜力也就越大。

（二）税制因素

影响税收筹划潜力的税制因素主要包括三个方面：具体税种的选择、税收优惠条款和递延纳税条款。

1. 具体税种的选择

税收筹划在选择具体的税种时，需要考虑两个因素，一是税种与经济的关系，二是该税种的税负弹性。

2. 税收优惠

税收优惠对税收筹划潜力的影响表现为：税收优惠的范围越广，差别越大，方式越多，内容越丰富，则纳税人税收筹划的活动空间就越广阔，节税的潜力也就越大。因此，跨国纳税人进行国际税收筹划时应考虑母国和东道国的税收优惠，包括有没有地区性的税收优惠；是否有行业性的税收倾斜政策；减免税期如何规定；对纳税人在境外缴纳的税款是否采取避免双重征税的措施，采取什么样的方式给予抵免等等。

3. 递延纳税

递延纳税可从两方面给跨国公司带来经济利益：一是由于税款的滞延相当于纳税人在滞延期内取得一笔同税款相等的政府无息贷款，有利于纳税人资金周转，节约了纳税人的利息支出；二是在通货膨胀的环境中，延期缴纳的税款的币值下降，从而减少了实际纳税支出。一般而言，税收法规中有关递延纳税的条款以及项目越多，纳税人税收筹划的内容也就越丰富，节税的潜力就越大。

（三）税收筹划实施的复杂性客观上制约税收筹划的发展

要进行税收筹划，一方面必须对税收法规政策进行深入的研究，找到实施税收筹划的合理空间，另一方面又必须在纳税义务发生之前进行周密细致的筹划。

一般跨国公司在进行税收筹划时，要通过研究税法立法意图、税收政策导向和税收征管制度，运用系统的投资决策方法、财务管理方法制定出一套乃至几套纳税方案，并对其进行可行性系统决策分析，从中选择最佳方案，以达到减少企业整体税负，实现企业利润最大化的目的。而避税的实现手段主要利用税法不严密、不健全、不科学而导致的漏洞或模糊之处，来达到减少即期应纳税额的目的。

税收筹划是一种事前行为，具有长期性和预见性的特点，而国家税收政策、税收法规在今后一段时间内有可能发生变化，所以，税收筹划和其他财务管理决策一样，收益与风险并存，这是市场经济的普遍规律。所以，跨国公司的税收筹划在追求纳税人财务利益最大化时，还必须注意筹划稳健性。一般来说，各种节减税收的方式和方法都有一定的风险，节税收益与税制变化风险、市场风险、利率风险、债务风险、汇率风险、通货膨胀风险等是紧密联系在一起的。税收筹划要尽量避免使风险最大化，要在筹划收益与节税风险之间进行必要的权衡，以保证能够真正取得财务利益。

复习思考题

1. 简述跨国公司的经营战略的变化历程。
2. 分析跨国公司对经济全球化的积极和消极影响。
3. 简述跨国公司的主要区位选择因素。
4. 在企业财务决策的各个环节，分别应该采取何种税收筹划安排？
5. 企业产权重组时的税收筹划分为哪几类？
6. 跨国税收筹划有哪些制约因素？

第五章　跨国公司投资及研发决策中的税收筹划

✓本章摘要

● 税收优惠是指政府利用税收制度，减轻某些纳税人应履行的纳税义务来补贴纳税人的某些活动或相应的纳税人。

● 一国政府为了贯彻其税收优惠可能采取直接措施或间接措施。直接措施的形式有降低使用税率、直接减免税收；间接措施包括加速折旧、投资税收抵免、费用加倍扣除、再投资退税及承诺税收待遇一定时期不变等。

● 税收政策是一个国家在一定时期针对税收分配关系设定的基本方针，包括鼓励型税收政策、限制型税收政策和照顾型税收政策。发展中国家制定的税收优惠条件主要从产业行业政策、地区政策、出口政策及技术政策等角度考虑。

● 跨国企业利用税收优惠时应该注意的问题包括利润汇回时的税收影响、投资所在国的重点优惠项目或重点优惠区域、投资国和投资所在国之间的国际税收协调性以及资本投入量同税收负担与其他投资环境要素之间的关系。

● 世界各国采取了不同的税收优惠政策和外汇管理措施。

● 国际避税地通常是指那些可以被人们藉以进行所得税或财产税国际避税活动的国家或地区。国际避税地必备的条件是独特的低税结构、安定的政治局势、理想的投资环境、宽松的政策法规和完善的保密制度等。

● 国际避税地通常可以分为三类：纯粹或标准的国际避税地；普通或一般的国际避税地；不完全或局部的国际避税地。典型的国际避税地包括巴哈马共和国、百慕大群岛、开曼群岛等。

● 利用避税地进行国际避税活动的基本模式及常用模式可以归纳为三种：虚构避税港营业、虚设避税港信托财产和转让定价。

● 离岸经营活动是指在公司登记注册国和公司所在地以外进行的金融业务活动。离岸管辖区是指那些允许类似导管公司的公司在自己境内注册登记的国家。离岸公司泛指在离岸管辖区成立的有限责任公司或股份有限公司。

● 基地公司是作为跨国公司的一员，在跨国公司内部不同层次间开展中间业务的离岸公司。基地公司可以分为非联合型的基地公司和联合型基地公司。根据避税所得的再投资渠道分为“典型”的基地公司和“非典型”的基地公司。

● 国际控股公司是跨国企业股权参与和控制走向专业化的一种组织结构。设立国际控股公司可以得到许多经纪上的好处。国际控股公司在税收筹划上的目标是预提税最小化、递延纳税和再投资、国际税收抵免的最大化以及回避外汇管制。

● 基地公司的类型包括作为虚假的中转销售公司、国际金融公司、国际投资公司，作为收付代理、海运公司、信托公司以及离岸银行等。

● 按企业的法律地位不同，其组织形式可以分为三类：公司企业、合伙企业和独资企业。

● 公司制企业组织的纳税人承担企业所得税和个人所得税双重税负。单就总体税负而言，个人独资企业和合伙制企业一般要低于公司制，但在筹资、分散风险、管理、交易成本和经营成本等方面具有劣势。

● 在企业内部对企业组织形式的划分得到两对公司关系：总分公司和母子公司。分公司没有独立法人地位，是公司的一部分。子公司具有法人资格，基于股权或控制协议被母公司实际控制。从税收筹划的角度看，子分公司的选择各有优势。

● 跨国公司的国际研发通常包括两种安排方式：一是以母公司作为研发中心，将母公司所在国开发的技术向集团内其他公司转让；二是跨国公司集团利用各国优势，在全球范围内安排研发机构。

✓本章关键词

税收优惠　税收优惠措施　税收优惠政策　国际避税地　基地公司
离岸经济活动　离岸管辖区　离岸公司　非联合型基地公司　联合型基地公司
典型基地公司　非典型基地公司　国际控股公司　预提税　销售基地公司
采购基地公司　国际金融公司　国际投资公司　离岸银行　个人独资企业
合伙企业　有限责任公司　无限责任公司　股份有限公司　两合公司
股份两合公司　子公司　分公司　母公司　控股公司　特许权使用费

✓学习完本章，你需要掌握：

▣ 了解什么是税收优惠，税收优惠措施和税收优惠政策的内容。了解跨国公司利用税收优惠应注意的问题。

▣ 了解世界各国的税收优惠政策和外汇管理措施。

- 掌握国际避税地的条件与特征。了解主要的国际避税地。
- 掌握国际避税地的避税模式。
- 理解基地公司的两种类型和运作流程。
- 学习国际控股公司的概念和运作过程。
- 学习基地公司的类型和各自的税收筹划方式。
- 了解企业的不同组织形式。掌握个人独资企业、合伙企业与公司的同异、优缺点。学习公司组织形式在税收筹划上的考虑。
- 区分母子公司关系和母分公司关系。学习从税收筹划角度看子分公司的选择。
- 了解跨国公司国际研发的安排形式及具体方式。

跨国企业集团在制定国际化投资战略时，首先应对错综复杂的国际投资经营环境和各国税收政策的差异进行深入的分析和评估：一方面要以单个国家为对象，分析投资所在国的具体环境和国际投资税收负担的大小；另一方面要以多个国家为对象，分析区域环境乃至全球环境中国与国之间的税收协调和竞争。

其次从全球的观点进行国际化投资战略规划，既要采用国际市场组合战略、生产价值链、一体化与混合发展等模式对全球市场规划，也要对具体市场采用直接投资等合适的进入战略，对多个市场采用战略组合的方式，以谋求集团整体税收负担的最小化和整体投资收益的最大化。同时应审时度势，从各个角度尽可能设计多个备选方案，从中选择最有利的方案。还要有长远的观念，税收筹划应具有前瞻性，不能为追求眼前利益而忽略长远利益，应制定长期的总体国际投资战略规划。

最后在国际化投资战略的实施中要注重战略伙伴的选择，设计一个合适的组织结构，对人员及多元文化、外汇风险进行管理。同时应建立一套合适的控制机制，才能使企业的国际化投资战略有效地实施。

第一节　税收优惠政策

跨国公司在进行国际税收筹划的过程中，首先要考虑的就是利用不同国家的税收优惠政策。在跨国公司的跨国投资经营中，除了考虑原材料供给、基础设施、劳动力、技术、市场、金融等因素外，不同地区的税制差别、对投资的税收优惠也是重要的考虑因素。在当今世界，为吸引国外投资而对投资采取各种税收优惠政策是世界各国及地区的普遍做法，如优惠税率、定期减免、免征预提所得税、加速折旧、税收抵免、亏损结转、再投资退税、延期纳税等等。我国企业进行跨国投资中也应对投资选择地的税收优惠进行综合考虑、比较，选择可享受较多税收优惠政策、税收负担率低、综合投资环境好的国家或地区进行投资，从而提高其在国际市场上的竞争力，获得比较收益。一般而言，发展中国家作为资本稀缺地，为吸引投资有更多、更直接的税收优惠措施，如优惠税率、定期减免税等；发达国家资本充裕，虽然也吸引外资，但其税收优惠相对较少，采用的方式也多为间接的方式，如加速折旧、延期纳税等。

一、税收优惠的措施和政策

税收优惠，实际就是指政府利用税收制度，按预定目的，以减轻某些纳税人应履行的纳税义务来补贴纳税人的某些活动或相应的纳税人。税收优惠是一国政府希望通过牺牲一定的税收收入实现一定的经济目标，包括调节产业结构、提高企业技术、鼓励对外出口等关乎国家经济可持续发展的目标，而对特定的纳税对象、纳税人或地区给予鼓励而采取的减轻或免除税收负担的措施。

过去人们一般都认为税收只是政府取得财政收入的工具，但随着经济的发展和理论研究的深入，人们开始用税式支出来对税收优惠进行管理和限制，认为税收优惠是政府通过税收体系进行的支出，因此称之为税式支出，认为税式支出与财政支出一样，都是由政府进行的支出，只是支出形式不同而已。财政支出是直接给支出单位拨款，而税式支出是将国家应收的税款不征收上来，以税收优惠的形式给予纳税人，其实质是一样的，甚至比财政支出更及时。涉外税收优惠实际上是政府的一种补贴，是政府额外给予外商投资企业补贴的一种形式。与直接补贴相比，税收优惠的成本小，有法可依，目标明确，旨在弥补市场机制的不足，扶持经济发展中的薄弱产业、重点产业、薄弱环节、薄弱区域。

许多国家采取财政优惠措施吸引外资。虽然税收并不是投资者决定在海外投资首先要考虑的因素，但是一旦投资者决定投资海外，他们就会去寻找最有效的投资地点，以满足他们的商业目的。有些国家则通过税收优惠政策，鼓励本国投资者到海外投资以拓展海外市场（如法国、德国、日本和西班牙）。比如，法国允许公司设立五年期的可扣除税款准备金，以弥补其海外子公司或分支机构的成本。许多国家通过税收优惠政策鼓励跨国公司在其境内设立各种集团服务中心（如澳大利亚、比利时、塞浦路斯、法国、爱尔兰、卢森堡、马来西亚、毛里求斯、荷兰、菲律宾、新加坡、瑞士和英国）。

（一）税收优惠措施

税收优惠措施是指一国政府为了贯彻其税收优惠而采取的手段。按其方式可划分为直接措施和间接措施。直接优惠的形式有两种：一种是降低适用税率，包括全国性低税率、外资性低税率、行业性低税率；另一种是所得税和流转税的直接减免，包括税收豁免、盈亏抵免、纳税扣除等。由于采用减免税方法对获取稳定较长期的投资可能产生不利的影响，因而发达国家较少或很谨慎地使用减免税，而较多采用的是投资税收抵扣、税前扣除和加速折旧等。在发展中国家和地区，税收优惠政策也正逐渐由以直接减免税收为主转向以间接引导为主。

1. 直接措施

（1）优惠税率。优惠税率是发展中国家采用最为广泛的鼓励投资的政策工具。研究结果表明，由于优惠税率这一激励措施不能随着投资额的变化而改变，因此，使用优惠税率在提供投资激励方面并不是最有效的工具。发展中国家实施的优惠税率政策，一般不允许新企业将创业期间的亏损结转到以后的会计年度用以扣除应税额，而只能以企业的税后利润冲减，这也使得优惠税率措施相对无效。

免税期是优惠税率政策的一种特殊形式。发展中国家经常使用公司所得税免税期这一税收激励手段来促进资本投资。一个国家免税期的最常见方式是，在目标行业从事经营的新公司在其正式经营的一定年度内可以完全或者部分免除公司所得税，免税期以后则按适用的所得税率全额纳税。除包括我国在内的许多发展中国家外，加拿大、法国等发达国家也在某些行业采用免税期政策。在对 32 个发展中国家的税制调查中，有 32 个国家规定有免税期。在具体实施上，有的国家规定免税期对各类所得都适用，例如企业的创业期免税；有的则规定对特定种类的所得实行免税期，如对出口加工利润实行免税期。免税期的长短受许多因素的影响，如在马来西亚，企业的免税期长短要受投资额、投资地点、雇工人数等因素的影响。免税期短的 2 年，长的一般 5 年 ~10 年。有的甚至规定更长，如象牙海岸规定免税期可长达 25 年；突尼斯规定免税期为 20 年，以后企业还可以再享受 10 年的部分免税。免税期一般都从企业投入正式生产经营之日算起。另外，一些国家如泰国、韩国等还规定，企业的免税期过后，还可再享受一定时期的减税待遇。泰国和韩国规定的减税比例为 5。

（2）减税。减税是对纳税人按税法规定的税率计算的应纳税额给予减征一部分的措施。国家在税收法规中规定减征，是为了给予某些纳税人以鼓励和支持。税收减征都是按税法规定进行的。

税收减征的具体办法有两种，一是比例减征法，即按计算出来的应纳税额减征一定比例。例如，我国税法规定，在经济特区设立的从事服务性行业的外商投资企业，外商投资企业投资超过 500 万美元，经营期 10 年以上的，可以从获利年度开始，第一年免征企业所得税，第二年至第三年减半征税。二是减率减征法，即用减低税率的办法来体现减征税额。如我国税法规定，对在经济特区设立机构、场所，从事经营的外国企业可以减按15%的税率征收企业所得税。

（3）免税。免税是对纳税人按税法规定应纳的税额不予征收，也是鼓励某些纳税人或某些特定行为的一种措施。例如，我国税法规定，农业生产单位和个人销售自产初级农业产品，可以免征增值税。

免税与免征额不同，所谓免征额是指从征税对象中扣除的免予征税的数额。征税对象小于免征额时，不征税；超过免征额时，只就超过部分征税。免征额不属于税收优惠，它对所有人都是一样的，不对谁形成优惠，是构成税收制度的一个要素。

免税与起征点也不同，起征点是对征税对象应当征税的数量界限。征税对象达不到起征点的不征税，达到并超过起征点，按全部数额征税。例如，我国现行营业税条例规定，按期纳税的，起征点为月营业200元至800元；按照次征收的，起征点为每次日营业额50元。各地可以根据本地的情况确定本地区的起征点。不超过起征点的不课税，超过起征点的，就营业额的全额课征，不会从全额中扣除起征点。起征点看起来似乎是一种税收优惠，但实际上，是为了照顾应税收入较少的纳税人，其目的是为了使税收政策符合合理负担的原则，起征点也是税收制度的组成部分。

（4）出口退税。出口退税指税务部门根据税法规定，对出口企业已出口商品原来所承担的流转税予以退还的措施，其目的是为了鼓励出口。纳税人出口适用税率为零的货物，向海关办理出口手续后，凭出口报关单等凭证，可以按月向税务机关办理该项货物的退税。

2. 间接措施

（1）加速折旧

加速折旧是发展中国家对原始投资实施税收优惠所采取的一种传统做法，这种做法在发展中国家十分普遍。据一项对发展中国家税收制度的调查，在32个被调查国家中有近一半的国家实行加速折旧。加速折旧的具体做法各国有不同的规定，最通常的做法是允许企业对符合优惠规定的固定资产在购置或使用的当年提取一笔初次折旧（Initial Allowance），初次折旧占国家资产原值的比例一般较大，企业可以在很短的时间内将折旧提完。也有的国家规定，享受加速折旧的固定资产必须符合一定条件，如韩国规定，投资于高科技项目或厂址设在特定地区的企业可对固定资产提取额外折旧；新加坡规定企业在优先工程项目、技术性劳务和科研开发等领域投入固定资本可一次性提取投资额50%的初次折旧。

加速折旧可以使企业在短期内获得大笔重置固定资产的资金，给企业一个延期纳税的机会，或者说，企业可以占用原应上缴国家的税金作为自己的资本。这种占用，实质上是一种无息贷款，如果以后企业发生了亏损，这笔贷款甚至可以不再归还。

（2）投资税收抵免

投资税收抵免是与固定资产投资相关的另一种税收优惠形式，即企业可以用固定资产投资额的一定比例直接冲减当年应纳所得税税额。很显然，投资税收抵免是一种变相的减税。其特点是，它是针对投资而言的，是对特殊行业或特殊领域内的投资给予的优惠待遇。投资税收抵免实质上是国家对合格投资的一种现金补贴。在一般情况下，企业在享受了抵免税款的优待后，仍可按全部投资额计提折旧。在经济波动期，投资税收抵免的适当设计和调整，可以部分起到稳定经济的作用。当国家需要鼓励对某个行业或地区的投资时，投资税收抵免是一种优惠对象比较直接，影响面小的好办法。投资税收抵免的比例各国规定不同。有的国家较低，有的国家规定较高。如马来西亚规定为25%，墨西哥规定为30%。

(3) 费用加倍扣除

有的国家为了鼓励一些特定项目或领域的发展，规定企业在这些项目或领域的费用开支可以按超过实际费用开支的一定比例从税基中扣除，从而使企业少纳一部分所得税款。如赞比亚规定用于促进出口的费用支出可按150%扣除；新加坡规定企业用于研究和开发方面的费用支出可按200%扣除；莫桑比克规定用于职工培训的开支可按300%扣除；等等。

(4) 再投资退税

即企业用于再投资部分的税后利润已负担的税款可按一定比例退还给企业。巴西、哥伦比亚、洪都拉斯、秘鲁、乌拉圭、摩洛哥、突尼斯等国都有这一规定。我国对外商投资企业的外国投资者也有再投资退税的规定。

(5) 承诺税收待遇一定时期不变

有的国家为了鼓励外国投资者来本国投资，还与外商签订了一份协议，承诺在一定时期内，保证对外国投资者的税收待遇稳定不变。稳定期最长可达25年。喀麦隆、刚果、加蓬、中非共和国等国就采取这种做法。

目前世界上大多数国家的税收优惠都采取直接优惠与间接优惠相结合的方式。直接优惠与间接优惠相结合使用可以扬长避短，更有利于发挥税收的促进作用，并逐渐从目前的以直接减免税收为主转为以间接引导为主。

传统的直接优惠透明度高，征纳双方易于操作，但方式单一，不灵活，不利于鼓励重点行业的发展。间接优惠则方式灵活，有利于公平竞争，能体现鼓励导向。因此，要根据具体情况灵活选择税收优惠方法，将两种方法有机结合起来，尤其要多利用间接优惠。例如，对符合国家产业政策的行业，投资额达到一定规模的可给予投资税收抵免的优惠；对于高新技术产业的投资者，鉴于其投资风险较大，可实行计提特定准备金方法，加强抵御风险的能力等。

（二）税收优惠政策

税收政策是一个国家在一定时期针对税收分配关系设定的基本方针，而税收法律、法规是税收政策的载体。从立法者的意图来讲，税收政策主要分为：（1）鼓励型税收政策。如增值税和消费税的出口退税；高新技术产业和能源、交通等基础设施建设中的所得税优惠；西部大开发中的税收优惠；外商投资企业所得税的“两免三减半”政策和再投资退税；个人所得税中对专项教育储蓄免税的优惠等。（2）限制型税收政策。这种税收政策是国家基于产业导向、环保要求、供求关系、引导消费等目标所作出的税收限制。如消费税中提高了对粮食类白酒和甲级香烟的税率；《企业所得税税前扣除办法》中加强了对广告费、赞助费、罚款罚金等税前扣除管理；关税中对限制进口的产品采用高关税率等。（3）照顾型税收政策。这种税收政策体现了国家对老弱病残者的照顾、对低收入阶层的优惠、对突发事件或意外灾害的救助等。

发展中国家提供特定税收优惠，一般都与本国的经济发展战略或经济政策目标联系起来。税收优惠的目标一方面是增加本国的投资总量，但更重要的，还是要通过税收优惠，使外来投资在产业之间、地区之间达到合理的配置。所以，发展中国家对外国投资者提供的税收优惠一般都带有一定的前提条件。发展中国家制定的享受税收优惠条件主要从以下几个方面的政策来考虑：

1. 产业行业政策

行业减免优惠是国家为了促进特殊行业的发展而规定的税收优惠政策。许多发展中国家向本国落后和亟待发展的产业、行业提供税收优惠，以鼓励外资投向这些产业、行业。例如，巴西政府规定，凡投资于林业、旅游业、渔业的投资者，可享受6% ~25%不等的投资税收抵免；新加坡政府规定，凡投资新加坡《新兴工业法》规定的产业部门的企业，可享受5年~10年的免税期。

我国对外商投资企业也有产业行业政策方面的税收优惠，即从事农业、林业、牧业的外商投资企业，在享受“两免三减半”税收优惠以后，经税务部门批准，还可在以后的10年内继续按应纳税额减征15% ~30%的企业所得税；另外，从事港口、码头建设的中外合资经营企业，经营期在15年以上的，从开始获利的年度起，第1年至第5年免征所得税，第6年至第10年减半征收企业所得税。不同行业的税收优惠政策是各不一样的，企业应在深入研究、了解国家有关行业性税收优惠及不同行业的税制差别基础上，根据自身的特点和发展战略，精心筹划投资方向，选择投资行业。

2. 地区政策

地区性的优惠政策主要是为了使某个地区或某些地区的经济尽快发展起来，而对某个地区或某些地区实施的税收优惠政策，目的是为了吸引外资，发展地区经济。地区性优惠不仅被发展中国家用来作为吸引外资、发展地区经济的一项重要措施，而且也被发达国家所采用。

发展中国家地区政策有两方面的内容：一是鼓励经济落后地区的开发，促进区域间的协调平衡发展。为此，一些国家规定对在落后地区投资的企业给予特殊的税收优惠。例如巴西政府就规定，凡在巴西东北部、北部亚马逊地区开办企业，均可享受减免税优惠。阿根廷、哥伦比亚、墨西哥、土耳其、肯尼亚等国也都有类似的规定。

二是在本国境内设立一些经济特区、出口加工区或技术开发区等，以适应对外开放政策和大规模吸引外资的需要。为此，一些国家也对这种新兴地区规定有特殊的税收优惠政策。如印度对出口加工区的企业免征所得税；埃及也规定，凡在新社区新建的企业可免税 10 年。

从我国税制的现有状况来看，存在税收优惠政策的地区主要有：

（1）经济特区：深圳、珠海、厦门、汕头、海南。

（2）沿海开放城市：大连、秦皇岛、天津、烟台、青岛、连云港、南通、宁波、福州、广州、湛江、上海、温州、北海。

（3）沿海经济开放区：长江三角洲、珠江三角洲、闽南厦漳泉三角洲、辽东半岛、山东半岛。

（4）经济技术开发区：指国家为实现特定经济目标，参照经济特区对外经济活动的某些政策，在国内划出一定范围的、集中兴办外商投资企业的经济区域。经济技术开发区开始只划定在 14 个沿海开放城市内，以后又逐步扩展到了其他一些地区。

（5）中西部地区：山西、内蒙古、吉林、黑龙江、安徽、江西、河南、湖北、湖南、重庆、四川、贵州、云南、西藏、陕西、甘肃、青海、宁夏、新疆。

除了上述地区之外，国家划定的高新技术开发区、保税区、“老、少、边、穷”地区、旅游度假区等，也都有一系列的税收优惠政策，是企业选择投资地点时应优先考虑的区域。

3. 出口政策

许多发展中国家为了鼓励本国产品出口，改善国际收支状况，规定了对出口企业给予一定的税收优惠的政策。如印度对出口加工区的企业以及不在出口加工区但产品 100% 出口的企业提供所得税免税优惠。越南对产品 80% 以上出口外销的外商投资企业实行 20% 的优惠税率，并给予一年免征、一年减征所得税的优惠。

4. 技术政策

为了鼓励本国企业引进技术，促进外国投资者向本国进行技术转让，许多发展中国家在这方面制定了税收优惠措施。如韩国规定，投资引进国内不易发展的高科技项目，可享受5年的免税；对根据政府批准的新技术引进项目所支付的特许权使用费，免征预提税。新加坡《经济发展奖励法》也规定，对从国外引进先进的专有技术而支付的特许权使用费，可免征预提税。

（三）利用税收优惠应注意的问题

在其他条件相同的情况下，税收优惠措施有利于外国投资者获得更低的税收成本，从而在全球商业竞争中获得更大的竞争优势。正如国家可以自由选择自己的财政和社会制度一样，投资者也有选择在哪种制度下进行投资的权力。跨国公司可以依据不同国家和地区的税收优惠政策，合理选择不同的企业类型和行业进行投资，也可以合理安排自己的投资期限和再投资决策。但是，跨国企业集团在利用东道国的税收优惠政策，进行投资战略选择的过程中，必须充分认识和注意把握以下几个方面的问题：

1. 必须慎重考虑利润汇回时的税收影响

在利用税收优惠时还应考虑投资地对企业的利润汇出有无限制。一些发展中国家，一方面以税收减免来吸引外资，另一方面又对外资企业的利润汇出实行限制，借此促使外商进行再投资。而跨国公司倾向于将他们的国外收入用于再投资，或扩大国外的业务，如果汇回本国，则应在本国纳税，即使随后又在国外进行转让交易也不例外。但是，有一部分资金应汇回国内以支付浮动股息，或由于外汇管制或根据国内税法必须汇回本国。对于汇回本国的这部分利润，税收筹划的目标就是以比税后利润汇回本国更低的税收成本获得这部分资金。

税后利润一般作为股息，由外国子公司进行分配，缴纳预提税。在与母国签有双边税收协定的国家投资建立子公司一般来说会使双方的预提税率大大降低。利用中间控股公司，根据与东道国的税收协定，可能有助于减少预提税，也可能有助于庇护入境收入。通过税收筹划，还可能避免或减少对境外支付所缴纳的税款。比如，如果子公司入境股息收入是向非居民外国母公司支付，则可能被认定为免税款项（如资本利得）。

2. 必须慎重确定投资所在国的重点优惠项目或重点优惠地区

各国无论是选择全面优惠原则还是特定优惠原则，一般都不会给予跨国外国纳税人以同等的税收优惠，而是有所侧重。对于需要吸引直接投资的国家，税收优惠的重点项目通常放在外资企业的法人所得税、外国投资者的股息所得税以及与投资相关物品的进口关税及其他流转税上；对于缺少外汇资金的国家，其重点目标是要从国际金融市场上筹集外汇资金，平衡国际收支，因此把特定优惠的重点项目放在国际贷款利息上；对于缺少先进技术的国家，其重点目标是要从国外引进先进技术，积极促进技术贸易和技术服务等技术交流活动，就会把特定优惠的重点项目放在特许权使用费以及技术服务与技术劳动的所得上，技术专利的买卖、专有技术的转让、技术服务提供，其跨国收益和所得通常集中体现在预提所得税的课征上。因此，跨国企业集团在投资战略决策中，应根据投资所在国的特定税收优惠项目或地区进行投资地点和投资项目的选择。

3. 必须全面考虑投资国和投资所在国之间的国际税收协调性

国际投资税收政策的效应能否充分发挥，是否具有良好的国际税收协调关系是一个关键因素。就税收优惠效果发挥的机制而言，它能否对外国投资者产生直接效果，取决于投资国是否也给予相应的税收优惠。跨国企业集团在选择投资所在国时应注意选择和投资国之间签订有避免双重征税协定（包括税收饶让条款）或其他有关国际税收协定的条件的国家。

在投资国对国际重复征税实行不同的免除机制下，有三种情况：一是投资国实行税收抵免法，投资所在国政府原来规定的税负较高，实行税收优惠后，税负等同于在投资国所应承担的税负水平，使原来要发生的那部分超抵免限额能够在投资所在国的优惠原则下得到豁免。在这种情况下，税收优惠原则得不到很好的实现，对投资的激励作用不大；二是不论投资所在国政府给予何种程度的税收优惠，投资国对国外所得均采取单方面免税的办法，实际上采用单方面免税的国家较少，而且有的国家还要附加一些其他限制条件，因此税收优惠未必能真正实现；三则是投资所在国政府采取税收优惠后，税负低于在投资国所应承担的税负水平，而发生一部分不足限额。对于这部分不足限额的税款，只有经双方政府协议，投资国同意给予税收饶让，不再补征，这种情况下，税收优惠才能得到全部落实。因此，在投资国实行税收饶让制度和国外投资所得免税制的情况下，投资所在国的税收优惠才能使跨国企业集团真正受益。

在投资国实行国外投资所得税推迟纳税制度的情况下，跨国企业集团将会降低在国外再投资的成本，只要投资所在国对外国直接投资的税率低于投资国税率，跨国企业集团就可以加大投资规模，进行再投资。另外，由于“国际避税地”的存在，跨国企业集团如果将投资所在国的投资所得转移到避税地，而不是汇回本国，就可以合法规避本国税收，并实际享受到投资所在国税收优惠的好处。

4. 必须正确认识资本投入量同税收负担与其他投资环境要素之间的关系

一般来说，在其他条件和投资环境相同的情况下，资本投入量与税收负担呈反向变化趋势，国际资本投入应流向奉行税收优惠原则的国家和地区，而对实行全面最大负担原则的国家和地区投资持消极态度。但是，如果由此推论，认为只要一国涉外税收全部免除，税收负担接近于零，资本就应投入该国，这显然是不成立的。因为影响投资战略选择的决不限于税收负担这一个因素，国际投资税收政策是影响投资获利程度，进而影响投资意愿的一个因素，而并非决定因素。跨国企业集团进行直接投资，除了获利目的之外，还有其他战略考虑，如获取自然资源、开辟新的海外市场、维持出口市场、利用国外廉价劳动力和减少投资风险等。根据这些战略考虑，在评价投资所在国的投资环境、选择投资机会时，通常要考虑政局稳定、市场潜力、资源条件、基础设施、外汇制度以及投资鼓励政策（包括税收优惠政策）等指标。由此不难看出，税收优惠政策对于投资决策的影响是有限的，充其量只是影响投资利润的多少而已。而且，税收优惠政策充分发挥作用的前提是整个投资环境诸因素的改善。如果一个国家的总体投资条件不符合投资的战略意图，税收以外的投资环境恶劣，那么，税收政策再优惠，也不能进行投资。反过来，如果一个国家的总体投资条件符合投资的战略意图，即使其在一些项目和地区实行税收最大负担原则，也应考虑投资，以期获取整体投资战略目标的实现。因此，跨国企业集团在投资战略决策中，应注重整体投资环境和条件的考察，只有投资所在国的国际投资税收政策和其他投资环境因素相配套，才能真正实现集团整体投资战略目标。

二、各国税收优惠政策和外汇管理措施

亚洲

新加坡

（一）优惠措施

新加坡在2000年共吸引72.35亿新元的外国资本，主要集中在电子、化学、交通、机械设备等行业，资金主要来自美、日、欧盟等国家和地区。

新加坡国际企业发展局（原名新加坡贸易发展局）为继续保持和加强新加坡的竞争优势，推出了《特准国际贸易计划》，以吸引更多的跨国公司在新加坡设立办事处，促进新加坡的对外贸易及转口贸易，对符合以下条件的公司每年只收10%的公司所得税：

（1）从事五大商品交易的国际贸易机构，营业额超过2亿新元。

（2）具有全球贸易网络及良好的公司业绩。

（3）每年在新加坡的商业开支不少于200万新元。

（4）企业至少要有3名经验丰富从事交易活动多年的职员。

（5）充分利用新加坡国家银行、金融、保险及船运服务等。

（6）支持和利用新加坡的贸易基础设施。

（二）外汇管理

新加坡无外汇管制，外国投资利润等可以自由汇出。

（三）税收

新加坡税收从2003年估税年起，公司税调至22%，并在三年内逐步降到20%；消费税从3%调高到5%。

泰国

根据《外国企业法》的规定，外国人在一些部门可以获得的所有权的最大比率为49%，这些部门包括农业、某些制造和食品加工行业以及绝大多数的专业劳务部门。在银行、金融证券公司和保险公司，大部分泰国公司中的外国投资者持有的外国股份比率被控制在总额的25%以内。

任何希望在泰国经营商务的团体必须在商业部下的商业注册局注册，从事生产活动的企业应在工业劳动部注册。除非得到投资委员会的准许或者土地在政府认可的工业区范围以内，否则任何外国企业与居民都不允许在泰国占有土地。泰国的商业法规主要受刑事法律指导，违反泰国商业法规将导致严重的刑事制裁。

泰国有10个出口加工区，加工区里面的企业可以免税进口原材料和出口制成品。除了这些地区以外，任何工厂也都可以申请在工厂内建立保税仓库，库中贮存的原材料（特别是用于出口商品生产过程中用的）可以免税进口。

（一）优惠措施

1. 税收奖励

对进口机器进行50%的减税或完全免税；对进口原材料或机械部件减少90%以上的进口关税；免去3~8年的公司所得税，若出现亏损，则从0~5年的纯利润中扣除年度损失；在免税期内政府鼓励兴办的企业获得的股息不计入应税所得额。

2. 许可项目

可以让外国人来进行投资可行性的调查研究，让外国专家及技术人员参与政府支持的工程项目的建设；可以占用土地开展政府鼓励的经济活动。

3. 担保项目

坚持非国有化；防止新建国营企业的竞争；国家对与政府支持的企业生产出的产品相类似的产品销售不进行垄断；不进行价格管制；政府机构或国营企业对竞争商品不得进行免税进口；保证出口许可。

在争取奖励时，投资者必须同时提交申请表与原始单据。投资委员会在60天以内就可以确定一个项目是否有资格获取优惠待遇。一旦拿到获奖证书，投资者须在6个月之内开始施工，24个月以内进口免税的所有机器设备，30个月以内完成整个项目的建设。

（二）外汇管理

目前泰铢或其他外币的一些交易可以不受任何限制地进行，只有少数交易要求得到泰国银行的批准。对投资基金、红利、利润及贷款的偿还、支付利息，可以自由汇出。

（三）税收

1. 公司所得税

30%；基金、联合会和协会等所得税率为2% ~10%；国际运输和航空业所得税率为3%。每半年缴纳一次。

2. 个人所得税

采取分类征税。财产出租收入10% ~30%不等；专业收费中医疗收入60%，其他收入为30%；版权收入、雇佣或服务收入40%；承包人收入70%；其他商业活动收入，根据商业活动的性质征收65%% ~85%。

3. 增值税

税率为7%。

马来西亚

马来西亚政府欢迎外商投资于制造业，尤其是高科技产业。目前该国正积极吸引外资投资于多媒体和信息技术领域，以促进当地“多媒体超级走廊”项目的建设。然而，当地的服务业、农业和建筑业并不积极吸引外资，石油和天然气工业仍然限制外资进入。

在投资方面，与矿物开采或加工有关的投资，其外资股权最高可占100%。外资在商业银行中最多只能拥有20%的股份。投资于制造业的外资企业，如果出口其产值的80%或以上，就没有股权条件的限制；如果出口量占总产量的50%至80%之间，则外资可控股51%以上，某些情况下，外资控股可达到79%；如果出口量占总产量的20%至50%之间，外资可持股30%至51%；如果出口量占总产量的20%以下，则外资最多可持股30%。但是，生产高科技产品的投资企业，或由政府随时核定为国内市场优先性产品的投资项目，其外资股权可占100%。金融危机爆发之后，马政府为了吸引更多外资，对上述规定作了暂时性调整，从1998年1月1日起至2000年12月31日，全面放宽制造业产品内销比例限制，允许所有受内、外销比例限制的外商投资企业，在无需重组原有股权结构的情况下，向贸工部（MITI）申请将其产品的50%内销。

外国人可以在马来西亚购买除农业用地和价值10万美元以下住房以外的任何动产和不动产。除了海滩、工业用地和工厂以外，外国人在购买其他不动产时，要向政府缴纳约4万美元的款项。

马来西亚与包括中国在内的51个国家或国际组织签订有双边投资保障协议。

（一）外资可享受的优惠待遇

马来西亚对外资企业的优惠政策与企业的业绩挂钩。

1. 新兴工业地位（Pioneer Status 简称 PS）

获得PS奖励的公司可获部分减免所得税，即仅需就其法定所得之30%征收所得税。免税期为自MITI核定之生产日起的5年时间。

2. 投资税负抵减（Investment Tax Allowance 简称 I－TA）

获ITA奖励的公司，自符合规定的资本首笔支出之日起5年内，所发生符合规定的资本支出的60%，可享受投资税负抵减。此抵减额可用于冲销其征税年度法定所得之70%。未加利用的任何抵减额可转结至以后年度使用，直至全部抵减额被用完为止。其余法定所得的30%则依现行公司税率征税。

3. 再投资抵减（Reinvestment Allowance 简称 RA）

从事制造业的公司，因需扩充生产能力，使生产设备现代化或使产品经营多元化而产生符合规定之资本支出者，公司可就其资本支出的60%享受再投资抵减。抵减额可用于冲销其征税年度法定所得的70%。未使用完的抵减额可结转至以后年度使用，直至全部用完为止。

“多媒体超级走廊”优惠政策：

（1）公司10年内可免缴所得税或享有100%的投资税津贴。

（2）进口多媒体设备免收关税。

（3）对外汇交易和贷款实行特殊管理。

（4）对表现出色并吸引其他企业加入多媒体超级走廊的企业给予特殊奖励。

（5）中小型企业可就特定领域的研发项目申请政府资助。

（6）对聘用海外侨民不加任何限制。

（二）外汇管理

马来西亚的外汇体系相对开放。外国投资者可以自由地撤回投资或汇回利润。

（三）税收

公司税 28%。

越南

为更有效地吸引外国投资，越南政府采取了一系列新措施，包括：减少外国投资者的成本开支，提高外资企业竞争力和经营效益；简化外国投资者申请投资手续；对产品出口比例高、出口产品生产中使用越南原材料多和使用越南劳动力多的外资企业实行优惠政策。越南政府还鼓励外商对边远山区、经济落后地区、农业、生产出口商品和需要多利用越南国内原材料的部门进行投资，对其实行优惠政策。与此同时，越南政府还规定外国组织和个人可以参加越南的证券交易，购买越南股份公司的股票。外国投资者认为，越南政府的一系列新规定是“一个好的信号”，“一个重要的文件”，“一项正确的、积极的主张”，将为他们在越南的投资环境创造有利条件。

（一）《外国在越南投资法》实施细则主要优惠、鼓励政策

（1）优惠利润税率适用于外国投资企业和外国合营方，适用于特别鼓励的投资项目和鼓励投资地区目录的整个活动期限内。

（2）在特别鼓励投资地区的投资项目和特别鼓励投资的项目，自获利年度起4年免交所得税，其后4年减半征收。

（3）生产出口产品的企业，在《进出口税法》规定的期限内，进口生产出口商品的原料，暂缓交纳进口税。

（4）对需纳税商品的进口税计税价格，根据进口商品发票价格计算。无发票者根据财政部规定来确定计税价格。

（5）为增加企业的固定资产而进口的设备、机械、专用交通工具，国内尚不能生产的建筑材料，用于制造生产线设备、机械而进口的原料、物资，或与设备、机械配套的各种零件可免交进口税。

（6）在经营过程中，外资企业可将任何一个计税年度的亏损转到下一个计税年度，并可在下一年度的利润中扣除，但不得超过5年。

（7）获准在越南市场销售的产品由企业自行直接销售或通过代理销售，在产品销售上不受地域限制。

（8）越南国家银行确保基础设施、生产替代进口必需品的企业以及由计划投资部公布的重要工程项目的外汇平衡。

（9）企业在越南经营期间，有权根据法律以自有的财产进行典当和抵押。

今年修改、补充的新内容主要有：

（1）投资组织形式多样化。过去只能成立有限责任公司，现允许成立股份公司；

（2）进一步缩小联营企业中“一致性原则”的使用范围。“一致性原则”只适用于对企业章程的修改、总经理和第一副总经理的任命。企业其他事项则采取“过半数原则”，即持有联营公司股份较大一方，掌握着企业活动的决定权。

（3）为外资企业创造更宽松的相关条件。如政府保证对基础设施建设项目和生产进口替代商品项目的投资过程中的外汇需求；对已有土地使用权的外资企业，可以将其土地作为抵押，向越南的各金融组织贷款；对投资越南山区或偏远地区的外资企业，免征利润汇出境外税。

（二）外汇管理

在越南外资企业工作或履行合作经营合同的外国人在按越南法律规定缴纳收入所得税后，可以依照越南外汇管理条例将本人的收入所得汇出境外。

（三）税收

外资企业和联营营业外方须在所得利润中缴纳25%所得税。但投资于越南鼓励的领域，缴纳所得税可减至20%、15%或10%，并且可在两年内免所得税，从经营获利开始在不超过两年期限内获减50%所得税。

印度尼西亚

（一）对外国投资政策

1. 投资鼓励措施

（1）税率优惠

一般新投资产业，无论内外销，均可享受下列优惠待遇：

主要生产设备进口税全免；

辅助生产设备就现有进口税减半；

主要生产设备所需的零件进口税全免，但准许进口的零件总值不得超过主要生产设备价值的5%（超过部分仍须缴纳进口税）；

商业化生产起两年内，进口原料关税税率在5%以下者，进口税全免；税率在5%以上者，进口税减半；

主要生产设备有关的消耗品第一年全部免税；

从外国进口或向印度尼西亚本地采购的机器设备等固定资产，其增值税及奢侈品税可申请缓缴，如果上述资产未移作他用或出售，则直到资产折旧完毕亦不必支付增值税和奢侈品税；反之需补缴增值税和奢侈品税；

原料自己进口，自己加工再出口者，可向财政部申请免进口关税、增值税及奢侈品税；如原料要向其他进口商采购，则出口后，可向财政部申请退税；可申请外销低息贷款。

（2）重点地区与行业

对某些优先发展行业或符合国家出口优先政策的行业或所处位置对偏远地区的发展起促进作用的公司，政府将提供所得税税收优惠。

2. 投资限制政策

印尼政府于1995年颁布了“投资负面表”，规定了限制投资的行业：

第一大类禁止外商投资产业项目共34项，禁止外商独资经营的有：海港、电力、通讯、海运、空运、饮用水、铁路、原子能；禁止外商参与股份的有：出租业、公共汽车运输、当地航运、零售、国内贸易服务业、私人电视台和电站、摄影；严禁外商投资的行业：伐木业、赌博业、海绵养殖和利用、加工成品和半成品、大麻及类似作物的种植和加工、胶合板制造业等。

第二大类为保留给小规模企业与中大规模厂商合作的共37项。

（二）外汇管理

基本不存在外汇管制，可自由兑换，国外公司的利润等可以自由汇出

（三）税收

公司税：

2 500万印尼盾以下，税率10%；

2 500万至5 000万印尼盾，税率15%；

5 000万印尼盾以上，税率30%；

增加值税VAT：税率10%；

奢侈品税(部分商品：税率分为10%、20%及35%；

税后年所得超过1亿盾的公司及个人需缴交2%之贫困税作为社会福利；

凡在印尼工作的外籍人士每月需缴100美元作为职业训练基金。

柬埔寨

（一）对外国投资政策

鼓励投资：柬埔寨政府鼓励在以下领域进行投资：高新技术工业、旅游工业、农用工业产品的生产及加工工业、基础设施建设及能源生产、依法建立的开发区等。

限制投资：暂不考虑开放新银行的设立。

鼓励投资的优惠政策：全部或部分免征关税及其他税务。

（二）外汇管理

属外汇管制国家，但政府允许投资者从银行系统购买外汇汇往国外，用以清算其与投资活动有关的债务，包括：支付产品进口及将贷款连本带利一起汇往国外；支付各种开支、税务及管理服务费用；转移利润；将投资资本汇到国外。

（三）税收

鼓励措施：

对纯盈利适用优惠税率（9%），但不包括国家自然资源、森林、石油、金矿和宝石的勘探和开采盈利税的税率，此类税率将由其他法律另行规定；

从第一次获得盈利的年份算起，可免征盈利税的时间最长为8年。如连续亏损5年，亏损额则准许以盈利冲减。如果投资者将其盈利用于再投资，则可免征其盈利税；

分配投资盈利，无论是转移到国外还是在柬埔寨国内分配，均不征税；

进口建筑材料、生产设备、各种物资、半成品、原材料及所需零配件，属于下列投资项目者，均100%免征其关税及其他税务：产品80%以上供出口的投资项目；在柬埔寨发展理事会公布的优先发展的特别开发区内投资的项目（以上两类免征进口税的优惠期限必须始终与投资合同及投资责任书中所规定的期限相符）；旅游工业；劳动力密集型工业；加工工业及家用工业；基础设施建设及能源生产（上述四类投资免征进口税的优惠只限于建厂阶段和开始生产后的第一年）。

产品出口免征出口税。

（四）其他相关政策

1. 土地所有权及其使用

用于投资的土地所有权，必须由柬埔寨籍自然人或法人投资者拥有。柬埔寨籍法人投资者是指柬埔寨籍个人或法人在投资企业中所占股份超过51%的法人。但投资者可长期租赁、使用土地。租期最长为70年，期满可申请延长。

2. 劳动力的使用

投资者在柬埔寨可依照其劳动法和移民法的规定，自由选择和雇佣柬埔寨籍或外籍员工；外籍员工收入纳税后，允许通过银行系统将其在柬埔寨取得的工资收入汇往国外。

3. 其他规定

投资者如要结束其在柬埔寨投资活动，必须以挂号或亲自递交信件的方式通知柬埔寨发展理事会，并必须由投资者本人或公司全权代表亲笔签名，阐述结束投资的理由。如不通过法律程序解散公司或企业，在没有证明一切债务问题已结清之前，不能依据商业法规定正式解散其企业。在企业被允许正式解散后，投资者可将其剩余财产转移到国外或在柬埔寨境内使用。如其被免进口税的进口设备物资使用期未满5年的，投资者必须按现行法律纳税。

印度

（一）外国投资优惠政策

（1）从事行业属35种优先工业，且外资比例达51%的合资企业，可获得自动批准；

（2）在发电、石油和高新技术领域的企业，以及100%出口导向型的企业，允许100%的外国直接投资；

（3）在税收方面，新建企业10年内免交公司利润30%的所得税；

产品100%出口的企业、出口加工区和自由贸易区内开办的企业5年内免交所得税；

在落后地区开办合资企业10年内减征所得税25%；

外资企业进口用于生产出口商品的机器设备零部件和原材料免征关税。

（4）外资企业的利润在纳税后可自由汇出；利润如在一年内不汇出，将被认为是进行再投资；如一年后再汇出，须经印度储备银行特殊批准；属35种优先工业，外资不超过51%的合资企业，需向印度储备银行提出申请；外资超过51%的合资企业，需由外国投资促进局批准；在出口促进区内设立出口型企业须经该区开发委员会的批准；其他合资项目须由印度工业发展局批准。

（二）外汇管理

印度属外汇管制国家，但允许外资个人和企业所得自由返还，允许外汇自由流入印度。

（三）税收政策

本国公司税率为35%。外国公司税率48%；

海关税已降至30%左右；

外资的股息和利息税为20%；

专利费和技术费税率为30%；

对于印度公司，长期贷款所得税率为20%，其他收入税率为35%～50%。

约旦

(一) 优惠政策

与投资有关的机器、设备等固定资产的进口免税；
不超过成品及固定资产价值的零部件进口可免税；
项目改扩建规模在25%以上的固定资产投资免税；
宾馆、医院项目每七年可免税更新设备；
提高了其在原产地价值、有利于航运业增值和国家汇率的设备进口可申请免税。

(二) 税种及税率

(1) 公司所得税
矿产、工业、旅馆、医院15%；
保险、金融35%；
其他25%；
(2) 农业免税。
(3) 约旦将全国划分为A、B、C三个投资等级地区，在不同的等级地区，可享受10年不同比例的收入和社会服务税优惠：
A类区25%；
B类区50%；
C类区75%。
(4) 约旦对外来投资实行国民待遇，除公共项目，原则上外来投资的投资额应在7万美元以上。

大洋洲

澳大利亚

(一) 优惠政策

澳大利亚的投资政策是非常开放的，针对一些可以为澳大利亚的经济和就业带来影响的投资项目，澳政府会视情况考虑给予一些投资上的优惠政策。这些政策包括赠款、减税或提供一些基础设施服务。投资方亦可得到联邦各州的以下资助：贷款或专款；运输方面的补贴；廉价的工业征地；对基本服务项目的补贴；印花税的减免或退还；工资税及地产税的降低；提供各项促进服务。同时，大多数州政府对在其所在州的投资均持积极支持的态度，并提供相关的优惠政策。

除了铀矿开采业、宣传媒介、航空工业等适当控制外，其余方面，特别是高科技领域、矿藏、原料及农产品加工业等，澳大利亚欢迎外国方面进行投资合作。

（二）外汇管理

澳大利亚无外汇管制，外国投资利润等可自由汇出。

（三）税收

公司税30%，商品和服务税10%。

新西兰

（一）有关投资政策

（1）若海外投资者在新西兰发展业务的计划已得到有关方面的批准，新西兰则不限制他们在新西兰拥有或租赁用以发展业务的商业建筑。

（2）取得下列行业25%以上经营权的投资需经海外投资委员会的核准：

资产总值超过5 000万新元；

涉及经济海域内的商业性捕捞业；

涉及土地面积超过5公顷或土地价值超过1 000万新元；

涉及邻近湖泊、海岸线，岛屿等敏感地区土地面积超过0.4公顷；

涉及离岛土地；

（3）对于生产制造业的外资企业的限制性政策：

①《1983年捕鱼法案》规定，未经渔业部长批准，捕鱼配额不得发放给外资企业；海外投资委员会同时规定，在12英里领海以外、200英里新西兰专属经济区海域以内从事商业性捕鱼业投资，外国投资者的股份不得超过24.9%。

②《1976年验光及配镜法案》规定，从事眼镜制造业的外国投资者，不得拥有该企业45%以上的控制权。

（二）外汇管理

新西兰没有外汇管制，对在新西兰的外国投资者的资本和收益汇回自己的国家没有限制，对海外借贷、红利、利润、利息、管理费、偿还贷款以及贸易欠款的汇出在换汇方面也没有限制。

（三）税收

（1）按新西兰有关税法规定，新西兰居民和公司所有利润和所得收入均须纳税，但业务开支、建筑物、厂房、设备折旧可以减税。

（2）对新西兰本国公司、非本国公司以及海外公司在新西兰设立的分公司，基本税率均为33%。对非本国公司，若将其利润汇出新西兰，则根据具体情况征收10%、15%和30%的利润税率。

（3）在新西兰境内提供的所有商品和服务都必须支付商品服务税，税率12.5%。仅对提供金融服务（如贷款）、租赁房屋和商品出口予以免税。

欧洲

英国

实行优惠的税收政策：

（一）降低税率

为了有效地吸引外资，政府一再降低公司税。目前公司税主要有两种：利润为30万英镑的小公司，其公司税为20%；利润超过150万英镑的大企业，其公司税为30%。中等规模的公司，其公司税介于20%～30%之间。从2000年4月开始，对那些利润仅为1万英镑的公司，将实行新的税率，其公司税降为10%。利润在1～5万英镑的公司，其税率介于10%～20%之间。这些税率均低于美国、日本、加拿大及欧盟较大国家的税率水平。

2000年3月21日布朗财相发表了2000年政府预算报告。在该报告中，财相宣布了对跨国公司将实行重要的减税措施，其中包括：

（1）允许外国集团所属任何英国公司之间申报损失，目的是获得集团或联合企业减税待遇。同时将第二次向集团所属驻英分支机构实行减税政策。

（2）对资本收益实行减税措施，资本资产可以在任何英国公司，或外国集团所属驻英分支机构之间任意转让，无需纳税。

（3）政府考虑实行一项新的迟延减税措施，对交易公司出售30%以上股份的资本收益实行减税。同时，其他大规模股票投资或商业资产投资也将获得减税待遇。

（4）公司税分期缴纳付款不足时，企业负担的利率也由原先的高于基本利率两个百分点下调到高于基本利率一个百分点。

公司税的其他重大改革还有：

（1）提议对双重征税抵免体系进行重大的改革。

（2）对外资分支机构在国外享有减税待遇的，但同时也向英国申报损失申请的集团之减税待遇实行限制。

（3）采取“集团优惠”，凡隶属同一关系企业的两家公司，课税前可将两者盈亏相抵以减轻赋税。“集团优惠”措施适用于集团持股在75%以上，且设立于英国境内的公司，即使该集团公司仅为外资在英的子公司亦享受此优惠。

（二）实行资金支出抵扣

投资者可享受“资金抵扣”的赋税优惠措施，包括与贸易有关的研究和开发费用及在企业特区（Enterprise Zone）内商用厂房等经费开支均可享受100%的抵扣。对于工厂及机器设备的投资每年亦有25%的抵扣额，设于企业特区以外的工业厂房则有4%的抵扣额。

（三）不限制利润转移

英国无汇兑管制，对汇出的利润并无限制。同时为避免双重征税，英国根据不同的国家已制定出了多达百种的课税协定。

英国税收的依据为纳税人的居所和利润的来源地。英国居民所设立的公司，即在英国登记注册公司或在英国设有管理和控制中心的公司，对其全球收入必须纳税，即公司税。

目前公司税主要有两种：利润为30万英镑的小公司，其公司税为20%；利润超过150万英镑的大企业，其公司税为30%。中等规模的公司，其公司税介于20%～30%之间。从2000年4月开始，对那些利润仅为1万英镑的公司，将实行新的税率，其公司税降为10%。利润在1万～5万英镑的公司，其税率介于10%～20%之间。这些税率均低于美国、日本、加拿大及欧盟较大国家的税率水平。代表处和海外公司的分公司对来源于英国的收入负有纳税的义务。在实践中，可能很难区别来源于英国和英国以外的利润，因此，在某些情况下，这些企业对来源于英国以外的收入也可能要交公司税。

丹麦

丹麦的税收政策：

（一）个人所得税

根据丹麦税法的有关规定，成年人在每年应有32 300丹麦克朗的最低生活保证金，如果得到的收入低于这个数额，将免交个人所得税。此外，养老金捐助、利息支付、抵偿的运输成本及贸易联盟费等也都影响着个人应税金额。国家征收个人所得税的方法采用的是累进税制法。个人所得税的税率包括：免征、7.5%、6%、15%。

丹麦居民还要支付郡和地方税，根据政府的统计数字，1999年全国各个地区的郡和地方税率在28.6%至33.5%之间。另外，对所有个人收入，纳税人必须向国家交纳劳动力市场捐献（LMC），应税金额相当于个人全部收入的8%。

（二）企业所得税

税率是公司利润的32%。

（三）资产与房地产税

房地产税是由郡、市税务所对各种不动产和占用的土地征收的一种税种。税率的多少通常每年由郡、市税务所先进行评估，然后再决定。

（四）增值税

采用单一增值税率，税率为25%。教育、金融服务、保险、公共运输、土地建筑物买卖和报纸可以免征增值税。

（五）消费税

消费税主要用于对汽车、摩托车、能源、酒类以及烟草等商品的征收。

为吸引跨国公司落户丹麦，丹麦政府于近年出台了一项新税法，对总部设在丹麦的跨国公司母公司的海外子公司的利润汇入实行零税率。

丹麦约有1/3的股份公司被外资控制，饼干、肥皂、化妆品、冰糕和人造黄油的生产主要由外资掌握。石油供应和炼油主要由英、美、挪等石油公司垄断。瑞典在丹麦投资最多。

瑞典

为适应国际化经营，有效吸收和利用国际上的资金，20世纪80年代后期，瑞典对国内政策和经济法规进行了一系列的调整，如：取消外汇管制；经济决策权下放和私营化，使得经济自由度处于西方国家前列，特别是在银行金融业、电讯业、交通运输业、电力工业等领域；取消外资在瑞典企业中的比例限制，等等。如今的瑞典已对外资实行了“国民待遇”原则，没有任何限制。1995年瑞典加入欧盟后，外资的进入更加迅速。

瑞典在鼓励投资方面没有特殊的产业政策，由内外双方自由商谈。但是瑞典政府对在不同地区投资的中小企业却采取了通过地方政府出面给予补贴、贷款等方式，实施其鼓励政策。

一类地区（指北部 Lapland、Norrland、Varmland 等山区和北极边远地区）：补贴可高达投资总额的40%，贷款可达投资总额的30%；开发投资（指对产品的开发、商标、专利、市场营销培训等投资）补贴可达40%；新创就业机会补贴20万克朗；减免应交社会福利支出的10%；运输费用补贴10%~15%不等。

二类地区（指 Dalarn 等中部山地）：投资补贴 20%，贷款 30%；开发补贴 20%，有条件贷款 50%；新创就业机会补贴 12 万克朗；社会福利支出减免比例同上；运输费用补贴 10% ~15% 不等。

非洲

埃及

（一）外汇管制

埃及各银行均实行货币自由兑换。投资者的利润、收入可自由汇出。

在埃及举办第三产业项目享受工业企业的同等优惠政策。

（二）税收优惠政策

合资企业或独资企业的外籍员工在埃及工作（不包括新城区和工业区）不超过 1 年，免征个人所得税；

公司所得税税率为 40%，前 5 年免税；

前 5 年还免征个人所得税、分红税、资本货物及中间产品的关税；

3 年免征印花税和注册费；

在新城区和工业区投资 10 年免税；

土地开垦和农业项目 10 年免税；

在边远地区和南部地区投资 20 年免税；

所有进口机械设备等物资统一征收货值的 5% 关税；

服务性项目按营业额的 3% 征收营业税。

摩洛哥

（一）优惠政策

目前摩洛哥已向外国投资开放了农业、渔业、制造业和服务业的外资限制及投资份额限制；并规定投资的最低点为 10 万第拉姆，超过 5 000 万第拉姆的投资项目可与政府协商，以获得额外的优惠待遇和利益。

（二）外汇管理

摩洛哥以前对外汇实行比较严格的管制，海外汇款和资本向海外转移须事先审批。由于近年来国家外汇储备增加，从 1993 年起，第拉姆成为自由兑换的货币。按新的外汇政策，在摩洛哥的外国投资资本可享受外汇自由兑换，主要包括：（1）税后利润可自由汇出，不受数量和时间的限制；（2）投资产生的收益（部分或全部，以及增值或清算节余）可自由汇出；（3）进口货物用汇，均由银行直接办理，不需审批；（4）出口实行外汇留成，货物出口可留成20%，服务出口10%，留成部分可在银行开设可兑换货币账户，允许自由汇出；（5）允许游客自由携带外币出境，无需向海关申报；（6）允许有外汇收入的个人和海外侨民开设可兑换第拉姆的账户，允许外籍人士开设外汇账户，可自由提取外币。

（三）税种、税率、费用及优惠政策

（1）海关关税：进口税2.5%～10%（从价），如被认为对国民经济发展有较大作用，经批准，设备及其相关物资、工具和部件、零件和附件可以免税。

（2）海关增值税：外国投资如被认为对国民经济发展有较大作用，相关进口物品可以申请免税。

（3）土地房产注册费：2.5%。如在24个月内完成投资项目的建造，则可申请免税。

（4）国家团结基金税：相当于公司税的25%。如公司税免除，就必须交纳该基金税。

（5）公司税：正常税率为35%。产品或服务出口型公司，出口部分可享受5年免税和5年减半征收。

（6）普通所得税：44%。产品或服务出口型公司可享受5年免税和5年减半征收。

（7）房产收益税：房产第一步转手可免税。

（8）交易税：现已免除。

（9）城市税：可免税。

（10）如果一个投资项目（无论是本国还是外国资本），其投资规模巨大，或创造一定数量的就业机会，或投资的技术可用于环境保护的，可得到项目建筑的土地购买补贴、外部基础设施建造的补贴或职业培训补贴。

注：在采矿业，如一个工程耗资50万第拉姆，提供50人以上就业机会，政府将承担50%的工程基础设施成本；旅游业投资可获得15%投资的无息贷款和其他资助；国家经济发展银行（BNDE）专门从事低息长期建设贷款和中期固定资本贷款，可采取直接贷款方式，也可采用投资方式。

（11）外国投资若符合上述条件，可申请“投资促进基金”（Investment Promotion Fund）的资金资助；

（12）若外国投资在工业区，将得到免征土地注册税和简化的注册手续，法律规定，投资申请至注册完毕应在60天之内。

尼日利亚

尼日利亚独立后，政府曾一度没收了在国内的外国资本，不允许外国企业家在尼日利亚投资。随着世界政治和经济的变化，尼日利亚也改变了其对外资的强硬态度，允许外国人来尼日利亚投资。特别是实行经济结构调整计划以来，尼日利亚为了发展本国工业，大力鼓励外资注入，并取消了一些限制措施，采取了一些鼓励外资的办法，如外资比例提高、企业减免税、外籍人员的居住许可及多次出入境签证等。但总的说来，除石油、汽车装配、纺织业外，外资投入较少，特别是一般消费品加工业仍十分落后。

1991年尼日利亚颁发《出口加工区法令》，并在其东南部的卡拉巴尔市建立了第一个出口加工区（面积300公顷），外国投资者在出口加工区投资办厂可以享受以下优惠政策：

（1）尼日利亚现行的关于征税、纳税及外汇管制等方面的法律规定不适用于出口加工区企业；

（2）外商投资股本可随时撤出；

（3）外商所得利润和红利可自由汇出；

（4）货物进出无需办理进出口许可证，出口加工区产品销往欧盟和美国，无配额限制；

（5）在工厂建设期间，免交土地租金；

（6）在出口加工区内，允许兴办外商独资企业；

（7）进口设备、消费品、原材料及其他与投资项目有关的物品，免征进口关税；

（8）加工区内生产的产品25%以内经过批准在缴纳有关关税后可在尼日利亚国内生产销售；

（9）申请在出口加工区投资设厂所有手续可在出口加工区管理局一次办理；

（10）关税优惠：对赴尼日利亚投资的制造业设备，可减免25%的关税；整机进口关税比散件进口关税高一倍左右，例如整机关税在30%~50%之间，散件关税20%。

南非

1994年以来，南非政府积极致力于将自己融入世界政治经济发展的大潮之中，以解前白人政府时期南非饱受经济制裁之窘。为此，南非政府采取了改革贸易和产业政策、改革金融市场的架构和制度以及逐步解除外汇管制等措施，鼓励企业积极开拓市场，发展外向型经济。同时，也制定了一些优惠政策鼓励外国企业来南非投资建厂。从1996年10月1日开始，南非政府在总结前一时期吸引外国投资鼓励政策经验及教训的基础上，调整了工业开发鼓励政策。

目前南非政府对本地和外国资本投资，有两项地区工业开发鼓励政策：一是减税案（THS），适用于投资总资产超过300万兰特的项目；二是中小型制造业开发计划

(SMMDP)，适用于投资总资产低于300万兰特的项目。

中小制造业开发计划：中小制造业开发计划的英文全称为SMALL/MIDUM MANUFACTUREING DEVELOPMENT PROGRAM。这项计划的目的在于鼓励本地和外国投资者对中小型制造业的投资。这一计划目前还没有受益期的时间规定。根据这一计划，所有企业和业主都可以向主管此计划的地区工业发展委员会提出申请。但这种企业必须是南非“标准工业分类”大类三中所指的制造性质。经地区发展工业委员会审查合格后，在南非任何地区内建厂，都可以享受南非政府为期6年的减税待遇。外国投资者还可以得到政府的资助，每个项目最高为5万美元。要求的条件是：用于投资建厂的机器设备必须是全新的；外商在企业中的股权不得低于50%，而且投产后至少两年不能将资本抽走；运来的机器设备不能是被用作抵押的机器设备；根据投资委员会的鉴定，必须有足够用于4个星期生产的原材料；批准的生产日期一年内，机器设备要运到。

需要注意的是这些外商投资不适用于从南部非洲关税同盟（SACU）国家和南部非洲发展共同体（SADC）国家转运机器设备到南非设厂的企业。

此外，为鼓励企业进行科研开发，经CSIR的认可，每年用于科研开发的固定资产开支，可减税25%，如果研究中止，减去的税收应予以退还。这项优惠主要用于科学研究的运作开支和经认可的科研固定资产的开支。对当地企业和外国投资企业均适用。

为鼓励制造商进行技术革新、提高当地产品的国际竞争能力，南非政府还对所有私营的制造业提供援助。企业前期直接开发成本，可得到50%的政府资金援助，最高限额可达100万兰特。

纳米比亚

纳米比亚于1990年12月通过了《外国投资保护法》，之后又设立了出口加工区和沃尔维斯湾自由贸易区，并分别制定了相应的优惠政策，主要是以减免税作为对外国投资的优惠；还于1990年成立了属贸工部所辖的投资促进中心，负责协调各部门的外国投资，提供投资机会和信息、评估投资申请、谈判优惠政策。

外国企业如设立在出口加工区或自由贸易区中，可享受纳米比亚提供的一些优惠政策。

1. 出口加工区的优惠政策

数年内免除公司税，此后税率也低于标准的公司税；

降低税后股利的保留税，再投资免税；

免除进口物资的销售税；

如果产品全部出口，免除所有进口税；

在培训期间，政府支付当地人员75%的工资；

允许加速折旧；

2. 自由贸易区的税收政策

免除进口关税、销售税和公司税，对盈利的汇出不受限制，征收2%营业额税。

南美洲

巴西

（一）税收制度

巴西是南美税收较重的国家之一，共有各种捐税58种，其年收入相当于国内生产总值的30%，现仅能作一粗略的介绍。

巴西的税种按行政划为联邦税、州税、市税三级，政府对税收采取分级征收和管理的办法。此外，企业还要交纳各种社会性开支。

由于巴西政府对税收采取联邦、州、市分级管理，税收的优惠和减免只能在授权范围内进行，不能超越。例如，州政府只能对州税实行减免，但无权减免联邦税和市税。

根据统一法令，国家可在全国范围内对不同的行业和地区实行税收减免。

（二）优惠政策

（1）为发展巴西东北部9州地区，凡巴西企业包括巴西资本占50%以上的合资企业到东北部办企业可申请减免企业所得税10年，到期可顺延10年；

（2）玛瑙斯自由区。这是联邦政府为发展北部地区而设立的，该区享受特殊的优惠政策；

（3）年营业额在12万至72万雷亚尔之间的小型企业，12万雷亚尔以下的微型企业，政府对它们免征所得税、社会保险金、金融税等。企业只需根据年营业额交纳一定比例的小、微型企业统一税，税率为6.5%－10%。不交纳工业税的小、微型企业必须多交0.5%的小、微型企业统一税；

（4）各州和市都有自己的工业开发区，为吸引外资，都采取一系列的税收减免政策；

（5）出口可减免商品流通服务税（ICMS）；

（6）给予外国投资者国民待遇；

（7）巴西与23个国家签订了避免双重征税的协定，包括中国；

（三）用电成本

巴西水力发电，因水量不足，供电发生困难，居民、企业用电受到限制。

（四）外汇管理

巴西对外汇实行一定的管制，外国企业或个人，除有外交特权的单位或个人之外，在巴西银行不能开立外汇账户，外汇进入巴西首先要折算成当地货币后方能提取。雷亚尔是市场上唯一通用的货币。但是，外汇买卖比较自由。目前，巴西有两种法定外汇市场：商业外汇市场和旅游外汇市场。它们由中央银行进行规范，并实行浮动汇率制。

智利

（一）税收政策

智利外资企业与国内企业享受平等待遇，同国内企业一样须依法纳税。主要税赋和税率如下：

（1）所得税。每年4月份按企业纯利润的15%缴纳。

（2）增值税。按销售和服务价值的18%计征，以机器、设备等实物投资的外资企业，可先免交增值税。

（3）外资利润汇出税。外资利润汇出时才征收，有两种不同的税率可供选择，一是可变所得税，税率为35%，国家可能不定期地对该税率进行调整；二是固定所得税，税率为42%，投资企业选择此税率后，在其投资正式获准后10年内税率不变；若投资于制造业或自然资源开发，且投资额超过5 000万美元的，则税率可固定20年不变。上述两种外资企业利润所得税中，均包含15%的企业所得税。

外国投资者在选定利润汇出税率后，须与智利政府签订合同。在以后的经营中，投资者只有一次变更所选择的利润汇出税率的权利。

（4）印花税。每月营业额的0.1%；此外还有土地使用税及车船牌照税等，税率较低。

（二）外汇管制

智利的外汇管制较为宽松，现有两种外汇市场，即官方外汇市场和平行外汇市场。平行外汇市场也可称作自由外汇市场，平行外汇市场上兑换外汇不受限制，外汇可以自由汇出。如果汇款是通过开户行办理，每笔汇款的手续费均为汇出金额的1%，并加收18%的增值税。汇出利润需交纳15%的利润税。如汇款系用于偿还国外贷款利息，则只需4%的汇款税。

第二节　国际避税地的利用

一、国际避税地概述

（一）国际避税地的条件与特征

随着世界经济的发展和自由贸易的浪潮冲击，各种名目的避税港频频出现，很难用同一个简单的定义概述之。世界税务专家肖温·爱德华1974年在《避税港和海湾投资中心》一文中说“避税港是指这样的地方，人们在那里持有资产和赚取利润而不必负担税收，或那里的纳税义务大大小于主要工业化国家的纳税义务”。

国际避税地（International Tax Haven），又称为税收天堂、避税港、离岸中心等，通常是指那些可以被人们借以进行所得税或财产税国际避税活动的国家或地区。由于各国对避税地的认知不尽相同，国际上没有一个统一的划分原则。美国税务手册列举了30个避税地，德国列举了34个避税地，日本列举了39个，而法国列举了47个。经济合作与发展组织于2000年6月公布的“确定和消除有害税收活动进程”报告中列举了35个国家和地区，并提出了认定避税地的标准：

（1）对金融或其他服务所得不实行所得税或只有名义上的所得税，或将本地作为非居民逃避其居住国税收的场所；

（2）不能有效进行情报交换；

（3）缺乏透明度，如税收制度与税收征管不公开；

（4）有利于外国实体建立没有实质内容的经济活动。

按照“主观名声”的检验标准，如果一个国家将自身提供给非居民纳税人利用，作为非居民纳税人逃避居住国税收的处所，则该国家可以称为是避税地。其他的界定要素还包括，对银行的保密规定缺乏法律的和行政的约束，信息交换受到限制。最后的考虑因素是，避税地国家没有“实质性交易活动”的要求。对实质性交易活动要求的缺乏，表明一个管辖区可能是意图吸引那些纯粹是出于税收利益驱动的投资和交易。

避税地至今未有一个精确的技术定义。一个高税收国家也可能因为许多因素而具有避税地的特征，如提供某些税收减免、税收激励、促进经济特定部门的投资机会或其他优惠待遇。但典型意义上的避税地指的是这样的国家或地区，即可以利用来规避在高税收国家本应缴付的税收。避税地大体上都具有如下的特征：（1）在所得税和资本利得税等税收上采取零税率或低税率；（2）有严密的银行或商业保密性规定；（3）货币兑换自由；（4）拒绝与外国税务机关合作；（5）有限的税收条约网络或根本就没有税收条约；（6）良好的通讯设施和作为一个金融中心的促进提升。避税地国家对所得税等税收的减免造成政府收入的损失，可以通过各种开办费或年检费的收取来得到弥补。如上所述，避税地也包括一些采纳正常税制的国家，这些国家的税法典给了某些类型的经济实体或某些种类的行为以税收优惠。相对于典型意义的避税地，这些国家一般还有一个广泛的税收条约网络，能用来享受税收的减免与优惠。

虽然关于国际避税地的定义目前还没有一个严格的标准，但是，要成为一个避税地所必备的条件却是被国际社会所公认的，它包括：

1. 独特的低税结构

低税是避税地的基本特征，不但减低整个财政收入的税收负担，更重要的是直接税的负担轻，就是说它必须至少在某一项重要的所得税类型上，仅课以低税或者不课税。因为直接税的课税对象是财产、资本、利润、所得，税收负担难以转嫁。如果该地区的直接税负担轻，就可以吸引大量的海外投资者。税收负担越低，对投资者越具有吸引力。如我国的香港几乎不征流转税，澳门的税收负担也很低，所以这些地方成为投资者的乐园。而摩纳哥于1963年屈服于法国政府的要求，放弃了低税收负担水平的税收策略，结果一夜之间就再也无法吸引那些过去曾对它产生过浓厚兴趣的投资家了。另外，避税地还需要尽量少征或者不征收流通消费环节的消费税、营业税等，对商品进出口的税收也放得很宽，因为这些“价内税”不能适应当今世界激烈的市场竞争。

2. 安定的政治局势

任何跨国纳税人都把财产和所得的安全放在第一位。他们对政局的变化非常敏感，最害怕承担政治风险。如果政治上不稳定，财产和所得得不到安全保证减免税收就毫无意义。因此，动荡的政局，必然促使跨国纳税人抽走资产，转移营业场所。如近年来，巴拿马和直布罗陀就由于政局不稳，大大减弱了对外国投资的吸引力。

3. 理想的投资环境

具备良好的交通电讯条件和理想的地理位置对一个成功的避税地是非常重要的。这是因为外部交通便利，内部基础设施如邮政通讯、供水供电、机场码头等完善的地方能充分满足现代生产、经营和管理的要求。理想的地理环境则方便跨国投资者的往来和经营活动。

4. 宽松的政策法规

这是吸引外资的“软环境”。首先要敞开国门，让投资者来去自由。如果投资条件理想，但进入避税地投资、经营和居住都要受到立法的限制，也会冲淡投资者的热情。其次，政策要有连续性。跨国投资者最怕政策多变，朝令夕改。最后，投资法规要健全。谁都不放心投资于一个法规不健全的国家。法律健全，有法可循，保护了外国投资者的权益，从而有利于外国投资者高效率地从事经营。

5. 完善的保密制度

避税地国家或地区必须对跨国投资者的经营活动和财产提供保密。对从事跨国生产经营的投资者来说，能否保证其经营活动和所得、财产的秘密，对其税收筹划的成功是十分重要的。提供保密，可以掩盖一些公司的虚构营业和真实所得及财产情况，以此避免居住国的税收管辖，直接享受避税地所提供的税收优惠。一般情况下，跨国投资者之所以到国际避税地来注册，就是因为居住国的税负比较高，且管理措施比较严密，多数国家往往对经营者来自全球的收入征税，所以，如果避税地不能提供保密服务，投资者就失去了来避税地经营的意义。事实上，目前世界上绝大多数避税地的商业、银行业都有一套完善严密的保密制度，有的避税国甚至还以立法的形式对保密措施加以明确，从而对跨国投资者的经营活动以及在避税地的财产等实施保密。

此外，要成为避税地，还必须配套实行有利于发展自由贸易的宽大的海关条例、银行管理条例、自由外汇市场机制。特别是对于想移居的跨国纳税人来说，适宜的自然环境，一流的旅游资源和服务设施也是应具备的条件。

作为国际避税地一般具有以下几个主要特征：

（1）低税。这是国际避税地的最基本特征。税率低、税负轻或根本无税，才能对投资者产生吸引力，才属于提供避税的地方。

（2）侧重对跨国投资者的税收优惠。实行避税地的国家，其所采取的税收优惠政策都是有针对性的。尽管有的避税地国家或者地区对国内和国外投资者给予同样的税收优惠，但毕竟不多，绝大多数避税地的税收优惠是侧重跨国投资者的。

（3）避税区明确。提供避税的场所都有明确的范围，有的是整个国家或地区全部，有的是其中一个或几个岛屿，有的是一个港口城市、自由贸易区或出口加工区，在区域内才能实行低税政策。正是由于区域明确才会产生鲜明的对比，如属于避税地的岛国与临近的高税国对比，这样更突出了避税地的形象，使较多的资金、业务流向避税地。

（4）政治体制的不完整性。国际避税地中，许多国家和地区过去是殖民地，有的至今仍是殖民地或带有强烈的殖民地色彩，有的甚至仅是一个小岛、托管地，它们其中有些迫切希望政治独立和经济繁荣，即一旦脱离殖民关系后，出于迅速发展本地经济的愿望，很容易在原依托关系的基础上过渡为避税地。

（二）避税地分类与主要避税地简介

避税地既可以是一个国家，也可以是一个国家的某个地区，如港口、岛屿、沿海地区或交通方便的城市，因此也被称为“避税港”。目前国际上总共有350多个避税港，遍及75个国家和地区。国际避税地大致可分为三类：

1. 纯粹或标准的国际避税地

这种类型的避税地没有个人或公司所得税、财产税、遗产税和赠与税。如百慕大群岛、开曼群岛、巴哈马等。

2. 普通或一般的国际避税地

这种类型的避税地一般只征收税率较低的所得税、财产税、遗产税和赠与税等税种。有些国家或地区还对来源于境外的所得免税。这种避税具体可分为两种情况：

（1）对境内外所得和财产所得等征税，但税负较轻，对外国经营者给予特殊税收优惠。如巴林，中国澳门，瑞士等；

（2）只对境内所得或财产征收较轻税负的间接税，对来自境外的所得不征税。如巴哈马，中国香港等。

（3）不完全或局部的国际避税地

这种类型的避税地一般实行正常的税收制度，但有一些特殊的税收优惠政策或规定，或在国家的某一地区单独实行这些优惠政策或规定。如荷兰、希腊、加拿大等。

典型国际避税地简介

巴哈马共和国

巴哈马1973年独立于英国，是北美洲一个很著名的避税地。巴哈马一直没有开征个人所得税、公司所得税、资本利得税、预提税等各种所得税，也没有开征遗产税、继承税和赠与税。在直接税中巴哈马只对不动产征税。另外，巴哈马还课征印花税、营业税（对保险公司的保费收入）和关税。居民公司根据营业额和总利润缴纳营业执照年费。巴哈马没有签订任何税收协定和税收情报交换协定，有严格的银行保密和信息披露规则。法律没有要求披露公司受益人的股权，但是对洗钱和其他犯罪行为，法律进行了严格的规定。

巴哈马的主要财政收入来自于对银行、公司征收的年注册费和许可证费。

除了没有直接税以外，巴哈马还具有吸引外资的一些优势。例如，巴哈马拥有大量的律师事务所、会计师事务所、银行、金融公司等中介机构，能为投资者提供良好的法律金融服务；此外，在巴哈马注册成立公司的注册费也较低，一般仅为2 500美元，但巴哈马的外汇管制较严，尽管如此，仍吸引了众多投资者来这里组建公司。目前，巴哈马有人口23万，注册的公司近3万家。

百慕大群岛

百慕大是北大西洋中的一个岛国，面积53平方公里，自然资源贫乏，最主要的经济部门是旅游业，一年接待外国游客近百万人，是本土人口的15倍多。第二大经济部门是金融业，仅国际受控保险公司就有1 400多家，年保险收入40多亿美元，其中仅由美国公司控制的就有900多家。

百慕大是一个典型的避税港，不征公司所得税、个人所得税、财产税和普通销售税，只对境内的遗产课征2% ~5%的印花税和遗嘱认证费；按雇主支付的薪金课征5%的就业税、4%的医疗税和一定的社会保障税；对进口货物一般课征20%的关税。另外百慕大针对旅游业兴盛的特点，征收税负较轻的饭店使用税、空海运乘客税。百慕大政府还向豁免公司保证在2006年以前绝不会对其课征所得税和资本利得税。所谓豁免公司，就是不必按公司法所要求的至少有60%的资产由百慕大当地居民持有。豁免公司不受当地外汇管制限制。但是，豁免公司在经营上受以下限制：

（1）不能购买、出租或销售土地，不能利用土地作担保的抵押单据、债券等；

（2）不能购买当地公司的股票；

（3）未经允许不得在当地销售公司生产的产品。

在百慕大注册一家公司，允许最低资本额为1.2万百慕大元；而对保险公司，最低资本额定为12万到37万百慕大元。注册登记一家公司只需支付2 000 ~2 500美元，此外，每年还要支付相同金额的年检费。百慕大目前有人口约6万，豁免公司6 000多家。是当今世界上最大的专属自保保险公司和再保险公司的离岸基地，同时它也是吸引离岸贸易、私人银行、共有基金、保险和信托业方面的重要金融中心。许多国际授权公司和金融公司以及美国外贸公司都将其作为重要的基地。百慕大证券交易所允许免税离岸公司上市。

开曼群岛

开曼群岛位于加勒比海西北部，毗邻美国，是一个部分自治的英国殖民地，面积只有259平方公里。全岛两大经济支柱，一是金融，二是旅游。金融收入约占政府总收入的40%、国内生产总值的70%、外汇收入的75%。那里课征的税种只有进口税、印花税、工商登记税、旅游者税等简单的几种。30多年来没有开征个人所得税、公司所得税、资本利得税、不动产税、遗产税等直接税。开曼群岛对于外国投资者在岛上注册但不在岛上经营的豁免公司提供20年内不征收所得税的保证，豁免信托公司可得到50年内不课征所得税的保证。各国货币在此自由流通、外汇进出自由，资金的投入与抽出完全自由，外国人的资产所有权得到法律保护，交通运输设施健全，现已成为西半球离岸融资业的最大中心。

至20世纪90年代初，全世界最大的25家跨国银行几乎都在那里设立了子公司或分支机构，在岛内设立的金融、信托类企业的总资产已超过 2 500 亿美元，占欧洲美元交易总额的 7%，涉及 56 个国家。在开曼，有相当多的银行及信托公司是免征所得税的，其条件是交易行为在境外进行。

在开曼设立的受控保险公司已有 370 家，仅次于卢森堡、百慕大，居世界第三位，每年保险费收入约为 20 亿美元。受控保险公司的发展，得益于几个因素：一是手续简便，资本额在 120 万美元以上便可登记；二是起步较早，1979 年对离岸保险公司制定了正式法规；三是配套的条件健全，银行、律师事务所、会计师事务所相当发达，还有大量的保险管理人才。

作为避税地，开曼群岛在许多方面都有与巴哈马和百慕大相同之处，但相比之下更具特色。

首先，在开曼注册公司非常快捷便利，没有繁琐的调查程序；其次，公司的注册费用和年检费用也较低，一般仅为 1 500 美元；豁免公司还可以发行无面值的股票，可以不必每年召开一次股东大会，甚至股东的名字也可以保密。由于这些优点，近年来有大量的公司从巴哈马和百慕大迁到开曼群岛。

现在，避税港开曼群岛越来越引人注目。岛上只有居民 2 万人，而在岛上注册的公司多达 1.8 万多家。其中各类银行和信托公司有 500 多家，豁免公司 2 000 多家。

列支敦士登

列支敦士登是瑞士和奥地利之间的一个小国，人口只有 2.5 万，但列支敦士登在欧洲一向以低税的避税地而著称，居民公司仅需缴纳 7.5% ~20% 的所得税。控股公司和离岸公司取得的所得还可以免缴所得税，这类公司每年只需按注册资本和资本公积金缴纳 0.1% 的资本税。另外，列支敦士登的股息和利息预提所得税税率也很低，只有 4%。

列支敦士登的另一个闻名之处就是其银行业和税务事务的严格保密性。公司成立前无需对受益所有权人进行披露。公司可以发起无记名股票和无面额股票。空壳公司可以在这里设立。董事必须恰当地保留账本和其他记账凭证，除非从事商业活动，否则没有披露义务。只有从事商业活动的公司才有义务进行会计审计并逐年提交纳税申报。董事会和股东会可以在全世界任何地方召开。

列支敦士登的低税政策和严格的保密措施吸引了大量的外国公司来这里投资组建公司。目前各类公司已经发展到 5 万多家，公司数量是居民数量的 2 倍。

巴拿马

巴拿马在拉丁美洲国家中是一个所得税税率较高的国家，公司所得税最高的边际税率为 50%。但巴拿马素有避税地之称，原因是迄今实行单一的地域管辖权，对境外一切所得均不征税。由于巴拿马仅对国内来源的所得征税，因此它可以作为外国来源所得的有效避税港。外国所得的特许权使用费、利息、股息、佣金、贸易利润和其他所得都能免税。特别是那些未在巴拿马境内进行交付的货物转售贸易和管理离岸行为的所得，即便其是通过巴拿马境内办公机构进行，巴拿马也将它们认为是外国来源所得。巴拿马还对国际海运所得免税。

另外，巴拿马拥有一个著名的自由贸易区——科隆自由贸易区，该区也是世界上最大的免税区之一。在该区取得的来料加工再出口的利润超过10万美元以上的部分税率最高，也仅为8.5%。另外，如果居民公司向非居民股东支付来源于巴拿马境外的股息，也可以不缴纳预提所得税。

除税收优势外，在巴拿马注册公司的成本也很低，注册费为1 000~1 200美元，年检费为100~200美元。特别是在巴拿马注册的公司如果只从事离岸业务，则不必向巴拿马税务当局提供财务报表，只要有一个记过注册资本的股权记录本和股东会议记录本，各种财务记录都无需保留，公司的保密性很高。此外，巴拿马没有外汇管制。

目前，在巴拿马注册的公司目前已达4万多家，其中大部分是外国公司在巴拿马成立的子公司。在免税（零税率）公司和国际海运公司的数量上，巴拿马是世界上最大的离岸中心。

卢森堡

卢森堡是欧洲联盟中最小的一个成员国，而且也是欧洲大陆一个有名的避税地。卢森堡同时实行居民管辖权和地域管辖权，而且公司所得税的税率也较高，中央政府课征的所得税税率为33.3%，加上地方政府征收的所得税，总税率接近40%。由此看来，卢森堡似乎不能为一个避税地。但卢森堡对控股公司规定有特殊的免税政策。

根据1929年通过的《控股公司税收优惠法》，卢森堡对符合条件的控股公司不征收所得税，这些有权享受免税的控股公司可以持有国内外公司的股票和债券、政府债券、现金、外国货币、银行和金融机构存款、专利（不包括商标），但不能从事其他工商业活动，也不能从事银行业务，但是这些公司可以完全免予缴纳所得税和财产收益税，也无需负担资产净值税和市政税。此外，它们还无需为支出股息、利息和特许权使用费缴纳预提税。公司仅需缴纳一次资本税（核准资本的1%）和年度认股税（公司发行股票和债券价值的0.2%），但是最低年度纳税额不得低于2 500卢森堡法郎。这一政策吸引了许多外国公司。目前卢森堡已有控股公司4 000多家。

英属维尔京群岛

英属维尔京群岛位于加勒比海东北部，是英国的保护属地。如果公司的实际管理和控制在本地，公司就构成英属维尔京群岛的居民。如果公司的大部分董事是本地税法居民，在本地成立公司，实际管理和控制中心就被视为在英属维尔京群岛。

居民公司就其全球范围内的所得按照15%的税率纳税。当公司外国来源所得在外国免予征税，则居民公司就该部分所得按照1%的税率纳税。非居民公司应当就其汇入当地的所得或者来源于当地的除利息以外的所得纳税。英属维尔京群岛不征收预提税和财产收益税，该地也不实行外汇管制和货币限制。对外国缴纳的税款，英属维尔京群岛给予单边减免。英属维尔京群岛与日本和瑞士签订有双边税收协定。

英属维尔京群岛根据《1984国际商业公司法案》为离岸商业行为设立了特别免税区。国际商业公司无需缴纳任何公司税、预提税和印花税。作为零税率的实体，公司不能享受双边税收协定，但其需要缴纳的仅仅是固定的营业执照年费，也没有报告股东和董事情况的义务。

英属维尔京群岛是当今世界最主要的离岸金融中心之一，在吸引免税公司或零税率公司方面一直处于领先。英属维尔京群岛的其他主要业务公司还包括离岸银行和专属自保保险、海运、共有基金和信托。

中国香港

香港实施分类所得税制，主要征收四种所得税：薪金税、利润税、利息税和财产收益税，各税平均税率为15%左右。公司的税法居民身份取决于管理和控制中心所在地。所有公司都应缴纳相当于利润16%的税额。除了特定的特权使用费外，香港地区不征收预提税也没有外汇管制和货币限额，不限制资金的汇入。股票发行和溢价部分按照0.3%的税率缴纳印花税。

从纳税的角度来讲，公司的居民身份并不产生任何影响。香港地区依据属地原则进行征税。如果符合以下条件，则公司应当就其利润在香港地区纳税：① 在香港地区进行贸易或开展业务；② 从上述贸易或业务中获取利润；③ 利润来源于香港地区。所有三个条件必须都满足才对公司征税。所以，如果在香港地区进行的业务或贸易产生的利润来源于香港地区境外也不应征税，即便该所得可能最终汇入香港地区。同样，如果因在香港地区以外地区进行业务或贸易取得的香港地区来源所得，也同样不应征税。

由于香港在直接税方面的低税以及免征大部分关税，不仅使其成为一个发达的离岸业务基地（特别是国际贸易或采购）和区域性金融、市场营销和管理业务的中心，而且是有名的自由港，共有基金和离岸银行业务在香港地区也非常活跃。在与中国进行业务往来时，香港地区常常被作为基地。

其他国家或地区

荷兰　荷兰已同澳大利亚、奥地利、丹麦、芬兰、德国、法国、希腊、瑞士、匈牙利、印度、日本、韩国、卢森堡、马来西亚、新西兰、新加坡、南非、西班牙、泰国、英国、美国、俄罗斯等几十个国家缔结了全面税收协定，对以上协定国均实施低税率的预提税。预提税税率：通常股息为25%，对协定国降为5%、7.5%、10%或15%；利息和特许权使用费不征税。其中还对丹麦、芬兰、爱尔兰、意大利、挪威、瑞典、英国、美国的股息预提税限定税率为零。此外对汇出境外的公司利润，也可比照股息享受低税或免税的优惠。

荷兰税法规定，居民公司所取得的股息和资本利得按35%的公司所得税课征，但对符合一定条件的公司中的外资部分所取得的股息和资本利得按所占比例全额免征公司税。对于从外国不动产来源的所得或外国分支机构的商业利润所得进行实际的累积纳税减免。外国分支机构亏损可以从国内应税所得中扣除，并且可以根据递减条款抵扣未来8年中外国分支机构的利润。荷兰还对从特定国家（主要是发展中国家）获得的外国已纳预提税给予税收优惠。

瑞士 瑞士也是因税收协定网络相当发达，成为国际控股、中介性金融公司设立较多的国家之一。瑞士已同澳大利亚、奥地利、比利时、加拿大、丹麦、埃及、法国、德国、英国、美国等30多个国家缔结了全面税收协定。瑞士预提税税率：一般股息为35%，对协定国降为5%、7.5%、15%或20%；利息为35%，对协定国降为5%、7.5%、15%或20%；特许权使用费不征税。

但是，除非税收协定规定，否则瑞士不给予外国税收抵免。对于瑞士总公司基于管理职能所获取的所得，瑞士税务机关一般将其外国分支机构特定比例的净利润推定为其应纳税所得。根据联邦参股免税原则，对于其他从分支机构或不动产获取的所得、特定股息和财产收益应当免税。股息免税的条件是瑞士母公司必须持有子公司至少20%以上的资产且股票的市值必须超过200万瑞士法郎。财产收益免税要求纳税人持有股权超过一年。瑞士实际上对于这些外国缴纳的税款给予了累进抵免（类似于荷兰）。外国分支机构的损失可以根据递减条款在7年内从分支机构的利润中扣除。

塞浦路斯 塞浦路斯的税收协定网络也很发达。它除了早就与俄罗斯及东欧一些国家签订协定外，还与西方许多经济发达国家，包括加拿大、丹麦、德国、芬兰、英国、澳大利亚、美国，以及中国缔结了双边税收协定。塞浦路斯处于地中海的东北部，是欧亚两洲的交接地，再加上发达的税收协定网络，吸引了许多跨国公司在那里设立各类子公司。

塞浦路斯税收负担很轻，所得税税率只有4.25%，税后所得分配给投资者，不另征股息预提税，资本利得一般也不课征所得税。

塞浦路斯是重要的离岸海运公司的基地。作为一个比较完善的税收协定避税港，塞浦路斯是国际控股和金融公司的一个著名的离岸中心，尤其是在东欧地区。许多跨国公司将其区域总部或管理中心设立于此。许多在中东地区开展业务的工程建筑公司都将协调中心建立在塞浦路斯。其他主要离岸服务行业还包括再包装和分销业务、国际贸易和转口服务等。

二、避税地的国际避税模式

在国际经济活动中，利用避税地进行国际避税活动的基本模式及常用方式，可归纳为三种：虚构避税港营业、虚设避税港信托财产和转让定价。

跨国纳税人利用避税港的手段是多样的，但最主要的避税手段是建立基地公司也叫招牌公司。因为当今大多数国际避税地所起的作用，主要是作为跨国纳税人规避或减轻在有关国家税负的“基地”或中介体，而纳税人的经济活动的实质仍然在各高税国。基地公司的经济特征主要有：

（一）离岸经营活动与离岸管辖区

离岸经营活动是指在公司登记注册国和公司所在地以外进行的金融业务活动。在某一管辖区内从事离岸经营活动的公司，其所有的交易活动仅仅与第三国的居民公司进行，而与自己管辖区内的居民不发生交易活动。

离岸管辖区是指那些允许类似导管公司的公司在自己境内注册登记的国家，其注册登记的条件是公司的经营活动不能与所在国发生联系，即公司的全部所得只能在离岸管辖区以外获取，而所得的投资方向也只能是第三国。世界经济不断发展，竞争日趋激烈，一些资源比较匮乏的国家（多数为岛国）纷纷以法律手段规定并培育出一些特别宽松的经济区域（即离岸管辖区或离岸法区，在法区内注册的公司几乎不缴税），以便为本国的经济发展提供更多的机会，如此便形成了符合国际法规定的国际离岸公司的发展模式。

离岸金融业的做法是，离岸中心对在其境内注册的外国离岸公司和离岸银行所进行的国际贸易和金融业务，免征所得税及其他税收，外国公司只要通过律师或会计师事务所在当地注册并由其代理业务即可，缴纳的费用只有注册费、营业执照费和管理费等。实际上，外国公司并不在注册地从事实质性的业务活动，仅在离岸中心过一道财务手续，便可避开本国税收监管，把大量资金存于境外用于开展业务，因此，离岸中心对国际资本有着巨大的诱惑力。

以巴巴多斯为例，国内公司的所得税高达40%，但对离岸金融业只征0～2.5%的所得税，巴巴多斯对离岸公司的税收政策如下：

（1）国际商务公司：利润在500万美元以下的，按2.5%缴纳所得税；500～1 000万美元，按2%纳税；1 000～1 500万美元按1.5%纳税；超过1 500万美元按1%纳税。免预提税。

(2) 外国销售公司：免交所得税、预提税和财产转移税，不需申报及公布财务状况。

(3) 离岸银行：同国际商务公司。

(4) 免税保险公司：同外国销售公司。

(5) 有限责任团体：同国际商务公司。

巴巴多斯没有资本利得税，对离岸公司不实行外汇管制。

（二）离岸公司

离岸公司，泛指在离岸管辖区成立的有限责任公司或股份有限公司，性质与其他地区的有限公司相比，区别在于税收上。与通常使用的按营业额或利润征收税款的做法不同，离岸管辖区的政府只向离岸公司征收年度管理费（很少数量，根据管辖区不同，按美元计算，一般为100～10 000美元不等），不再交纳税款。

离岸公司模式在西方国家已运用20多年，早已是被广泛认可的国际商业模式，世界上所有大银行都为离岸公司设立账号，提供全面服务。建立离岸公司的主要目的在于实现居民原则下的税收负担最小化，因为在大部分离岸管辖区内，离岸公司的所得税税率是最低的。需要注意的是，只有离岸经营活动才能享受税收优惠，一旦离岸公司在非离岸管辖区（公司登记注册地）开展经营活动，那么其所得使用的税率就与当地的非离岸居民公司一样，可能大大高于离岸公司的优惠税率。

一般说来，注册离岸公司手续简单、待遇优厚，特别是在下面的8个方面：

1. 无营业范围和地区范围的限制

当今世界经济日益一体化，商业越来越呈现跨国界的发展趋势，企业也经常用跨国经营来增强企业实力，扩大企业经营区域。而注册一家海外离岸公司则成为企业走向世界，开展跨国业务的捷径。除了个别限制型行业，比如银行、保险、军事等，海外离岸公司的经营范围几乎没有限制。除注册地区外，公司可在世界任何地区开展业务及经营。

2. 作为控股公司，实现海外上市

这是海外离岸公司最重要的作用。比如中国企业，如直接赴海外上市，将受到国内政策法规的诸多限制。诸多境外的融资咨询机构首先考虑的是帮助企业在海外成立离岸公司，其具体做法即是在维尔京群岛、开曼群岛、百慕大等避税港注册成立一家离岸控股公司，然后以此控股公司向境外申请上市，为控股公司在国内的企业项目融资。这种方式显然比中国国内的企业直接向境外上市融资容易得多。

3. 充当第三方，绕开关税壁垒

对于尚未建交，不便直接商务往来的国家和地区，可以通过在避税地成立子公司进行投资和商贸往来。一个企业向美国出口产品，需要申请配额及一系列的相关手续，这中间需要多花费一到两倍的成本。而如果该企业拥有一个海外离岸公司，由企业向离岸公司出口产品，再由离岸公司向美国等发达国家出口，就可以绕开关税壁垒获得免税待遇，并且还能够成功地绕开出口配额限制。

4. 绕开外汇管理，方便引资

几乎所有的离岸司法区都是地区性的或世界性的金融中心（如香港），在这些区域政局和经济环境十分稳定，基础设施亦很健全，经济相当自由，无外汇管制，资金转移不受限制，货币可以自由兑换。

5. 法律环境宽松、保密性好

保密性是指公司投资者如果需要，则公司注册资料高度保密，受法律保障。即公司股东的资料、董事名册、股权比例、收益状况等公众人士是不能查阅的，只有合法取得对离岸公司进行监管资格的信托管理公司才可以知晓公司的背景材料，而信托管理公司对外任意泄露有关材料是属于离岸公司法所禁止的行为。当注册离岸公司的真正股东想利用离岸公司在其本国进行各种投资和业务运作时，离岸公司的真正股东将以信托公司指定之名义股东出现。

6. 税收优惠

离岸公司通常没有任何税收负担，所有离岸法区均不同程度地规定了离岸公司所取得的营业收入和利润免交当地税赋或以极低的税率（如1%）交纳，有的甚至免交遗产税等，对当地注册公司豁免所得税、资本利得税、公司应付税和印花税，而公司只需要每年支付当地政府一项固定的费用。另外，海外离岸公司累积盈余可以无限制的保留，免掉了双重征税。

7. 公司成立快速、注册方便

离岸公司的注册程序非常简单，有专业的注册代理机构代为完成，不需要注册人亲自到注册地进行操作。一般当地政府批准成立只需 1 ~ 2 天的时间。公司成立手续简单、费用低。通常海外公司要求在最少一个股东一个董事并且股东购买一个股份的条件下即可成立。

8. 公司管理简便灵活

离岸公司无须每年召开股东大会及董事会，即使召开，其地点也可任意选择，自由度较大。公司股东可以是个人或者公司，可以非现金方式购买公司股份。公司可以向股东发行不同等级的股份，比如优先股、可回赎股、无记名股等，不同地点成立的海外公司会有一些差异。在公司管理上，存在着名义上的所有人和实际所有人。离岸公司的管理人员可能是纯粹的名义上的经理，而管理工作实际上是由公司的创建者运用现代通讯手段控制当地的管理人员进行。

（三）基地公司

作为跨国公司集团内的一员，并在跨国公司内部不同层次间开展中介业务的离岸公司，就被称为基地公司。所谓基地公司，是一个企业或企业集团出于在第三国经营的目的而在一个“基地国”中组建的法人或其责任有限公司。所谓“在第三国经营”，既包括通过代理人或分支机构进行的经营，也包括通过控股公司等形式仅仅进行为了收取外国公司支付的股息、利息、特许权使用费的活动。所谓基地国是指对本国公司的境外所得或财产，只征收税率较低或完全免征所得税或财产税的国家。基地国实际上是国际避税地的代名词。

基地公司实际上是受控于高税国纳税人建立于基地国的虚设的纳税实体，它的经济实质仍在其他国家。绝大部分基地公司在基地国没有实质性的经营活动，仅租用一间办公用房或一张办公桌，甚至仅仅挂一面招牌。这种公司还被称为“信箱公司”或“纸面公司”。

基地公司可以分为以下类型：

（1）非联合型基地公司，公司所有的业务仅只能在第三国进行；

（2）联合型基地公司，公司的业务不仅在第三国进行，而且也能在自己的所在国进行。基地公司避税后积累的利润可再用于全球性投资。再投资的渠道有两个：① 在基地国之外的另一个第三国进行投资和从事经营活动，基地公司的所得就可以负担较低的税负，这类基地公司称为“典型”的基地公司；② 对控股者的居住国或国籍国进行再投资，同样基地公司所得可负担较低税负，这类基地公司被称为“非典型”基地公司。

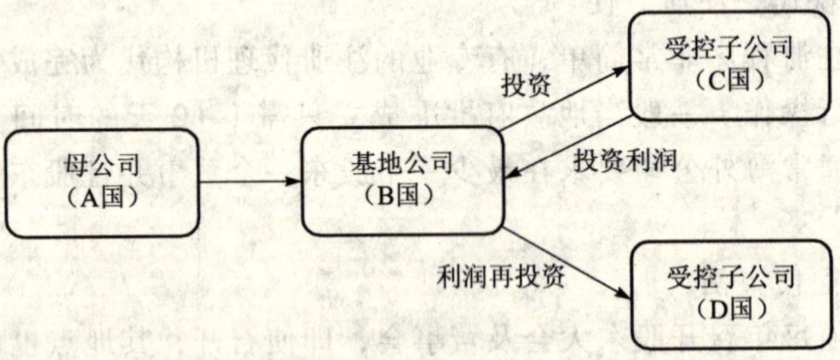

图 5-1　典型基地公司

基地公司再投资的形式也是多样的，既可以采取组建子公司或分公司的形式和对受控公司采用各种增资形式，也可以贷款将资金直接置于其股东或权益所有人的控制之下。

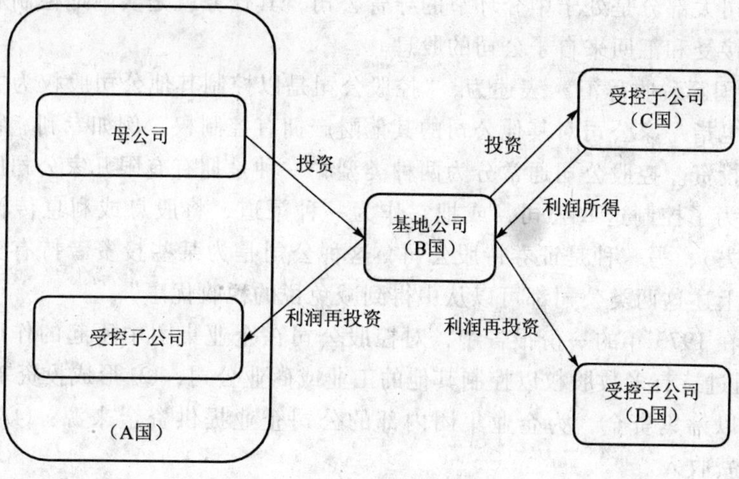

图 5－2　非典型基地公司业务

(四) 国际控股公司

跨国公司常用的避税地公司形式还有国际控股公司，国际控股公司是跨国企业股权参与和控制走向专业化的一种组织结构。原先跨国公司的投资参股活动是由公司的投资或财务部门办理的，这个职能游离出来之后，跨国公司可以有意识地选择在某个国家或地区设立专门的国际控股公司，也称控股公司、导管公司。它是指为了控制的目的，而不是未来投资的目的，而持有一个或几个公司的大部分股票、证券或通过非股权安排以控制其股份为业务的一种机构。它的全部活动就是传导集团的财务资金，把外国的所得汇总，集中在它所在国自己的账户中，然后将筹集的资金再投资，或者转回集团的母公司。设立国际控股公司可以得到许多经济上好处：(1) 在低所得税管辖区集中利润和利润的再投资；(2) 减少母公司所在国和子公司所在国的外汇管制对跨国公司的整个体系的影响；(3) 预提税的最小化；(4) 得到更多的避免国际双重征税的好处。

《经济大辞典——世界经济卷》对国际控股公司的定义是："控股公司即持股公司，以持有其他公司一定数量的股票而控制该公司业务的资本主义垄断组织。20 世纪初开始出现于美国，随后在美国和其他资本主义国家得到广泛的发展。按持股方式可分为两种类型，一是纯粹的持股公司，它凭借拥有其他公司一定数量的股票控制和操纵这些公司，而本身并不经营实际业务；另一种是混合的持股公司，它除控股业务外，同时经营某种实际业务"。现代跨国公司中的母公司就是混合控股公司的典型，而纯控股公司大部分是处于中介环节的导管公司，其任务就是实际地控制和管理子公司的活动，接受和汇回来自子公司的股息。

IBFD《国际税收辞汇》表述为，“控股公司是以控制其他公司股权为主要目的的公司。有时也指一家公司对其他公司的其他财产拥有控制权，例如专利、特许权、债券或类似的投资。控股公司通常分为两种类型，一种是拥有有限几家公司股权的控股公司（或是为了控制这些公司，或把它作为一种渠道，将股息或利息传输到税负较低的国家中去）；另一种是证券持股公司，这种公司是为某些投资者持有分散化的股份和债券。上述这两类公司都可以从中得到减免税的税收优惠”。

欧共体在1973年的一份报告中，对控股公司在企业集团中所起的作用作过如下概括：① 通过持有多数股权以控制其他的工业或商业公司；② 形成投资基金；③ 通过发放债券以筹集资金，为企业集团内部的公司企业提供资金来源；④ 获取利息、特许权使用费收入。

1. 国际控股公司的税收利益

建立国际控股公司是跨国公司实现全球性的经营战略、减轻税收负担、达到总体利润最大化的有效方式。控股公司可分为两种类型，一是纯控股公司，这种控股公司只持有其他公司的股票（或其他决定性投票权），管理这些公司的经营活动和财务活动，而不经营具体业务；二是混合控股公司，除了具备上述纯控股公司的功能外，同时还从事各种经营活动，如生产、贸易、信贷业务等。

国际控股公司在税收筹划上一般都是围绕以下几个目标：

(1) 预提税最小化。

国际控股公司的税收利益首先表现在预提税上。预提税并不是一个税种的名称，因为税种通常是依据课征的对象而定名的；预提税是按征收方法而定名，其实质是属于所得税类，IBFD《国际税收辞汇》的定义是：“预提税是从源课征的所得税，即对第三方支付某些款项时把税款扣缴下来并向政府缴纳。几乎所有国家都实行预提税，被广泛地用于股息、利息、特许权使用费以及类似支付项目的课征。”

图5-3所示的A、B、C三国对子公司SA、SB、SC支付给母公司P的股息、利息或特许权使用费所课征的就是预提税（预提所得税）。

从跨国公司的税收筹划角度看，A、B、C三国预提税的课征可能有所差别，一般表现在两个方面，一方面是课征的范围可能不同，可能只是对股息、利息、特许权使用费中的几项课征；另一方面是不同国家的课征税率有所不同，而且同一国家，对不同的协定股息国家，其税收待遇是不同的。正是由于世界各国预提税制存在着差异，给跨国公司提供了税收筹划的机会。

那么，在什么条件下设置控股公司才有可能取得预提所得税的较大利益呢？还以

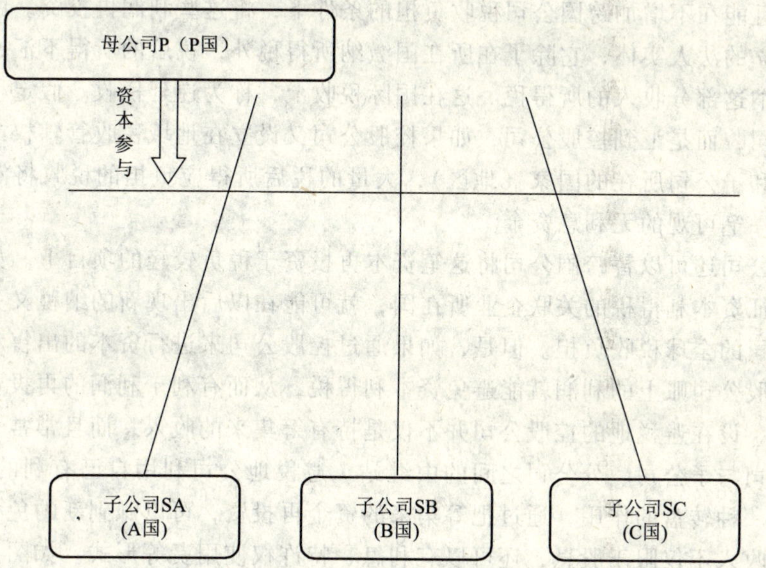

图 5-3　课征预提所得税

上图所示的跨国公司为例，如果在 H 国设立一家控股公司 H，则母公司对子公司的资本参与以及子公司对母公司的收入支付都可以以控股公司为导管，在设置该控股公司时，需要注意两个条件：一是子公司支付母公司的股息只负担税率较低的预提税；二是控股公司支付母公司的股息同样只负担税率较低的预提税。

由于国际税收协定通常对缔约国采取限制的低税率，为了实现预提税的最小化，所以控股公司一般应设在税收协定网络比较发达而且限定税率比较低的国家或地区。比如荷兰和瑞士就是跨国公司设立控股公司较好的场所。由于世界 100 多个国家和地区实行的预提税税率高低不同，加上同样一个国家对不同的国家又实行不同的预提税税率，这样全世界的预提税税率表几乎成了一个国际性会计师事务所运用电脑技术为客户设计优化选择的方案。在母公司、子公司和基地公司所在国之间均订有税收协定的条件下，基地公司可以采用"税收协定滥用"的原理来减轻税收负担。

例如，一家美国子公司若如实地支付给其香港母公司股息，则要缴纳税率为 30% 的美国预提税。为了避免这一预提税的缴付，美国的这家子公司寻找与其订有双边税收协定的荷兰，当美国子公司向荷兰控股公司支付股息时，只需按 5% 的税率在美国缴纳预提税，而荷兰对控股公司收取的股息不征税。

（2）递延纳税和再投资。

国际控股公司第二方面的好处是，对跨国公司起着累积境外子公司利润的蓄水池作用，而且能在不增加跨国公司税收负担的条件下，将这些利润再投资。由于子公司是一个独立的法人实体，它除了在所在国缴纳所得税外，税后的所得不汇回，母公司就不必缴纳这部分收入的所得税。这在国际税收上，称为递延税收。假定税后所得不汇回母公司，而是汇到控股公司，如果控股公司又设立在地域税收管辖权或者税率低于母公司和子公司所在的国家（地区），大量的税后所得应负担的税收将滞留下来成为纳税人一笔可观的无利息资金。

控股公司还可以替跨国公司将这笔资本再投资于税负较轻的项目上。如果将利润转移到开征资本利得税的关联企业所在国，就可能在以后出现新的纳税义务，从而加重跨国公司的全球税收负担。但是，如果通过控股公司来进行资本的出售和清算，则集中在控股公司账上的利润就能避免资本利得税，从而有利于利润的再投资。

例如，设在避税地的控股公司并不仅是持有筹集来的收入，而且常常是介于最终控股母公司与子公司、分公司之间的中继站。避税地公司利用自己有利的免税条件，可以发挥一种转盘的作用，通过把筹集来的资金再投资，可以赚到新的免税收入。控股公司的收入不仅限于股息，还可以有利息、特许权使用费等形式。如图 5－4 所示。

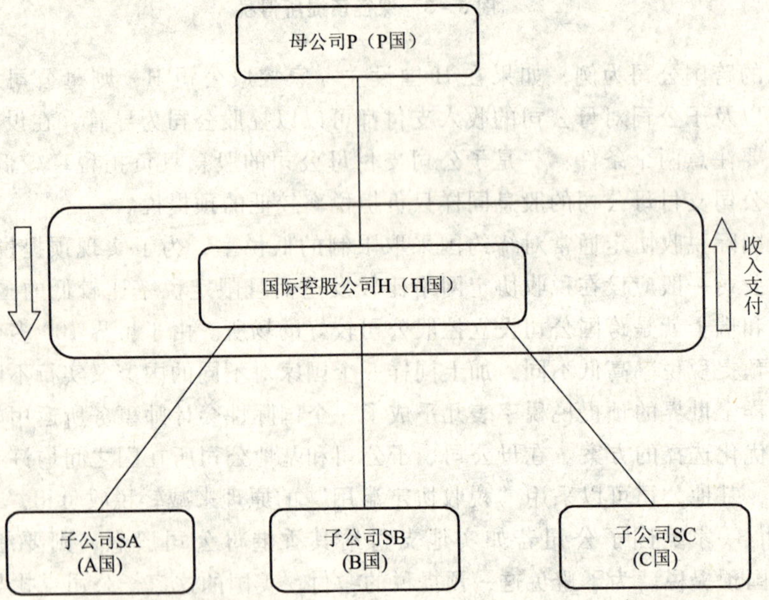

图 5－4 设置国际控股公司

（3）国际税收抵免的最大化。

国际控股公司第三方面的好处是可以增加税收抵免限额。绝大多数国家都规定，企业来源于境外的所得已在境外缴纳的所得税款，准予在汇总纳税时从其应纳税额中扣除，但扣除额不超过其境外所得依照本国所得税率计算的应纳税款。即境外缴纳的所得税款在境内计算抵免时，要受到“限额”的控制，在境外所得税率高于国内所得税率的情况下，多缴纳的这一部分外国所得税不予抵免。不过具体的抵免计算方法有所不同，有的国家采取综合法，即不分国别加总计算；有的国家采用分国法，即一个一个国家分别计算；有的国家采用分项法，按不同收入项目适用的税率分别计算。我国实行的是“分国不分项计算”。跨国公司设立控股公司后，可以把原来由子公司分别计算税收抵免限额，改变为综合计算，一般而言，综合法要比分国法得到更多的抵免限额好处。例如，一家英国公司有两家子公司，一个在德国，一个在巴哈马。德国课征预提税税率最高可达50%，而巴哈马却免予征税。这样英国母公司收到德国子公司和巴哈马子公司的股息收入后，在计算外国税收抵免限额时，在德国缴纳的税款可以在英国35%的税率范围内得到抵免，超过35%的部分则得不到抵免。如果这家英国公司在法国设立一家控股公司，把德国和巴哈马子公司支付给母公司的股息都通过控股公司支付，便可得到原先分国计算抵免限额得不到的好处。

（4）回避外汇管制。

另外还应当看到，国际控股公司除了有“节税”的好处，还有一些非税利益，最明显的就是回避外汇管制的约束。在外汇管理比较宽松的国家或地区设立一个控股公司，在那里累积境外所得或通过那里进行再投资，可以得到理想的经济效益。如果母公司位于外汇管制和投资限制很严格的国家，那么控股公司就是连接母公司和其子公司的纽带，如果子公司的所得不汇回母公司所在国，而积聚在控股公司所在国，待以后再投资，那么母公司所在国的外汇管制和投资限制对跨国经营活动的影响将大大减小。但是，需要注意的是，有时候母公司所在国的法律可能会要求将来自子公司的部分或全部超额利润汇回本国。在这种情况下，要遵守税法规定。

2. 设置国际控股公司的理想地点

综上所述，国际控股公司设置的理想地点应具备以下条件：

（1）免除外汇的统制管理；

（2）对非本国居民支付股息、利息或特许权使用费免征或只课征低税率的预提税；

（3）对来源于境内的股息、利息或特许权使用费免征或只课征低税率的预提税；

（4）资本利得免于课税；

（5）对外缔结税收协定含有减征预提税的条款；

（6）政府法规对从事控股公司的业务不加限制。

诚然，世界上几乎没有一个国家同时具备上述六条理想的条件，因此，设立控股公司时要加以斟酌衡量，也可以考虑在多个地方设立控股公司，各个控股公司或着眼于税收协定利益，或着眼于预提税优惠，或着眼于其他，以充分得到“节税”利益。

目前，世界上控股公司所在国的现状，可分为以下两种类型：

(1) 拥有广泛的国际税收协定网络，但国内税收制度很严格的国家；

(2) 没有所得税、资本利得税、预提所得税，但不拥有税收协定网络的国家和地区。

在第一种情况下，可以利用“税收协定滥用”来设置导管公司传导股息，但必须遵守相关的限制条件；在第二种情况下，除了传导股息外，还可以积聚利润或将其用于最终消费。如果将这两类国家或地区的优势结合起来，就可以设置双重环节结构的国际控股公司，一个环节的控股公司利用税收协定，集中以低税率传导股息；另一个环节的控股公司积聚来自第一个环节的股息，以及在所在的无所得税管辖区内将积聚的股息向外再投资。

总的来看，设立在荷兰、荷属安的列斯、瑞士、塞浦路斯等地的国际控股公司可以取得较多的税收协定提供的好处。

三、基地公司的税收筹划方式

(一) 基地公司作为虚假的中转销售公司

当跨国公司在不同辖区之间进行较大规模的贸易活动时，通过发挥贸易基地公司的中介作用，几种进出口业务可以将集团的贸易利润进行重新分配，即将利润从高税收管辖区转移到税负较低的国家。在这个过程中，贸易基地公司所在辖区能向进出口的中介业务提供优惠政策，从而促使利润再分配机制的形成。

1. 销售基地公司

销售基地公司从内部企业中的生产企业取得制成品，通过跨国公司自己的销售网络向不同国家的消费者销售，抑或在其他生产子公司之间进行半成品和成套组件的分配。

基地公司的作用是实现跨国公司内部企业销售渠道的最佳组合。跨国销售公司对商品进行的有利于下层子公司的重新分配，并汇总来自地方产品消费公司的贸易利润，因为商品在集团内部企业之间的流动是建立在商业基础上的。最后，销售利润集中在销售基地公司的银行账目中，有可能划拨回生产企业，也可能对跨国集团再投资。

销售基地公司的所得实际上是离岸的，因为组织机构链条上的所有成员公司位于其他不同的管辖区，正是离岸业务使销售基地公司在管辖区内缴纳最少的税收，在不加重税收负担的情况下，聚集跨国集团的利润。

内部企业结构体系中的销售公司不仅是集中跨国公司销售活动以及将生产企业的产品向位于不同国家的地方贸易公司进行分配的中介体，而且也可以直接将产品销售给最终消费者，其中既包括外国公司，也包括公司所在国的消费者。

为了避免税务部门和其他政府监督部门的怀疑，中介销售公司必须在所在国设有具体的办公室和办公人员，因为仅仅纸面上的公司会招致嫌疑，可能被认为公司的建立仅仅是为了避税。假象的销售公司可能会导致税务部门特别的控制。

筹划中的销售基地公司业务应该考虑到如何避免法律性的双重征税，即在出口业务中要按照“出口商不跨越国界出口”的原则，或者“在外国有限活动”的原则。税收筹划的重点在于避免在进口国境内构成常设机构，只有在这种情况下，销售基地公司的贸易利润才可以避免外国的税后，而在自己的管辖区又由于利润产生的离岸性，可以低税率纳税。

2. 采购基地公司

(1) 主要业务

采购基地公司的主要业务，是在直接生产企业所在地批发采购跨国公司需要的产品。这类采购基地公司向独立的地方生产企业发出订货单，并将购得的商品再在整个跨国公司内部体系中分配。采购基地公司不仅采购制成品，而且还采购原材料、半成品和成套组件，用于跨国公司生产企业的进一步加工。

(2) 选址

采购基地公司选址的对象往往是那些靠近地方独立生产企业的避税地或离岸管辖区。靠近和了解当地市场是选址不可缺少的条件，在这种情况下，公司不能是虚设的，而是真实开展经营业务的实体。这些采购基地公司向生产企业（其中包括不少小企业）订货，而后将其产品在跨国公司生产企业间分配。

采购基地公司是在与地方独立生产企业订立合同的条件下获得所得，从税收角度分析，一个重要的事实是基地公司可以在完全合法的基础上较大幅度地提高出口产品原先的价格。

内部企业贸易体系中最重要的机制是转让定价，正是转让定价促成了跨国集团利润的再分配，成为跨国公司内联合公司之间所有交易的基础。

在正常情况下，如果不利用避税地公司，母公司一般是把制造出来的成品直接销售给分布在F国家、G国、H国的负责销售业务的子公司，然后再由子公司F、G、H转售出去。不过母公司出于经营上或税务上的目的，如下图所示，往往在B国设立一家受控的中介性的国际销售公司，母公司的产品先卖给国际销售公司，然后转卖给子公司 F、G、H，最终再由这些子公司对外销售。

与建立销售公司的情况类似，企业集团也可以建立一个国际采购公司。由国际采购公司分别向外购买企业集团成员公司所需要的原材料、零部件、半成品，然后再内部作价供应。

假设跨国公司在 A 国设有母公司 M，B 国设有子公司 m1，C 国设有子公司 m2。m1 或 D 国非关联公司（d）的产品实际上是直接运送给 m2 对外销售，在 E 国设有基地公司 e。

事实上 m2 可以直接接收来自 m1 和 d 的产品，但是这样难以避税。于是在账面上制造了一个 e，先由 m1 和 d 向 e 出售产品，这时价格是低价或平价，是真实价格，然后再由 e 加价后出售 m2，就变成了虚假的高价产品，这部分价差形成的利润就沉淀在 e 公司的账上，而 E 国为低税或无税的避税港，从而达到进行税收筹划的目的。如图 5－5。

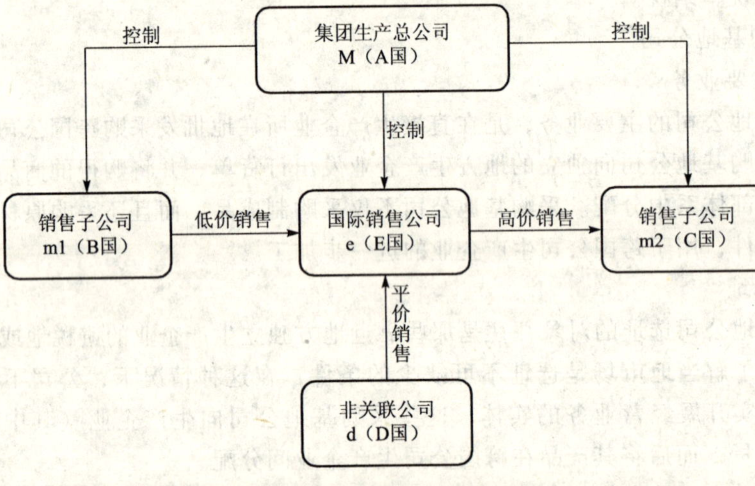

图 5－5　销售基地公司

采购与销售是一对相互联系的业务活动。买为了卖，为了卖需要买。如图所示的中介性国际销售公司，它向母公司买进产品后转卖给其他子公司，即有买也有卖。如上图所示的国际采购公司，它向供应商买进原材料、零部件、半成品，然后交给企业集团中从事制造业的成员公司，同样是有买也有卖。所以企业集团成立的国际销售公司和国际采购公司多数是两位一体的，性质上类似于国际贸易公司。跨国公司集团在母公司与子公司之间设立中介性的国际贸易公司，从税收筹划的角度看，主要是考虑三个问题：

第一，就税收而言，设置国际销售或采购公司的所在国，最好是不征所得税，或者只课征税负比母公司以及子公司轻得多的所得税。这样本来全部由母公司或其子公司取得的利润，分散到销售或采购公司之后，总体税负水平将会大大减轻。

第二，进销货的作价问题。销货与进货之间的价差形成了国际销售或采购公司的营业毛利。P国母公司，G国中介性国际销售公司和子公司F、G、H同属于一个企业集团。即便各自都是"独立核算"的法人单位，但它们之间的交易定价实质上属于转让定价或称内部划拨定价。这种定价有时与正常的市场交易价格相吻合，有时却背离了正常交易价。许多国家政府采取对策以堵塞这方面的漏洞。

第三，对国际销售或采购公司获取的营业利润如何征税的问题。主要涉及两方面的税收，一是对营业利润课征公司税；二是对利润分配课征的预提税。一般而言，纯粹的避税港的税负最轻，如百慕大、开曼群岛、巴哈马等地免征所得税，公司税率为零，香港、澳门等地公司税率一般不超过20%，比一般国家的税率要低10到15个百分点。跨国公司的同样一笔营业利润如果反映在高税国的成员公司账上，比反映在低税国的成员公司账上往往要多缴一倍以上的税收。因此，可以利用国际销售或采购公司来进行税收筹划。

由于世界各国都制定了转让定价税制，国家贸易公司税收筹划的利益是否能够实现，还应进行具体分析：

（1）当跨国公司集团内部成员公司从国际购销公司中购销货物完全按照市场的正常交易原则作价时，则不存在转让定价的问题，其税收利益的实现主要是通过组织结构的安排来实现，比如是设立子公司还是设立分支机构，以及在何处设立可以使集团的税收负担总体水平最优化。

（2）当集团内各分支机构的交易背离了市场交易原则时，就要受到各国的转让定价税制的限制。美国的政策在西方国家中是最严厉的，但各国的规定之间存在着许多差异，于是，这种差异就给跨国公司提供了税收筹划的机会。目前，经合组织推荐适用的是预约定价制，它有可能纳入公司所得税法和税收协定，成为税收法规的一部分，将对经济国际化产生积极的影响。

（二）国际金融公司

国际金融公司通常是指跨国公司的母公司在适当的地点建立起来的用于企业集团内部借入或贷出资金的中介性公司。这类公司有时还充当企业集团的财务中心。它的功能大致有四方面：

（1）在获取和发放贷款中实现利息预提税的最小化，条件是国际金融公司一般要设在税收协定网络较为发达的国家；

（2）假定公司设立在对利息不征税或只征轻税的地方，利息收入可以在这样的公司中累积起来，享受降低公司税负担的利益；

（3）当母公司或它的一部分子公司处于外汇监管或投资限制较为严格的地区，可选择在适当的地方设立中介性的国际金融公司进行融资活动，这样可以增添企业集团整体融资的灵活性；

（4）实现利息和其他金融付费的双重扣除。

这一种具有借贷款项中介性质的国际金融公司可以分为两类：

第一类，普通金融公司。即是为企业集团充当资金借入主渠道的金融公司。

其中一种是跨国公司用来获取贷款的借款国际金融公司，它吸收集团中某公司的金融资产，然后借给另一公司，而向外国贷款公司支付的利息又可以减少公司本身的税收。一般设立在拥有避免双重征税国际税收协定网络的国家和地区。

如跨国集团的母公司A设在英国，它从巴林的一家公司B借入款项，而巴林至今尚未与英国缔结税收协定。依据英国税法规定，A公司向B公司支付利息时，需缴纳25%的预提税，本来利息预提税的纳税义务人是债权人，但是B公司为了不减少实际利息所得，可能要求A公司支付利息时还要外加一笔应纳的预提税，因为就是要A公司负担预提税。在这种情况下，企业集团的母公司就要考虑不直接从巴林的B公司借入款项，设法从设在可享受税收协定优惠的金融公司借入款项。

这种做法还可以广泛应用在发行欧洲债券的筹资方式上，这类金融公司一般都设立在荷兰或荷属安的列斯，要解决的是向非居民债券持有人支付利息时的税收问题。

例如，英国母公司要发行欧洲债券筹集资金，可以通过它设在荷兰的金融公司进行，在今后支付债券利息时可免征预提税。

第二类，双重金融公司。

如果金融公司位于拥有广泛税收协定网络的国家或地区，那么其获取的利益可能是双重的：不仅可以减轻所得税税负，而且还可以避免利息的预提税。这是一个比较复杂的问题，可以采用组合型金融公司结构，即把无税管辖区居民公司的优势与拥有广泛税收协定国家居民公司的优势结合起来。

例如，设立在荷兰的中介金融公司1向跨国企业集团成员公司提供贷款，利率为10.5%，而金融公司1又从设立在开曼群岛的金融公司2取得贷款，利率为10%。如果金融公司1向金融公司2支付利息$100，金融公司1转贷出去的利息收入应为$105，利差净收入为$5。按照双重金融公司的结构模式，设置金融公司2的理想地点最好是既不征利息收入的公司税，也不征利息汇出境外的预提税，许多避税港如巴哈马、百慕大、开曼群岛等就是这么规定的；设置中介金融公司1的理想地点最好是对外缔结税收协定多，同时，又能提供利息预提税较多优惠的国家。如果那里不把利息收入纳进公司税的税基，可以得到更多的税收好处。至于为什么要建立双重的国际金融公司，主要原因是，当只设立一个金融公司无法同时得到预提税和公司税的双重好处时，就有必要考虑再设立另一个金融公司。其中一个可以免征公司税，另一个可以免征利息预提税。

综上所述，适合于设立跨国公司内部金融公司的管辖区应具备以下因素：

（1）国际税收协定网络密布的国家或地区，可以享受协定提供的税收优惠；

（2）利息支付免征预提税；金融公司的利息收入不纳入公司所得税的税基；对净财富不征财产税；对金融公司的年纯利润不征所得税；

（3）没有负债权益比率以及其他防止资本弱化的限制；

（4）没有任何反对滥用税收协定的法律规定；

（5）拥有发达的金融、交通和通信业；

（6）政治、经济稳定；

（7）没有外汇管制；

（8）本国货币坚挺。

要找到拥有以上所有条件的理想的国家或地区似乎不太可能，所以一般只能利用上述金融公司的双重环节结构。而通常适合设置金融公司的国家主要有荷兰、比利时、瑞士等。

（三）国际投资公司

跨国集团组建国际投资公司的目的是为了控制和管理有价证券的投资，这种公司从事特别的离岸投资业务，即在外国管辖区汇集资金和将这些资金投向第三国。IBFD（《国际税收辞汇》）把投资公司下定义为“全部或主要的活动是进行投资的那种公司，即通过持有资产从而获得所得的公司”。对于投资公司，买卖股票、证券、不动产或其他投资财产只是投资过程中发生的附带活动，而不是它的主要目的。而证券交易公司才是买卖股票、证券来获取所得。投资公司与控股公司既有许多相同之处，也有不同之处。前者主要是通过“股本参与”的方式达到控制其他公司的目的，其最终目的也是谋取整个企业集团的利益。后者主要是通过有价证券的投资，来谋取投资所得，并不一定要控制其他公司的经营决策。上述两种公司有时是合而为一的，既搞控股，也搞投资。有时金融公司与投资公司是相互兼营的。金融公司是以借贷款项为融资的主要手段，而投资公司则是主要以证券、股票为投资的主要手段。通常，这类投资公司特别适用于在国际金融市场上从事投资活动的跨国银行的内部公司结构。

投资公司一般以公司形式组建存在，具有法人地位，主要是进行有价证券的投资

（不用购买拥有管理权的股份），还经常被利用来开展内部企业的信贷活动，于是发展的结果出现了财产投资公司。母公司所在国如果对财产转让的增益征收资本利得税，对财产租赁收益征收不动产所得税，那么选择在一些免征上列税收的国家或地区建立财产投资公司来办理这方面的业务，从中可以得到税收收益。

（四）基地公司的其他类型

1. 基地公司作为收付代理

由它们收取利息、特权使用费、劳务费和货款，而实际上，款项的借出、许可证的发放、劳务的提供与货物的出售均在别处。

2. 基地公司作为海运公司

这样做的目的是使海运收入减少或避免税负。海运公司的所有权和经营权无需在同一国内，注册地又可以是第三国。从减轻税负的角度考虑，许多船舶悬挂方便船旗。所谓方便船旗是指那些可由非居民船东悬挂的国旗，旗帜国政府除了收取一部分注册费外，对挂旗船并不实行财政性或其他控制。利比里亚和巴拿马已成为船舶避税地的最佳选择。

3. 基地公司作为信托公司

信托是一种法律关系，委托人根据一定的法律程序将其财产或其他资产委托给受托人，受托人有义务为委托人持有和管理这些财产，从中取得的收益不是给受托人，而是给包括委托人在内的受益人。因此，在大部分国家，信托都不具有独立的法人地位，并且对这种信托法律关系的存在都有一定的时间限制。在一些避税地，信托则可以作为法人存在，并允许一项信托长久存在；在另一些避税地，允许建立信托，但无信托法规，因而信托也可以无限期存在。在高税国的纳税人可以将其财产或其他资产委托给避税地的一家信托公司或受托银行，尤其在处理财产的收益时。避税地在不同程度上对受托人提供法律保护，一般受托公司只需向避税当局缴纳一定注册费，而无需公开委托人的资产情况，同时避税地的法律对受托公司的财务状况也有严格的保密规定。跨国纳税人利用信托不但可以在一定程度上避免财产所得和转让资产产生的资本利得的税负，由于信托资产的保密性，还可通过信托资产的分割将其财产转移到继承人或受赠人的名下，借此来规避在有关国家的继承税、遗产税与赠与税。

4. 离岸银行

这是由高税国居民在避税地建立的、以海外投资为目的、具有独立法人地位的离岸基金和以非所在国居民为业务对象的银行。

第三节　公司组织形式的选择

不同组织形式的企业在税收方面有着不同的特点，投资者对企业不同组织形式的选择，其投资收益也将产生差别，进而影响企业的整体税收和获利能力。因此，跨国公司在设立之时，有必要在组织形式的选择上进行一番积极筹划。

企业是指依法设立的以营利为目的的从事生产经营活动的独立核算的经济组织。一般情况下，按企业的法律地位不同，将其组织形式分为三类，即公司企业、合伙企业和独资企业。从法律角度讲，公司企业属法人企业，出资者以出资额为限承担有限责任。除此之外，还可以从其他角度进行分类，比如，可分为内资企业和外资企业；外资企业中的中外合资企业和中外合作企业等。

企业组织形式分类的第二个层次是在公司企业内部进行划分的。这个层次分为两对公司关系，即总分公司及母子公司。不同的企业组织形式有不同的税收水平，如美国税法规定股份有限公司满足特定条件时，可以适用按照合伙企业形式计算缴纳所得税。如果企业设立时注意满足这种小型股份有限公司的条件，就可以按照合伙企业缴纳所得税以节约大量的税款。因此，跨国公司投资者在组建企业和海外扩张时必须考虑不同企业组织形式给企业带来的影响。

一、个人独资企业、合伙企业与公司的选择

（一）个人独资企业、合伙企业与公司

1. 个人独资企业

个人独资企业也称为个人业主制企业、个人企业，是指由个人出资兴办，完全归个人所有和控制的企业组织形式。这种企业在法律上是自然人企业，不具有法人资格。个人独资企业是最早产生也是最简单的企业组织形式，流行于小规模生产时期，但即使是在现代经济社会中，这种企业在数量上也占多数。如在美国，个人独资企业就占企业总数的70%以上。这类企业往往规模较小，在小型加工、零售商业、服务业等领域较为活跃。根据我国个人独资企业法的规定，在中国境内设立，由一个自然人投资，财产为投资人个人所有，投资人以其个人财产对企业债务承担无限责任的经营实体为个人独资企业，它有四个基本特征，反映了它与其他企业形式的区别，也反映了这种企业形式的基本属性。个人独资企业的基本特征是：

(1) 个人独资企业是由一个自然人投资的企业。这项特征是要求个人独资企业的投资主体必须是自然人，投资形式是独资即一个人的投资，非自然人的投资和两个以上人的投资，都不符合个人独资企业的基本属性。

(2) 个人独资企业的财产为投资人个人所有。这项特征是由前一项特征所决定的，个人独资企业形成的企业财产只应当为投资人个人所有，不应为其他人所有，这就确立了个人独资企业的基本财产关系，并决定了其经营成果也归属于投资人个人。

(3) 个人独资企业的投资人以其个人财产对企业债务承担无限责任。这是由于个人独资企业为投资人个人所有，收益归其个人，企业风险也应由其个人承担；投资人投资于个人独资企业的财产和其他个人财产是不可分离的，都构成清偿企业债务的基础，从而这种责任形式成为个人独资企业的重要特征。

(4) 个人独资企业是一个人投资的经营实体。这就要求它必须是一个实际存在的、从事生产经营的、能够实际享有权利和承担责任的主体，而不能是一个虚构的市场主体。

2. 合伙制企业

合伙制企业也称为合伙企业，是指由两个或两个以上自然人共同出资，为了获利共同经营，并归企业主共同所有的企业组织形式。合伙人出资可以是资金或其他财物，也可以是特许权、信用和劳务等。总的看来，合伙制企业的数量不如公司制企业和个人独资企业多，如在美国全部企业中，这种形式的企业仅占7%左右。合伙制企业在会计师事务所、律师事务所、零售商店、经纪业等行业中较为常见。根据我国合伙企业法的规定，合伙企业是指在中国境内设立的由各合伙人订立合伙协议，共同出资、合伙经营、共享收益、共担风险，并对合伙企业债务承担无限连带责任的营利性组织。按照现行规定，合伙企业以每个合伙人为纳税义务人，合伙企业的投资者按照全部生产经营所得和合伙协议约定的分配比例确定应纳税所得额，合伙协议没有约定分配比例的以全部生产经营所得和合伙人数量平均计算每个投资者的应纳税所得额。

合伙制企业同样也有四个特征将其与其他形式的企业区分开：

(1) 合伙企业是不具备法人资格的营利性经济组织

合伙企业的非法人性，使得它与具有法人资格的市场主体相区别；合伙企业的营利性，使得它与其他具有合伙形式但不以营利为目的的合伙组织相区别；合伙企业的组织性，使得它与一般民事合伙区别开来，从而成为市场经济活动的主体和多种法律关系的主体。

(2) 全体合伙人订立书面合伙协议

合伙企业是由全体合伙人根据其共同意志而自愿组成的经济组织。该组织的设立、活动、变更、解散等一系列行为都必须符合一定的行为规则，而合伙协议就是合伙企业的行为规则，是合伙企业的法律基础。合伙协议必须是书面的。如果没有合伙协议，合伙企业就不能成立，其运作也就无从谈起。

(3) 合伙人共同出资、合伙经营、共享收益、共担风险

合伙企业的资本是由全体合伙人共同出资构成。共同出资的特点决定了合伙人原则上均享有平等的参与执行合伙事务的权利，各合伙人互为代理人，合伙企业内部属于合伙关系。

共同出资的特点也决定了对于合伙经营的收益和风险，由合伙人共享、共担。合伙企业作为人合企业，它完全建立在合伙人相互信赖的基础上，因此各合伙人彼此间的权力义务并无不同，不存在特殊的合伙人。

(4) 全体合伙人对合伙企业的债务承担无限连带清偿责任

合伙企业的合伙人对合伙企业的债务承担无限的连带清偿责任。即当合伙企业财产不足清偿合伙企业债务时，各合伙人对于不足的部分承担连带清偿责任。这样的规定可以使合伙人能够谨慎、勤勉地执行合伙企业的事务，使合伙企业的债权人的合法权益能够得到保障和实现。这一特征是合伙企业与其他企业最主要的区别。

3. 公司

公司制企业，即公司，一般是由两个或两个以上的投资者依法出资联合组成，有独立的注册资本，自主经营、自负盈亏的法人企业。公司是法人，在法律上具有独立的人格，这是公司制企业与个人独资企业和合伙企业之间的重要区别，后两者都是自然人企业。公司有较强的筹资优势，有利于实现生产专业化协作、推动技术进步、加强企业管理和监督，实现所有权和经营权的适度分离，是现代企业最主要的组织形式。其主要特征包括：第一，公司是依法设立的社会经济组织，不管公司大小、规模如何，都是依照居住国法律设立的；第二，公司是以营利为目的的法人团体，公司存在的目的，就是使股东权益最大化；第三，公司是企业法人，公司股东以其出资限额或所持股份对公司债务承担责任；第四，公司的所有权归股东共同所有；第五，公司最终由股东共同控制。

公司主要有有限责任公司、无限责任公司、两合公司、股份有限公司、股份两合公司五种类型，世界各国公司法对五种公司的规定基本相同，同时也有一些主要差别：一是各国对无限责任公司的规定有所不同，如法国等国家承认其为一种具有法人资格的公司；而美国法律则不承认其为公司，将其归入合伙企业。我国公司法中所指的公司包括有限责任公司和股份有限公司，对须承担无限连带责任的公司类型未作规定。二是各国对具体条款的规定有所不同，如有限责任公司的股东人数等。在五种公司中，目前世界上最基本、最主要的是有限责任公司和股份有限公司两种类型，其他类型只少量存在。现将这五种类型介绍如下：

无限责任公司

无限责任公司是指由两人以上的股东所组成并且股东对公司的债务负连带无限责任的公司，简称无限公司。无限公司仅由无限责任股东组成，它的股东只能是自然人，并且半数以上的股东在国内有固定住所。如果无限公司的股东只剩下一人，那么，无限公司应解散或变更成为独资企业。

1. 无限公司的优点

（1）无限公司具有合伙特点，组织简易，法定最低人数少，股东之间关系亲密，相互信任程度高。不要求有最低的总资本额，不对外发行股票，公司的外部关系简单。

（2）无限公司有利于财才结合，即有利于多财少智的人与少财多智的人结合，共同组建公司，取得好的经营效果。

（3）无限公司的股东负连带无限责任，加上股东的出资不能随便转让，所以，股东们经营的积极性高、责任心强，能够苦心经营，同舟共济。

（4）由于无限公司负连带无限责任，所以公司的信用程度高，债权人的经济利益能够得到保障。

2. 无限公司的缺点

（1）股东的风险太大，一旦公司破产，由于负连带无限清偿责任，很可能使股东倾家荡产。

（2）资本的筹集困难，因为公司的股东人数有限，允许以智慧或信用出资，又不要求最低的资本额，如果没有财力雄厚的股东合作，资本的筹集是比较困难的。

（3）股本转让困难，由于无限公司股东要负连带无限责任，那么，与谁合作就是涉及每一个股东切身利益的事情，股东若想转让自己的股本必须经过全体股东的同意，所以，无限公司股本转让比较困难。

3. 无限公司的选择

如果公司经营的业务风险较低，如投资信托公司；需要的信用程度高，如保险公司；或者公司发起人已有资本与公司所需资本差额不大，并且股东之间关系亲密，则采取无限公司的形式较为有利。例如，设计、咨询等所需资金较少而责任较大的公司，可以采取无限公司的形式，以加强经营者的责任感。

有限责任公司

有限责任公司是由若干人以上（一般为5人）和若干人以下（一般为21人）的股东所组成，股东就其出资额为限，对公司债务负有限清偿责任的公司，简称有限公司。有限公司不得对外发行股票，股份不得任意转让，如果一股东欲转让其股份，其他股东有优先购买权，即使股东死亡后，其后代想取得股份的继承权也只能排第二位，而不能优先取得股份的继承权。有限公司股东只负有限责任，仅对公司负责，并不直接对公司的债权人负责。

1. 有限公司的优点

（1）有限公司的设立比较简便，只有发起设立，而无募集股份设立，股东的出资额在公司成立时缴足即可。股东的人数较少，公司的内部和外部关系比较简单，是否设监察人由公司自行决断，股东会议的召集方式及决议方法也简便易行。

（2）有限公司的组织机构比较简单，公司的规模不大，一般采取董事单轨制进行管理，即董事和经理由同一人担任，实行直线领导。

（3）有限公司的经营风险性比无限公司小，因为股东对公司的债权人只负有限清偿责任，即使公司破产，不会影响股东个人财产，这对有限公司的组建有积极作用。

（4）有限公司股东人数较少，他们之间的关系比较亲密，有利于彼此沟通情况，协调意见，形成满意的决策。

2. 有限公司的缺点

（1）有限公司对债权人只负有限清偿责任，所以公司的信用程度不高。

（2）有限公司具有人合公司的性质，所以股本的转让受到较为严格的限制，公司内部细则都规定股本转让限制的条款，并且有限公司向外转让股本是非常稀少的现象，故有限公司同无限公司一样，股本的转让是比较困难的。

（3）有限公司有助于投机心理的产生，由于有限公司只负有限责任，所以股东往往以较小的资本去冒较大的风险。

3. 有限公司的选择

如果公司的经营风险较大，市场的供求关系变化激烈，所需的信用程度不要求很高，如娱乐公司，股东相互之间比较亲密和熟悉，可采用有限公司的组织形式。它是适合于中小企业的一种有效组织形式，适合于具备法人条件的资金联合型公司。

股份有限公司

股份有限公司是由若干人（一般为 7 人）以上的股东所组成，全部的资本均分为股份，股东就其所购的股份数额为限对公司的债务负有限清偿责任的公司。股份有限公司是最典型的法人组织，它的设立必须有法定的发起人，发起人要订立章程，认购股额。股份有限公司是资合公司，股份可以自由转让，其股票可以在社会上（主要通过证券交易所或银行）公开出售。股东对公司的债务不负责任，公司的债权人只能对公司的资产提出要求而无权直接向股东起诉。绝大多数股份有限公司的拥有者和管理者是相互分离的，负责股份有限公司的日常经营活动不是股东，而是一个专门的班子——董事会和经理，其中经理通常要以自己的全部财产对自己给公司造成的行为负责，经理对其因失职而造成的对公司的经济损失一般负有连带责任。股份有限公司的账目必须公开，股份有限公司必须在每个财政年度终了时公布公司的年度报告，其中包括董事会的年度报告、公司的损益表和资产负债表。

股份有限公司与有限责任公司的区别在于，股份有限公司就其所认购的股份，对公司负债务责任，而有限责任公司的股东就其出资额为限，对公司的债务负责。前者的资本分为股份，后者的资本不分股份。有限责任公司的股东可以作为公司的雇员直接参加公司的管理，允许所有权和经营权合二为一。在表决权上，有限责任公司的股东无论出资多少，每一个股东都有一个表决权。股份有限公司中，股份是股东地位即股东的权利义务的计量单位，持有一个股份就意味着拥有一个单位的表决权。

1. 股份有限公司的优点

（1）股份有限公司是集中资本的一种最有利的组织形式，它有利于吸收小资本，兴办大事业。因为它可以公开对外发行股票或债券，并且股份的金额一般都比较小，故可以把社会上的闲散小资本集中吸收汇合成大资本。

（2）股份有限公司实行资本证券化，股东可以将其股票自由转让，资本保持着流动性，具有广泛的社会性，不受个人及身份等条件的限制，有利于公司之间的竞争。

（3）股份有限公司的股东只对公司负有限责任，可以根据自己的财力和判断力来购买股票的数额，所以它有利于刺激公众的投资心理，有利于分散投资的风险。虽然一个股份有限公司本身的规模可能很大，经营的风险也较大，但是这对于每一个投资者来说却只承担很少的风险。

（4）股份有限公司采取所有权与经营权相分离的原则，这种管理的专门化有利于提高公司的管理水平，使管理完全脱离个人的意向而成为一个独立的资本团体，不受个人因素的影响，具有承续性。人数众多的股东只作为资本的单纯所有者领取股息和红利。

（5）股份有限公司中，本公司职工可以购买股票入股成为股东，有利于使公司经营的成败与职工的切身利益结合起来，有利于公司的管理，有助于调动公司职工的积极性，培养职工与公司共存亡的观念。

2. 股份有限公司的缺点

（1）由于股份有限公司实行每股一票行使表决权的原则，公司的决策权容易落在少数大股东的手里，排挤小股东对公司业务的建议与干涉，从而使小股东的权益受到损害。为此，有些股份有限公司采取累积的投票方法，以增加小股东对公司经营事务的发言权，保证他们的利益。

（2）股份有限公司的设立程序很复杂，也比较严格，因而组建时较为困难。同时，它的决策机构、执行机构及管理机构比较庞大，在决策与执行的时候显得不够迅速与灵活，不容易管理好。

（3）股份有限公司不容易保密，它的损益表及资产负债表必须公开，股东人数较多并且流动性大，所以公司保密较困难。

（4）股份有限公司对债权人只负有限责任，股东不直接对债权人负责，所以股份有限公司信誉较无限公司低。

3. 股份有限公司的选择

股份有限公司特别适合于那些投资大而又需要长期经营才能盈利的行业，如铁路、大型水利设施等。对于有较大风险的行业及市场变化快的行业可采用股份有限公司的形式。如果股东之间的关系疏远，也适宜采取股份有限公司的形式。

两合公司

两合公司是由一人或一人以上的无限责任股东与一人或一人以上的有限责任股东所组成的，其中无限责任股东对公司债务负连带无限清偿责任，有限责任股东以出资额为限对公司债务负有限清偿责任的公司。

两合公司的股东至少有一名有限责任股东和一名无限责任股东，这是两合公司成立的必要条件。如果只剩下一种股东，则两合公司应宣布解散或变更成另一种公司。两合公司兼有限公司和无限公司的特点，如前所述，无限公司称为人合公司，有限公司（包括股份有限公司）称为资合公司，兼有这两种公司特点的公司称为两合公司。在法律形式上称它为二元化公司。

1. 两合公司的优点

（1）两合公司的经营由无限责任股东的代表来主持，有限责任的股东只提供资本，分享红利，无权参与公司的管理，这就使得两合公司能够适合于不同人的客观条件和需要，使有良好信用和经营能力但没有财力的人与拥有财力但没有能力或不愿直接从事经营活动的人相互结合，促进公司良好发展。

（2）由于公司有限责任股东只承担有限责任，所以它比无限公司能更加广泛地吸收资本，使之具有较大规模。

（3）由于公司本身的经营是由无限责任股东代表负责的，经营积极性和经营责任感高，所以两合公司经营的效果好。

2. 两合公司的缺点

（1）两合公司的稳定性不如无限公司，公司的有限责任股东无权参与公司的管理，其出资转让受到较大限制，所以有限责任股东的权力易受损害，使得两种形式的股东之间亲密感不强，凝聚力较差。

（2）有些国家（如日本）法律规定，两合公司的有限责任股东也必须对公司的债权人负责，这就使得人们宁愿与普通合伙人签订利润分享契约，向其借贷资本，而不愿作为两合公司的有限股东去承担无限责任的风险。

3. 两合公司的选择

两合公司具有无限公司和有限公司的特点，在选择公司的形式时，当几种因素都很重要又可以通过法律形式来协调时，可以考虑组织两合公司，如保险公司，它需要较高的信用程度，又需要大量的资金，就可以选择成立两合公司。

股份两合公司

股份两合公司是由一人或一人以上的无限责任股东和一人或一人以上的有限责任股东所组成的，其中的有限责任资本分为股份的公司。股份两合公司是两合公司形式中的一种，只是有限责任股东的出资以股票的形式出现，而且这种股票可以在市场上自由买卖。

股份两合公司与两合公司的区别只在于有限责任股东的出资形式不同，两合公司的有限责任股东以直接提供一定量资本的方式，并以此为限对公司的债务负有限责任，而股份两合公司的有限责任股东以购买股票的方式，并以股份为限对公司的债务负有限的责任。股份有限公司与无限公司的进一步发展与结合形成了股份两合公司，根据国外立法，股份两合公司还有以下特点：

（1）股东会不是最高权力机关，它只代表有限责任股东，其作出的决议对无限责任股东没有约束力。

（2）股份两合公司只设业务执行人而不设董事会。

（3）股份两合公司设业务监察人，负责监督公司业务的执行。

股份两合公司集股份有限公司和无限公司的优点，目前，世界上有许多著名的大型公司都采用了股份两合公司的形式，一方面公司的无限责任股东对公司的债务负连带无限清偿责任，另一方面又对外发行股票，吸收有限责任股东，兼顾了提高公司的信用及集资方便两个优点。

（二）税收筹划上的考虑

许多国家对公司和个人独资企业、合伙企业实行不同的税收政策。一般的，公司的利润先缴纳企业所得税（或公司税），税后利润作为股息或红利分配给投资者，投资者还要缴纳个人所得税；而个人独自企业和合伙企业一般无需缴纳企业所得税，国家仅就各个合伙人分得的收益征收个人所得税。显然，单就总体税负而言，个人独资企业和合伙制一般要低于公司制。然而，公司较个人独资企业和合伙企业在筹资和分散风险方面具有优势，投资者应在综合比较这几种组织形式的各自特点后，作出慎重选择。

1. 合伙制企业在国际税收上面临的问题

各个国家都根据本国的民法和商法来确定税收实体，包括合伙。一般来说，对本国和外国的实体都适用同样的国内法规则。这些规则差别很大，当两个国家对同一经济实体实行不同分类时，或尽管两个国家都将其归属为同一类，但给予不同的税收待遇的情况下就会产生冲突。

就合伙来说，它可以在本国国内组建而成，也可以在国外与居民或非居民合伙人组建而成。实行全球范围征税制度的国家，居民合伙人应就其从国内和国外合伙企业所得的国内和国外收入纳税，而非居民合伙人只就来源于居民合伙企业所在国的收入纳税。在合伙企业成立国和居民合伙人居住国适用不同的收入分类，适用不同的税收规则，都会导致双重或三重课税。

对合伙企业征税，一般有两种方法。一是采取所得税收一体化法。实行所得税收一体化法的合伙仅对合伙在合伙人手中所获的利润课税。根据一体化税收的原理，将每个合伙人视为在从事自己的业务，按比例享有合伙企业资产和收入，承担合伙企业的债务和费用，收入的性质、来源和数额都视各个合伙人而定。实行这一方法的国家有阿根廷、奥地利、加拿大、捷克共和国、丹麦、德国、冰岛、以色列、意大利、荷兰、波兰、斯洛伐克共和国、土耳其等。另一种方法是将合伙企业视为一个企业，为合伙人共同所有。它申报利润，并作为独立的纳税实体（与公司类似）缴纳自己的税款。有时，企业所担负的纳税义务分摊给合伙人，而合伙人缴纳税收是根据自己在合伙企业中的权力代表合伙企业纳税。在这种情况下，合伙企业被作为独立的纳税实体看待，支付给合伙人的收入一般被视为是支付的股息或者营业收入。税收协定优惠授予给作为税收居民的合伙企业，而不是给合伙人。实行这一方法的国家和地区包括比利时、巴西、哥伦比亚、中国香港、匈牙利、印度、印度尼西亚、日本、墨西哥、秘鲁、葡萄牙、西班牙等。

在我国，依照税法对个人独资企业和合伙企业征税。我国税法所称个人独资和合伙企业是指：

（1）依照《中华人民共和国个人独资企业法》和《中华人民共和国合伙企业法》登记成立的个人独资企业、合伙企业；

（2）依照《中华人民共和国私营企业暂行条例》登记成立的独资、合伙性质的私营企业；

（3）依照《中华人民共和国律师法》登记成立的合伙制律师事务所；

（4）经政府有关部门依照法律法规批准成立的负无限责任和无限连带责任的其他个人独资、个人合伙性质的机构或组织。

个人独资企业以投资者为纳税义务人，合伙企业以每一个合伙人为纳税义务人

（以下简称投资者）。

个人独资企业和合伙企业（以下简称企业）每一纳税年度的收入总额减除成本、费用以及损失后的余额，作为投资者个人的生产经营所得，比照个人所得税法的“个体工商户生产经营所得”应税项目，适用5%～35%的五级超额累进税率，计算征收个人所得税。

个人独资企业的投资者以全部生产经营所得作为应纳税所得额；合伙企业的投资者按照合伙企业的全部生产经营所得和合伙协议约定的分配比例确定应纳税所得额，合伙协议没有约定分配比例的，以全部生产经营所得和合伙人数量平均计算每个投资者的应纳税所得额。

2. 公司的优点

企业在设立前进行税收筹划时，如果仅从纳税的角度来看，设立合伙制企业、个人独资企业等非公司制组织形式比公司制企业组织形式节税。然而，从多视角、全方位考虑，公司制企业组织形式也未必就没有优势。

就税收上来说，虽然由于设立合伙制企业、独资企业等组织形式的纳税人在许多国家仅交个人所得税，而公司制企业组织形式的纳税人承担企业所得税和个人所得税双重税负。但是也应该注意到一些国家提供给公司的优惠政策或者签订的税收优惠政策，个人独资企业和合伙企业是无法享受的，而且合伙企业在从事跨国经营时，还往往会由于不同国家对合伙制的不同规定而面临双重甚至三重纳税的风险，增加纳税和税收筹划的双重成本。

考察不同组织形式企业税后整体利益时，非公司制企业的“整体化”措施一般不及公司制企业的“整体化”措施优越，“整体化”措施的采纳可能带来重叠课征的消除，从而达到消除税收的效果。这样，在对公司制企业与非公司制企业考察时就不能仅看名义税率，还要重视整体税率。公司制企业如果运作较好，它的整体税率可能会比非公司制企业要低。

在选择公司的组织方式时，税收只是其中一个方面的因素，对于一个跨越多个国家、规模庞大的企业来说，采取非公司制，会使企业的经营管理面临种种困境，而公司制则具有种种优势：

（1）公司制企业比非公司制企业易进入资本市场

公司制企业由于规模大、管理规范和信息透明度高等因素影响，同时，股东也重视在流动市场上取得或出售其资产的权利，所以，它在有组织的交易所交易时通常更易从资本市场上获得权益资本和举借债务。这些在资本市场的优势是合伙企业等的非公司制企业所不能及的。

（2）公司制企业比大型合伙企业节约交易成本和经营成本

大型合伙企业交易成本和经营成本较大，究其原因至少两个方面：其一，大型合伙企业营运的交易成本本身比公司制企业大；其二，重置成本、未及完善的判例法、不同情况的不确定的财产权、缺少有限责任和其他较大的经营成本都会增加合伙企业的经营成本。

（3）公司制企业比非公司制企业易于得到管理控制

公司制企业一般比非公司制企业管理制度健全和内控措施得力，公司制企业董事会、监事会和经理层等组织机构较为健全，管理控制比非公司制企业更有效。尤其，有限合伙人较之公司股东更难于控制管理活动。

综上所述，企业在设立前的税收筹划仅从纳税的角度来看，合伙制企业、独资企业等的非公司制组织形式比公司制企业组织形式节税，但是，公司制企业的非税优势会减轻公司利润双重征税的繁重负担。

二、子公司与分公司的选择

（一）子公司与分公司

当一个跨国公司作为投资者，决定采用常设机构的形式（分支机构就是最富有典型意义的常设机构，如分公司、分行、分店等）在国外投资，随着国外常设机构的建立，该投资者就成为总机构，于是就产生了如何在总机构与国外各常设机构之间划分获分配企业的全部经营成果（包括盈利和亏损两个方面）的问题。在实践中，这类问题主要体现在总机构与分支机构，以及分支机构之间的利润分配上。由于分公司和子公司在法律地位、经济责任、税收负担上有诸多的不同，要在成立之时就进行税收筹划。

1. 分公司

分公司是与总公司或本公司相对应的一个概念。许多大型企业的业务分布于全国各地甚至许多国家，直接从事这些业务的是公司所设置的分支机构或附属机构，这些分支机构或附属机构就是所谓的分公司。而公司本身则称之为总公司或本公司。

分公司与总公司的关系虽然同子公司与母公司的关系有些类似。但分公司的法律地位与子公司完全不同，它没有独立的法律地位。

分公司是总公司下属的直接从事业务经营活动的分支机构或附属机构。虽然分公司有公司字样，但它不是真正意义上的公司。因为分公司不具有企业法人资格，不具有独立的法律地位，不独立承担民事责任。

分公司的特征具体表现为：（1）分公司没有自己的独立财产，其实际占有、使用的财产是总公司财产的一部分，列入总公司的资产负债表中。（2）分公司不独立承担民事责任。(3) 分公司不是公司，它的设立不须依照公司设立程序，只要在履行简单的登记和营业手续后即可成立。（4）分公司没有自己的章程，没有董事会等形式的公司经营决策和业务执行机关。（5）分公司名称，只要在总公司名称后加上分公司字样即可，不管从法律角度，还是基于税收筹划的角度，都只是公司的一部分。总公司对该分支机构拥有所有权和绝对的控制权。分公司以总公司的名义从事生产和经营，而财务结算也包括在总公司的账户中。对于一个分公司来讲，没有最低资本金要求，无须缴纳资本税、印花税或预提税（除非该国规定适用分支机构税）。分公司和总公司之间的资产或资金往来一般都不征税。对于外国分公司在外国境内支付的税金，总公司通常在本国境内有权享受税收抵免。而且，分公司具有与总公司相同的税收居住地，有权享受税收协定优惠。作为非居民机构，分支机构不享有其所在东道国的税收协定优惠。然而，如果公司是由外国分支机构进行管理和控制，则该分支机构所在国决定公司的税收居住地。

分公司由于不是一个独立的法人实体，总公司应该对其在东道国的生产经营活动承担无限责任。分公司还可能存在一些其他的问题，如当只有本国国内公司享受某些融资或者其他优惠时，分公司就无权享受这些优惠。另外，地方法规还可能会要求公布总公司的审计账册。有的国家，根据其外汇管理或投资法，不允许外国公司设立分公司或分支机构。

由此可见，分公司在税收上的特点主要有：（1）便于经营，财务会计制度要求也比较简单，承担的成本费用相对子公司来说比较节省；（2）总公司拥有分公司的资本，在东道国通常不必缴纳资本税和印花税；（3）分公司缴纳给总公司的利润通常不必缴纳预提税；（4）在经营期间，境外分公司的亏损可以冲抵总公司的利润，减轻税收负担；(5) 分公司与总公司之间的资本转移，因不涉及所有权变动，因而不必负担税收。

2. 子公司

子公司是与母公司相对应的法律概念。母公司是指拥有另一公司一定比例以上的股份或通过协议方式能够对另一公司实行实际控制的公司。子公司是指一定比例以上的股份被另一公司所拥有或通过协议方式受到另一公司实际控制的公司。子公司具有法人资格，可以独立承担民事责任，这是子公司与分公司的重要区别。

子公司受母公司的实际控制。所谓实际控制是指母公司对子公司的一切重大事项拥有实际上的决定权，其中尤为重要的是能够决定子公司董事会的组成。在未经他人同意的情况下，母公司自己就可以通过行使权力而任命董事会的多名董事。某些信托机构虽然拥有公司的大量股份，但并不参与对公司事务的实际控制，因而不属于母公司。

母公司与子公司之间的控制关系是基于股权的占有或控制协议。根据股东会多数表决原则，拥有股份越多，越能够取得对公司事务的决定权。因此，一个公司如果拥有了另一公司50%以上的股份，就必然能够对该公司实行控制。但实际上由于股份的分散，只要拥有一定比例以上的股份，就能够获股东会表决权的多数，即可取得控制的地位。除股份控制方式之外，通过订立某些特殊契约或协议而使某一公司处于另一公司的支配之下，也可以形成母公司与子公司的关系。

母公司、子公司各为独立的法人。虽然子公司处于受母公司实际控制的地位，许多方面都要受到母公司的管理，有的甚至类似母公司的分支机构，但法律上，子公司仍是具有法人地位的独立公司企业，它有自己的公司名称和公司章程，并以自己的名义进行经营活动，其财产与母公司的财产彼此独立，各有自己的资产负债表。在财产责任上，子公司和母公司也各以自己所有财产为限承担各自的财产责任，互不连带。

通过持有其他公司一定比例以上的股份而对其实行控制的公司，又称控股公司。母公司与控股公司是可以通用的两个概念，子公司也可以通过控制其他公司一定比例以上的股份而成为控股公司，被控股的公司成为分公司。母公司通过控制众多的子公司、分公司而成为庞大的公司集团。母公司只要通过较少的资本就可以利用子公司的资本购买别的公司，组建起金字塔型的公司集团模式。

跨国公司在海外扩张的过程中，面临着不同下属机构形式的选择。公司可以设立分公司，分公司不具有企业法人资格，其民事责任由总公司承担。公司可以设立子公司，子公司具有企业法人资格，依法独立承担民事责任。子公司与分公司的具体区别为：

（1）子公司是独立的法人，拥有自己独立的名称、章程和组织机构，对外以自己的名义进行活动，在经营过程中发生的债权债务由自己独立承担。分公司则不具备企业法人资格，没有独立的名称，其名称应冠以隶属公司的名称，由隶属公司依法设立，只是公司的一个分支机构。

（2）母公司对子公司的控制必须符合一定的法律条件。母公司对子公司的控制一般不是采取直接控制，更多的是采用间接控制方式，即通过任免子公司董事会成员和投资决策来影响子公司的生产经营决策。而分公司则不同，其人事、业务、财产受隶属公司直接控制，在隶属公司的经营范围内从事经营活动。

（3）承担债务的责任方式不同。母公司作为子公司的最大股东，仅以其对子公司的出资额为限对子公司在经营活动中的债务承担责任；子公司作为独立的法人，以子公司自身的全部财产为限对其经营负债承担责任。分公司由于没有自己独立的财产，与隶属公司在经济上统一核算，因此其经营活动中的负债由隶属公司负责清偿，即由隶属公司以其全部资产为限对分公司在经营中的债务承担责任。

从税收方面考虑，子公司在通常情况下不会按照非居民常设机构予以征税，在许多税收协定国子公司可享有与东道国给予其居民公司同等的税收优惠待遇。它的地位是独立的法人实体，从而可以延迟向母公司居住国纳税，这相当于母公司的投资所得可以留在子公司，也可以选择税负较轻时（如利润被宣布为股息后）汇回，得到额外的税收优惠。其公平交易性质以及向母公司支付消极收入所得如特许权使用费、利息等也更容易得到税务认可。母公司转售境外子公司的股票增益通常可享有免税照顾，而出售分公司资产取得的资本增益要被征税，许多国家甚至对子公司向母公司支付的股息，规定减征或免征预提税。

与分公司相比，子公司显得更为灵活。它意味着公司将在该国开展长期业务，承担有限责任。正常情况下，它有资格通过上市或者贷款在当地融资，它还可以享受政府提供给当地公司的某些优惠政策。

总的来说，就税收而言，子公司通常具有以下优点：① 在东道国同样只负有有限的债务责任（有时需要母公司担保）；② 子公司向母公司报告企业成果只限于生产经营活动方面，而分公司则要向总公司报告全面情况；③ 子公司是独立法人，其所得税计征独立进行；④ 子公司可享受东道国给其居民公司提供的包括免税期在内的税收优惠待遇，而分公司由于是作为企业的组成部分之一派驻国外，东道国大多不愿为其提供更多的优惠；⑤ 东道国运用税率低于居住国时，子公司的累积利润可得到递延纳税的好处；⑥ 子公司利润汇回母公司要比分公司灵活得多，这等于母公司的投资所得，资本利得可以持留在子公司，或者可选择税负较轻的时候汇回，得到额外的税收利益。

（二）从税收筹划看子分公司的选择

一般的，子公司是独立的法人实体，在东道国被视为居民纳税人，通常要承担与该国其他公司一样的全面纳税义务。分公司不是独立的法人实体，在设立分公司的所在国被视为非居民纳税人，只承担有限的纳税义务。分公司发生的利润与亏损要与总公司合并计算，即“合并报表”。我国税法也规定，公司的下属分支机构缴纳所得有两种形式：一是独立申报纳税；二是合并到总公司汇总纳税。而采用哪种形式缴税则取决于公司下属分支机构的性质——是否为企业所得税独立的纳税义务人。

这里必须指出，境外分公司与总公司利润合并计算，所影响的是居住国的税收负担，至于作为分公司所在的东道国，往往照样要对归属于分公司本身的收入课税，这就是实行所谓收入来源税收管辖权。而设立在境内分公司则不存在这个问题，对这一点企业在税收筹划时应加以关注。

公司企业在设立下属分支机构时，应采取哪一种最有利的经营组织形式，从而获得较多的税收利益呢？

在境外开办企业的初期，下属企业可能发生亏损，可设立分公司，因与总公司“合并报表”冲减总公司的利润后，可以减少应税所得，少缴所得税，而设立子公司就得不到这一项好处。但如果下属企业在开设的不长时间内就可能盈利，或能很快扭亏为盈，那么设立子公司就比较适宜，可以得到作为独立法人经营便利之处，还可以享受未分配利润递延纳税的好处。除了在开办初期要对下属企业的组织形式精心选择外，在企业的经营、运作过程中，随着整个集团或下属企业的业务发展，盈亏情况的变化，总公司仍有必要通过资产的转移、兼并等方式，对下属分支机构进行调整，以获得更多的税收利益。设立分公司还是通过控股形式组建子公司，在纳税规定上就有很大不同。由于分公司不是一个独立法人，它实现的盈亏要同总公司合并计算纳税，而子公司是一个独立法人，母、子公司应分别纳税，而且子公司只有在税后利润中才能对股东占有的股份进行股利分配。一般说来，如果组建的公司一开始就可盈利，设立子公司就更为有利。在子公司盈利的情况下，可享受到当地政府提供的各种税收优惠和其他经营优惠。如果组建的公司在经营初期发生亏损，那么组建分公司就更为有利，可减轻总公司的税收负担。

如果进一步以在华跨国公司为例的话，可以看到面临不同的经营状况时，应该合理安排公司的组织形式：

1. 总部所在地税率较低时的选择

如果在华总公司所在地税率较低，而从属机构设立在较高税率地区，则设立分公司汇总纳税，这样，分公司的所得利润与总公司的合并申报缴纳，所负担的是总公司的较低税率，总体上减少了公司所得税税负。例如摩托罗拉（中国）电子有限公司是摩托罗拉在中国投资的总公司，其设立地点位于天津经济技术开发区，适用15%的优惠税率。但是摩托罗拉在中国大部分其他地区都要设立从属分支机构，在正常情况下，根据税法规定：“在中国境内设立的从事生产、经营的机构、场所的所得应缴纳企业所得税，按应纳税所得额计算，税率为30%；地方所得税，按应纳所得额计算，税率为3%，合计税率为33%。”很显然，摩托罗拉公司的从属机构在大多数情况下都处于税率较高的地区，所以，摩托罗拉公司在中国境内扩张业务，选择了设立分公司的方式，如摩托罗拉（中国）电子有限公司北京分公司、郑州分公司和沈阳分公司等等。这样，如果分公司有盈利，可以按照较低的税率缴纳税款；如果分公司亏损，又可以抵补总公司的盈利，一举两得。

2. 从属机构所在地税率较低时的选择

由于具有独立法人地位的投资者在低税率地区也能享受免缴或只缴纳较低税收的

待遇，因此跨国公司在低税率地区设立从属分支机构时往往选择子公司，这样可以利用其独立核算，独立纳税享受低税负待遇，同时还可以通过转让定价的方法将处于高税率区的总公司的利润转移至低税率区，使整个利润集团税负最低。

很多大型跨国公司如 ABB 公司将在中国投资建成的总公司建在北京，适用所得税率为 33%。随着 ABB 公司在全国各地开展不同的业务，需要开设很多新的机构，有很多的投资地点都会位于经济特区、沿海经济开发区或者不同城市的经济开发区，处于这些地区的新机构所负担的税率就会比北京低。因此 ABB 公司多采取建立子公司的形式，例如位于上海外高桥保税区的上海 ABB 工程有限公司、位于厦门火炬高科技产业开发区的厦门 ABB 开关有限公司和位于广东省新会市今古州工业开发区的 ABB 新会低压开关有限公司等等。

3. 开始设立从属分支机构时的选择

跨国公司开始设置分支机构时，由于在外地拓展业务会遇到一定的困难，经费开支也会较大，容易发生亏损，此时往往选择分公司，用其生产或经营的亏损冲减总公司的利润，减少总公司的应纳税额，从而减轻税负。

例如一家总部在北京的跨国公司，2004 年在郑州设立一个销售分公司，该分公司不具备独立纳税人条件，年所得额汇总到总公司集中缴纳。2004 年底，郑州销售分公司生产亏损 50 万元，而北京总公司盈利 150 万元，假设不考虑应纳税所得额的调整因素，使用所得税税率为 33%，该公司 2004 年应缴所得税为：$(150-50)\times 33\%=33$（万元）。

如果郑州销售分公司为子公司的话，2004 年北京总公司应缴所得税为：$150\times 33\%=49.5$（万元）。郑州销售子公司的亏损只能留至出现利润的以后年度弥补，且需在 5 年以内，否则过期不得弥补。在这种情况下，汇总纳税方式降低了公司当期税负，推迟了公司纳税期。

4. 扭亏为盈后的选择

如果从属分支机构所在地的税率比在华总公司的负担税率要低，那么在扭亏为盈之后，跨国公司就会考虑将该从属机构新登记成立一家子公司（不是原企业的分立，也不是将分公司的资产转移给子公司），以便享受到低税率和新建企业的税收优惠。但是我国对于外资企业所得税的优惠有一个时间上的安排，比如两免三减半等，这种时间效用很强的税收优惠也会影响到跨国公司如何安排在华分支机构。此时他们会考虑是在出现盈利之初便成立为子公司，还是等到经营利润足够大时再成立子公司。

如果等到经营利润足够大时成立，可以最大限度地利用税收优惠政策，其实际享受到的优惠也会因为利润增大而增大；而在出现盈利之初便成立，其实际享受到的优惠则会因为利润较小而非常有限。但是出现利润之初成立，企业可以最快地利用优惠政策少缴税款，这对于缺少资金的企业来说是很重要的，而且每项产品都有一定的生命周期，如果等到利润较大时再成立子公司，产品可能已经进入衰退期，受到的优惠也就随着时间的推移而逐渐减少。况且货币具有时间价值，早期获得的优惠和后期获得的优惠不能直接从数字上进行比较，再加上国家政策的不断调整和投资机会的经常变化，也会使得后期获得受益的有效程度受到挑战。在这种情况下，他们会进行综合比较，进行更加精细的筹划。

5. 资金投入的动态筹划

跨国公司进行资金投入动态筹划的核心是在再生产经营初期加大投入，比如加大广告费用、科研费用等开支，使得总公司的盈利减少，等设立了子公司后，将最大盈利项目设在子公司。这样，由于总公司的盈利情况不会发生较大变化，也不会导致税务机关认定母、子公司之间实行转让定价而进行纳税调整。这种前期的高投入一般会带来后期的高收益，子公司的高收益马上会因为税收优惠政策而得到很好的实际效果。

第四节 研发投资的税收筹划

在讨论了跨国公司在投资决策阶段的税收筹划的一般方法后，我们再把重点放在投资的一种特殊形式——研发投资上。在现代社会，企业的研究与开发（R&D）能力在一定程度上决定着企业或企业集团的竞争力和增长潜力。纵观全球知名的跨国公司，无一不重视对研发的投资。研发作为企业的核心竞争力，以往主要集中在母公司。如今，跨国公司一改以母公司为研发中心的传统格局，根据不同东道国在人才科技实力以及科研基础设施上的比较优势，在全球范围内有组织地部署研发机构。

自从我国入世后，跨国公司大举进入我国，跨国公司500强中已有400多家在中国投资，并建立了400多家研发机构，进行一系列长期或短期的研发活动。研发作为企业投资的一种形式，也需要对这个过程进行综合的税收筹划，以达到跨国公司总体利益最大化的目标。纵观全球，跨国公司的国际研发通常包括两种安排方式：一是以母公司作为研发中心，并将母公司居住国开发的技术向集团内其他公司转让；二是跨国公司集团利用各国优势，在全球范围内安排研发机构。下面我们将从这两个方面来展开。

一、母公司的研究成果向集团内其他公司转让

1. 特许权使用费支出的税收扣除

跨国公司在其母公司居住国开发新技术，然后以签订知识产权转让合同等形式让

给国外分公司。这样，跨国公司的国外分公司就要向母公司支付特许权使用费。在进行税收筹划时，应充分考虑到分公司用于科学实验或购买专利、许可证、专有技术等费用在所获利润中扣除的可能性，从而设法避免较高的税收负担。

获得这种扣除，必须按相应的税法条款来证明支出的合理性。这里的问题是，由于知识产权的非物质性，特许权使用费金额的大小及其定价的依据难以控制和作出正确的评估，跨国公司完全有可能以特许权使用费的形式，将自己的部分利润从母公司所在的高税区转移到国外。为此，不少国家不承认专利基地公司以及支付给它的特许权使用费。

例如，德国税法不允许在计算应税所得时从总收入中扣除支付给外国基地公司的特许权使用费。依据德国的法律，基地公司必须是德国母公司参与的股份超过50%的公司，而且基地公司所在国的所得税率不得超过30%。

2. 组建无形资产控股公司

除了利用特许权使用费支出的税收扣外，组建无形资产控股公司也是跨国公司常用的税收筹划方法。

当跨国公司各国的分公司把利润以特许权使用费的形式汇回母公司所在国时，要交纳预提所得税。各国的预提所得税税率不尽一致，幅度为0～30%；此外，各国对特许权使用费定义的解释也不一致。下表列出了部分国家的预提所得税税率及其纳税范围。如果有关国家之间签订有避免所得和资本双重征税的双边税收协定，那么特许权使用费的汇出按协定规定的限制税率征税。

表5－1　　各主要国家特许权使用费的预提所得税率

国家	特许权使用费预提所得税税率（%）	应纳税的特许使用费范围
英国	24	专利、版权、利用矿产地特许权、能给特许权取得者带来“纯利润”的特许权
意大利	21	所有类型的特许权
德国	25	所有类型的工艺技术特许权
西班牙	25	所有类型的特许权
荷兰	无税	
美国	30	所有类型的特许权
俄罗斯	20	版权、许可证使用权

续表

国家	特许权使用费预提所得税税率（%）	应纳税的特许使用费范围
丹麦	30	所有类型的特许权
瑞典	无税	
瑞士	无税	
中国	20	专利、专有技术、商标权、著作权、其他特许权
加拿大	25	除不动产外所有产权的使用权
挪威	无税	
塞浦路斯	10	所有类型的特许权
法国	33.3	所有类型的特许权
卢森堡	12	在卢森堡专利局登记的许可证使用权或对卢森堡常设机构法定资本的无形资产投资
芬兰	28	专利、商标、工业品艺术设计、模型、计划、保密的公式或流程，以及有关工业、商业、科研的经验和实验信息的使用
爱尔兰	27	所有类型的特许权

研发活动对特许权使用费的预提所得税率的反应十分显著：如果外国分公司所在国对特许权使用费的汇回征收较高的预提所得税，那么就会鼓励外国分公司在东道国从事研发活动。也就是说，外国分公司对高特许权使用费作出的反应是减少支付特许权使用费，而在东道国从事研发活动。因此，跨国公司在安排研发活动时，倾向于向那些特许权使用税率低或根本不征收特许权使用费预提所得税的国家出口技术，或选择与研发机构所在国签订税收协定的国家出口技术。例如美国对支付给外国公司的特许使用费课征的税率是30%，但如果特许权使用费的受益人位于美国与其有税收协定的国家，这种税率常常被降低，在某些情况下可能降低至零。

为了有效降低特许权使用费，跨国公司一般倾向于在投资所在国组建无形资产控股公司，这种公司从母公司获得无形资产，并以提供和转让这些无形资产为主要经营内容，一般分为以下两种：

（1）在拥有广泛税收协定网络的国家建立一家专门从事无形资产再转让的子公

司，将母国开发的特许权专利等转让进来，该公司再向设在其他国家的跨国公司子公司提供和转让这些特权和专利，并收取使用费和转让费，并以最低的预提所得税向母公司和设在避税地的无形控股公司传导特许权使用费。

在利用位于拥有税收协定网络国家的单一的基地公司时，除了实现预提税最小化，还可以利用其他一些优势。例如，知识资本（无形资本）的折旧，以及用于获取母公司知识产权而支付的贷款利息，都将减少专利基地公司的利润。尽管特许权使用费所得是所得税的课税对象，但从事离岸业务的专利基地公司在其所在国可得到所得税的优惠待遇。

（2）在避税地成立一家无形控股公司。母公司将积聚免税的特许权使用费所得，保留在基地公司账户上可以少缴或不缴税，或将其再投资。

除了特许权使用费的税收筹划，研发成果的转让还可能需要缴纳资本利得税、转让税、关税和增值税。这就需要跨国公司综合考虑，进行税收筹划使总体税负最小化。例如，在英国，专利的转让要按单一的税率缴纳关税，计税依据为得到的专利所得额。知识产权在内部企业间转让时，其转让价格必须按市场价确定，即与转让价格的独立核算原则一样，不允许过多地偏离市场价格。再例如在向非居民支付特许权使用费时，不少国家对增值税的缴纳采用反向征税的方法，即由客户负责缴纳增值税，以后允许将这笔税款从其营业额应纳的增值税中扣除。

二、在全球范围内安排研发活动

由于公司开展研发活动的高投入和高风险性，世界各国一般都会针对企业的研究与开发活动制定科技税收政策，提供税收减免、投资抵免、加速折旧和费用扣除等税收优惠。但各国的税收优惠政策的侧重点又有所不同，跨国公司正是利用这些差异来选择研发机构的地点和具体开展研发活动的。

1. 利用加速折旧和税前扣除

有些国家对企业投资于研发活动的固定资产实施加速折旧和税前扣除等税收优惠政策。例如，日本对技术先进的机器设备和风险较大企业的主要技术设备，实行短期特别折旧制度；在科技开发区的高新技术公司用于研究开发活动的新固定资产，除进行正常折旧外，在第一年可根据购置成本按规定的特别比例实行折旧扣除。美国对高新技术产业研究开发用仪器设备实行加速折旧，折旧期限为 3 年。

2. 利用税收减免

有些国家对符合条件的企业的研发活动给予一定幅度或一定时期的税收减免，比如加拿大、新加坡、日本等，这个措施将直接减轻企业的所得税负担。因此，跨国公司，尤其是生产过程简单、收益比较稳定、获得市场周期较长的公司适宜在上述提供税收减免的国家或地区设立研发机构，从事研发活动。

3. 利用投资税收减免

有些国家对企业的科研活动给予投资减免的税收优惠措施。例如，日本为促进基础技术研究，对用于基础技术研究的折旧资产，按当年这项支出的5%从应纳税额中抵免。美国《经济复兴税法》规定：凡是当年研究与开发支出超过前三年的研究与开发支出平均值，其增加部分给予25%的税收抵免。此外，美国还规定，用于技术更新制造的设备投资可按其投资额的10%抵免当年应纳所得税。

复习思考题

一、概念题

1. 什么是税收优惠？有哪些主要的税收优惠措施？
2. 什么是国际避税地？它的主要特征是什么？避税地的国际避税模式有哪些？
3. 基地公司的税收筹划方式有哪几种？
4. 什么是国际控股公司？
5. 比较个人独资企业、合伙企业与公司的异同。
6. 公司制在国际税收筹划方面的优点有哪些？
7. 比较子公司与分公司的异同。
8. 在全球范围内安排研发活动的优势有哪些？

二、计算题

1. A国甲先生计划去B国经营热带水果店，预计年盈利4万美元。B国个人所得税税率为40%，公司税税率30%，所有盈利作为股利分配。从减轻税负的角度，甲先生应该采取何种企业方式？

2. 甲国的跨国公司A公司在乙国拥有子公司B公司，B公司当年赢利3 000万元，年终按照5%的固定股利率支付股息，且对股息征收20%的所得税。B公司以250万元将价值400万元的商品出售给A公司，以代替股息支付。分析这样操作的税收效益。

三、数据分析题

1. A国甲公司拥有一项专利权，研制费用为12.8万美元，有效年限为20年。甲公司欲将此项专利转让给B国子公司乙，因为A、B两国市场上无同类专利可比价格，双方将转让价格定为6万美元，转让期为10年。B国乙公司又在本国市场上以

10 万美元的价格将此项专利转让出去。已知 A 国所得税税率为 15%，B 国所得税税率为 30%，毛利率为 20%，成本分摊率为 60%。试分析母公司是否通过关联交易达到避税效果。

（组成市场价格 = 成本 × 分摊率/(1 − 毛利率) × 转让年限/有效年限）

第六章　跨国公司生产及销售中的税收筹划

✓本章摘要

● 根据税收与具体征收的目的物的联系，税种分为对物税和对人税。对物税不可能成为国际税收涉及的课税客体。对人税分为所得税和财产税，跨国公司经营中涉及的国际税种，只是以收益或所得为对象的所得税和以财产为对象的一般财产税。

● 跨国收益或所得按性质不同，可以分为四类：跨国一般经常性所得，即在通常情况下可以恒久取得的跨国所得；跨国超额所得，即超过一般经营性所得标准的那部分跨国所得；跨国资本利得，即通过出售或交换资本项目所得的毛收入减去购入价格以后的那部分差额；以及跨国其他收益或所得。

● 跨国一般财产价值是指跨国纳税人全部财产的综合货币表现，分为跨国一般静态财产价值和跨国一般动态财产价值。

● 转让定价是指公司集团内部机构之间或关联企业之间相互提供产品、劳务或财产而进行的内部交易作价，通过转让定价所确定的价格称为转让价格。

● 税收协定滥用是指非条约受益人利用条约从事经济活动，从而享受税收条约优惠待遇的行为。税收协议滥用的方式主要有直接导管公司、脚踏石式的公司和双边关系。

● 跨国收购是跨国公司在投资国进行迅速扩张的有效方法，从税收筹划的角度也有利于跨国公司。

● 国际租赁不仅可以得到税务方面的优惠，还可以使租赁企业以支付租金的方式冲减企业利润，减少纳税额。

● 跨国纳税人通过建立信托财产，可以不用迁出高税国，而在某个低税国管理其资产和所得，以创造机会避税。

● 利用电子商务进行税收筹划可以采取的主要形式是组织避税地虚拟公司、跨国公司的转让定价、国际投资等。

• 对跨国关联企业的界定需要参考各国法律规定。目前大多数国家对母子公司关联关系的认定是以有表决权的股份占受控公司总股本的比例为标准，主要界定标准包括股权控制法和实际控制法。

• 转让定价的动机包括四方面的因素：国际避税动机，规避风险动机，逃避管制动机和获取竞争优势动机。

• 转让定价的基本形式包括五种：货物购销内部交易定价，贷款往来内部交易定价，提供劳务内部交易定价，无形财产的转让和使用内部交易定价，固定资产的购置与租赁内部交易定价。

• 跨国公司利用转让定价进行税收筹划的方法包括税负最小化、内部企业间的贷款和逆向避税。

• 跨国公司在实际制定转让价格时，结合各种因素进行综合权衡，选择采用低转让定价或高转让定价方式。

✓ 本章关键词

对物税　对人税　跨国收益　跨国一般经常性所得　跨国超额所得　跨国资本利得　跨国一般财产价值　转让定价　税收协定滥用　直接导管公司　脚踏石式的公司　双边关系　跨国收购　国际租赁　信托　电子商务　跨国关联企业　低转让价格　高转让价格　资本弱化　公司内部贷款　平行贷款　背对背贷款　逆向避税

✓ 学习完本章，你需要掌握：

- 了解跨国公司生产和销售中的主体税种及跨国收益或所得的分类和计算方法。
- 了解主要国家对跨国法人的税收概况。
- 掌握跨国公司在生产及销售过程中税收筹划的基本方法。
- 学习滥用税收协定的方式和流程。
- 理解跨国关联企业的概念。
- 掌握跨国公司的转让定价策略，包括其动机、基本形式和税收筹划方法。

第一节　跨国公司的生产及销售中的主体税种

上一章中，我们主要分析了跨国公司在进行投资及研发决策时如何使税负最小化、合理化。下面我们将讨论跨国公司在具体在生产经营和销售的决策中的税收筹划，首先从国际税收涉及的征税对象出发，分析生产经营过程中的重要税种。

一、对物税和对人税

因为世界各国的税收法制和规定差异，不同国家和地区的税种是互不相同的，我们从税收与具体征收的目的物的联系出发，将各个税种分为两大类：与具体征收的目的物直接联系的我们称为对物税；相反，不与具体征收的目的物直接联系的我们称为对人税，即以个人（包括自然人和法人）的收益或所得为征税对象。

（一）对物税

对物税的征税对象范围极其广泛，既包括流转中的具体商品，如日用百货、机器设备、器材器械等，又包括某些存在的某项具体财产，如房屋、土地等。我们根据这两层分类，将以流转中的具体商品为征税对象的税种称为流转税，如销售税、周转税、国内消费税和增值税等等；将以某些存在的某项具体财产为征税对象的税种称为个别财产税，如土地税和房产税等等。

因为对物税的征税对象在某一时点上的归属是明确的，即它只能属于一个国家或地区，而不能同时属于两个或以上的国家地区，所以一般不会发生跨国双重交叉征税的问题，对物税也就不可能成为国际税收涉及的课税客体。

（二）对人税

对人税以个人的收益或所得为征税对象，不与具体的目的物相联系，它分为所得税和财产税。前者如公司所得税、未分配利润税、利息所得税、租赁所得税、资本利得税、外商投资企业和外国企业所得税等等；后者如财富税、资本税、继承税、赠与税等等。需要指出的是，我国尚未开始征收一般的财产税。

我们可以看出，对人税与收益或财产的所有人（包括自然人和法人）直接联系。当所有人具有跨国身份时，这种所得或财产税便有可能成为跨国的，并可能被它们所跨越的国家交叉重叠征税。

综上所述，我们可以得出结论：跨国公司经营中涉及的国际税种，只是以收益或所得为对象的所得税和以财产为对象的一般财产税。下面我们就这两种税种详细展开分析。

二、跨国收益或所得的分类

跨国所得指一国纳税人取得的收益来源于另一国的所得。由于各国所得税的立法思想和所采取的所得税制度不同，每个国家对跨国纳税人的跨国所得进行征税所使用的税种及其所包括的征税对象的范围也互不相同。各国所得税的立法思想主要有以下两种：

一种是"所得源泉说"，以此为立法思想的国家认为，应税所得必须具有一种循环出现、反复发生的源泉性质，才能被视为应税所得而征税。至于一些临时或偶然发生的，并不会循环出现的源泉性的收入，则不应该被视为应税所得而征税。

另一种是"净资产增加说"，以此为立法思想的国家认为，凡属足以带来资产增量或负债减量的部分，都应该列入对跨国所得征税的具体征税对象范围之内。因此，在奉行"净资产增加说"立法思想的国家，对跨国纳税人的跨国所得进行征税所涉及的具体征税对象的范围非常广泛。

我们按跨国收益或所得性质的不同，将它分为以下四类：

（一）跨国一般经常性所得

跨国一般经常性所得是指跨国纳税人在通常情况下可以恒久取得的跨国所得，大体可以分为投资所得、劳务所得、经营所得、租赁所得和其他所得。投资所得包括股息、利息以及转让专利或产权所得到的特许权使用费等；劳务所得指跨国个人所取得的工资、薪金、奖金和津贴等；经营所得即营业利润，是指跨国纳税人在某个固定场所从事农工业、商业、服务业等生产性经营活动所得的收益；租赁所得顾名思义，即出租得到的租金收入。

各国在所得税制度方面，有的采取综合税制，有的采取分类税制，还有的国家同时兼采分类与综合二元税制。不同税制的国家，虽然都把跨国一般经常所得作为国际税收的对象，但却是通过不同的税种来征收的。采取综合税制的国家，通过例如工资和劳务报酬所得税、财产租赁所得税、工商业所得税等税种，来分别对上述相应的那部分跨国一般经常所得进行征收。在采取综合税制的国家，则是通过公司税和个人所得税等所得税税种，对上述跨国一般经常所得，分别以跨国法人或跨国自然人为依归，经过综合相加，然后据以征收的。兼采分类与综合二元税制的国家，如伊朗，对跨国自然人首先通过例如工资和劳务报酬所得税、利息所得税、不动产所得税、工商业所得税等分类所得税种，来对相应的那一部分跨国一般经常所得进行征税，然后，再在一定条件下，通过如补充所得税的综合所得税种，对跨国自然人的跨国综合所得进行征税。

此外，在各国中央政府按不同所得税种进行征税的同时，地方政府多半也要征收地方所得税。尽管不同国家的地方所得税计税基础不尽相同，但他们的具体征税对象仍为跨国一般经常性所得。地方所得税主要有两种计征方法，一种以意大利为代表，其政府所得税和地方所得税的计税基础均为跨国一般经常性所得。即：

个人（或公司）所得税税额 = 跨国一般经常性所得 × 个人（或公司）所得税税率

地方所得税税额 = 跨国一般经常性所得 × 地方所得税率

另一种以加拿大为例，其地方所得税计税基础为个人（或公司）所得税税额。即：

个人（或公司）所得税税额 = 跨国一般经常性所得 × 个人（或公司）所得税税率

地方所得税税额 = 人(或公司)所得税税额 × 地方所得税率

所以，得出：

地方所得税税额 = 跨国一般经常所得 × 个人(或公司)所得税税率 × 地方所得税率

从上面的式子我们可以看出，虽然第二种情况的地方所得税计税基础是个人（或公司）所得税税额，但也是通过跨国一般经常性所得连乘两个税率得来的，因此，这种地方所得税的税基依旧是跨国一般经常性所得。

（二）跨国超额所得

跨国超额所得是指跨国纳税人所取得的超过一般经常性所得标准的那部分跨国所得。这类所得大多是在特殊情况下取得的。例如，利用所经营行业的自然资源优势或其他方面的优越条件，能获取超过一般性行业的更多的所得；利用战争造成的特殊环境，可以获取比和平时期更多的超额所得。因为这类所得的特殊性，它不像跨国一般经常性所得那样，成为每一个国家政府在国际税收上都要涉及的客税对象，而只是被一部分国家政府列为特殊的客税对象单独征税，如战时利得税、暴利税、超额所得税等。跨国超额所得的计算方法通常有两种，即“标准基期法”和“标准投资利润率法”。

“标准基期法”是以跨国一般纳税人在某一标准基期内（正常获利年度）实际发生的所得作为跨国一般经常性所得，凡是超过这个基期实际所得的部分，即作为跨国超额所得。政府除了要对跨国公司每年的实际年度跨国所得征收公司所得税外，还要对超额所得征收超额所得税。公式如下：

跨国超额所得 = 实际年度跨国所得 − 标准基期跨国一般所得

超额所得税 = 跨国超额所得 × 超额所得税税率

"标准投资利润率法"，即由有关国家政府规定一个统一适用于各行各业，或分别适用于不同行业的，一般条件下每百元投资额所应获得的年利润额，即标准投资率，然后根据跨国纳税人在实际年度获取的年利润额，即标准投资利润率，然后根据跨国纳税人在实际年度获取的跨国所得，从中减去按标准利润率推算出的当年投资额的跨国利得。通过以上方法即可求出超额所得，进而乘以特定的超额所得税率，得出应纳超额所得税税额。公式如下：

跨国超额所得 = 实际年度跨国所得 − 当年投资额 × 标准投资利润率

超额所得税 = 跨国超额所得 × 超额所得税税率

（三）跨国资本利得

跨国资本利得是指跨国纳税人通过出售或交换房屋、股票、债券、商标和专利等一些资本项目所得的毛收入，从中减去购入价格以后的那一部分差额。我们前面所提到的具有不同立法思想的国家，对跨国资本利得的看法和征税方法是不同的。在以"所得源泉说"为所得税立法思想的国家看来，跨国资本利得同农、工、商业和交通运输业等营利事业所获取的跨国所得相比，是根本不同的。后者具有循环反复发生的源泉性质，通常在一个纳税年度内循环发生一次到多次，所以属于跨国应税所得，应成为国际税收的征税对象。而跨国资本利得则不具有循环反复发生的源泉性质，例如：房屋出售所得，大多是若干年后才偶尔发生，不属于跨国应税所得，也就不应该成为国际税收的征税对象。

但以"净资产增加说"为所得税立法思想的国家，认为跨国资本利得同农、工、商业和交通运输业等营利事业所获取的跨国所得相比，没有实质性差异，因此将其列入国际税收的征税对象。跨国资本利得具体的计算公式为：

跨国资本利得 = 出售跨国资本项目的毛收入 − 购置原值（或折旧摊销后的账面净值）。

至于对跨国资本利得进行征税的税种，大致有两种做法：一种是对资本利得单独征税，设立资本利得税或财产收益税，采用较低的比例税率征收；另一种做法是把跨国资本利得合并到跨国一般经常性所得中，按一般的公司所得税和个人所得税征税，我国采取的就是这种方法。

（四）跨国其他收益或所得

跨国其他收益或所得是除上述三类跨国所得以外的某些非经常性的跨国所得。如跨国负债豁免、跨国非独立劳动者的一次性补助等，均属于非经常性的跨国所得。对于这一类非正常的跨国其他收益或所得，是否列入国际税收涉及的征税对象进行征税，各国之间是很不一致的。例如在新加坡，跨国自然人所取得的一次性抚恤所得，不列为国际税收的征税对象，但经常性抚恤所得，却要列为国际税收的征税对象；在我国，跨国自然人所取得的抚恤所得，无论是否为一次性的，都不列为国际税收的征税对象。

在把跨国其他收益或所得列为国际税收涉及的征税对象的国家，通常是与跨国纳税人的跨国一般性经常所得合并，综合适用公司所得税或个人所得税的税率计算征收，而很少有将跨国其他收益或所得另立税种，单独进行征收的。

三、跨国一般财产价值的分类

国际税收涉及的一般财产税的征税对象是跨国一般财产价值。所谓跨国一般财产价值是指跨国纳税人全部财产的综合货币表现。根据该类财产价值的不同表现形式，可以将其划分为跨国一般静态财产价值和跨国一般动态财产价值。

（一）跨国一般静态财产价值

所谓跨国一般静态财产价值，是指跨国纳税人在一定时期内处于相对静止状态的各项跨国资产的价值的总和。将其列为国际税收的征税对象的国家有荷兰、瑞典、巴基斯坦、印度等，但我国目前尚未对此进行征税。

对跨国一般静态财产价值所适用的税种，对跨国法人而言，有资本税和一般财产税。征税方法大致以跨国一般固定资产净值为计税基础，即以资产总值减去负债后的余额为征税对象。

（二）跨国一般动态财产价值

所谓跨国一般动态财产价值，是指一般财产税类中因无偿转移而发生所有权变化的那部分跨国一般财产价值，不包括在转让中所实现的跨国一般财产收益的价值（通常被列为资产利得征收资产利得税）。作为国际税收涉及的征税对象的跨国一般动态财产价值，它所适用的税种有遗产税、赠与税和继承税等。具体的征税方法不同的国家不尽相同。有的国家如美国，对跨国一般财产所有者的生前转移（赠与）和死后转移（遗产）采取分立税种，合并适用超额累进税率进行计算征收的；也有的国家如英国，却是专门设立统一的资本转移税税种合并进行征收。

四、主要国家对跨国法人的税收概况

（一）美国

美国的税法规定，在美国各州政府注册的公司，不管其总公司或管理机构在什么地方，其来源于世界范围内的收入都要向美国纳税。按美国的税法，在外国股东与本国股东组成的合资企业中，当本国股东拥有的股权在50%以下时，其利润不向美国纳税；只有当合资企业向美国股东发放或给付租金、利息以及劳务报酬时，美国股东才作为纳税人向美国纳税。

美国税法的涉外征税对象就是美国纳税个人及法人取得的国外收入来源收入。主要有：(1) 股息。外国公司付给美国纳税人的股息都构成外国来源收入，但该外国公司必须只有50%以下的毛利与美国贸易和商业经营有实际联系的，才全部算是美国国外来源收入。(2) 利息。外国公司付给美国纳税人的利息都构成外国来源收入。(3) 劳务报酬。美国纳税人在美国以外从事劳务活动的报酬，构成国外来源收入，不管付款人的居住地、付款地和合同签约地如何。(4) 租金和特许权使用费。产生租金和特许权使用费的财产位于美国之外，构成国外来源收入。(5) 美国纳税人出售美国境外的不动产收入，构成国外来源收入。(6) 除不动产以外的一切个人财产的购置和销售，发生在国外的收入，构成国外来源收入。(7) 来自大陆架自然资源的收入。这部分由于受到国际法争议的影响，不很明确。

美国税法对离岸投资公司的规定：1997年减税法案前，依据办公地原则，只有具备公司的大多数经营功能的公司或合伙企业才可被视为离岸公司，才可以享受免除资本利得税和全部股利或利息的美国税收优惠。新税法修订后，为吸引外国投资者在美国投资，免除了对办公地的要求，只要是以自己的账户进行股票证券投资交易的外国人，就视为离岸公司，免除资本利得税和全部股利或利息的美国税收。

对国内外投资者，美国税法有一系列联邦税收优惠政策。这些规定有加速折旧、无形资产摊销及营业净损失移后抵扣国外税款的减免。美国的公司所得税法规定：折旧期限为3年、5年、7年的公司财产，采用200%的余额递减折旧法，余额再采用直线折旧；折旧期限为15年和20年的公司财产，采用150%的余额递减折旧法。

（二）英国

1. 英国采用的是管理及控制中心标准

公司的管理控制中心在英国，则被称为居民公司。判断管理控制中心通常依据董事会开会地点，而不考虑主要的经营中心所在地。

2. 英国税法规定

外国公司的分支机构与本国公司同样纳税，资本利得作为普通所得税。最低所得税按公司资产调整价值的2%确定，当确定所得税时，需要运用最低所得税（即资产的2%）与一般制度（即净利润的30%）相比较，两者的较高额为公司的应纳所得税。新机器和设备在第一年和第二年不承受最低所得税；出口公司的应收账款和存货也不承受最低所得税。

3. 集团公司的税收优惠

英国税法对集团公司课税有某些优惠措施，英国的集团减除规定允许纳税损失可以在同一公司集团的成员之间转移，利用转移可以冲抵利润的损失，包括营业损失、超额利息、超额折旧或资本备抵等。为了有资格获得这种优惠，公司必须有75%的成员关系来构成为此目的的集团公司。假定在公司间存在必要关系，损失通常可以转移给集团中的任何公司。

4. 外国来源股息

从持有外国股份中收取的股息，要作为应缴的公司税的所得来处理。借助于外国税收抵免机制，或是根据英国与子公司所在国之间的税收协定，或是根据单边减除，可以避免所在国与母国的双重征税。抵免以与有关股息相关的英国公司税额为限，它是参照各项所得来源计算的，既不采用分国限额为基础，也不采用全球综合限额为基础。任何抵免或没有使用的部分抵免，不可以向以后结转或转回以前的会计期间。

5. 支付给国外关联企业的股息、利息和特许权使用费

公司在向海外关联企业支付股息时，必须按正常方式支付预提所得税。支付给国外关联企业的利息及特许使用费版权费，在扣除25%后再计征所得税。许多协定对此类支付款提供较低的预提税税率，或者规定征预提税；但只有在款项的支付不超过正常交易水平时，才可以获得上述税收抵扣。支付给关联企业的利息适用较低预提税税率时，应对付款方的自有资产与其债务的比例进行检查，若此比例低于1:1，该企业将不能将其支付的利息进行税前扣除。

如果税收协定取消，那么利息不可扣除，或虽可扣除，但适用25%的非税收协定预提税率。被拥有75%股份的英国子公司支付给国外母公司，或另一国外的被同一母公司拥有75%股份的兄弟公司的利息，不适用有关税前扣除的规定。

6. 资本弱化

资本弱化是指跨国公司为了减少税额，采用贷款方式替代募股方式进行的投资或者融资。虽然英国税法在资本弱化方面没有明确规定，但却对能分配的股息制定了特别条件：（1）贷款者是非英国公司；（2）借款者是英国公司；（3）贷款者拥有借款者75%的股份，或者一家非英国公司同时拥有借款者和贷款者75%的股份。

（三）德国

1. 所得税

企业留成利润的公司所得税率为45%，已分配利润的税率为30%，纯股息应征25%的预提税，从1995年开始，按应税所得的7.5%征收统一附加税。非居民常设机构的公司所得税率为42%，但因为开征统一附加税的原因，实际税率为45.15%。

2. 公司集团

德国是在法律上承认公司集团经济真实性的国家，所以公司集团具有在税收上选择被作为一个单一实体对待的机会。这种选择使得公司集团有可能为了公司税和交易税的目的，把一个集团各成员的利润和损失合并在一起。单一实体的规定也使一个集团就其集团内部的交易免交增值税。财务一体化、控股公司与受控公司经济管理方面的一体化共同决定了是否可以作为单一实体来交纳公司税。一体化的公司必须签订一份至少为期5年的利润转让合同，控股公司承担受控公司（必须是德国公司）的损失或取得其利润。此外，控股公司是外国公司时，公司必须在德国建立一个分支机构。

3. 外国来源股息的免税优惠

免税优惠适用于免税股息的每一次再分配，其结果是，对来自于国外的免税所得在公司之间的股息分配给予了100%的免税优惠。根据欧盟法规或税收协定法规，对免税股息所得进行分配时，仍按25%的税率缴纳预提税。

跨国公司给予外国公司驻德国常设机构的股息享受免税优惠。取得免税优惠的资格必须符合以下两个条件：（1）驻德国常设机构必须在下属公司至少持有10%的股份；（2）外国公司的股份必须是属于常设机构的资产，其所得也必须是依照税收条约准予免税的，以免拥有常设机构的外国公司是一家德国公司。

4. 对外国子公司出售股票的资本利得免税优惠

德国公司出售外国子公司的股票，或由于清算，或由于名义股东减少而得到的资本利得，可根据一定的情况给予免税。外国公司在德国的分公司由于转让或出售外国股票所得的资本利得，也可免税优惠。

德国税法规定的上述免税的条件有：德国母公司必须符合根据德国适用所得税协

定因公司间参股而享受免税的条件。如果参股权至少在10%，那么实行参股权免税时，不考虑税收条约中高于最低参股权的要求；如果条约包括所谓的活动条款，则资本利得免税必须充分满足这个条件。如果德国与来源国未签订税收协定，当资本利得满足德国国内法关于税收间接抵免的要求时，也可免税。外国子公司的所得必须全部或基本上全部来自“活动的来源”，并且，德国母公司必须在财政年度结束前的连续12个月内，占有外国子公司至少10%的股权。

（四）法国

1. 公司所得税的纳税人和税率

法国税法规定，公司所得税的纳税人包括私营有限公司、股权有限合伙公司、股份公司和外国公司设在本国的分支机构。一般合伙企业、合资经营企业以及有限责任合伙企业也可作为纳税人，缴纳法人所得税。法国利润一律实行33.33%的税率，短期资本利得税率为33.33%；长期资本利得税率为18%。对外国公司的分支机构和任何形式的常设机构，视同国内公司一样课税。

2. 公司集团

法国在1988年初引进真正的集团课税，使得在同一集团内各公司实现的利润与损失相互冲抵。通过实行这种选择性税制，母公司就由其法国子公司组成的集团的全部所得缴纳应纳公司税（母公司必须至少拥有子公司股份的95%）。

此外，法国还有另一种公开纳税制度，因为此种制度只有在例外情况下才会被特别批准实行，所以只有少数公司集团使用该制度。它使一个法国公司把全部来自法国和外国子公司（至少控股50%）的所得包括在自己的所得中。

3. 支付给国外关联企业的股息、利息和特许权使用费

法国公司支付给外国关联公司的股息应缴纳25%的预提税，股息收入者有权要求本国给予税收抵免。发生在法国境外的有关借款和债券的利息可以免缴预提税。支付给非居民的其他利息按下列税率征收：（1）1987年1月1日后发行的公债，以及其他一些在特定条件下发行月的债券免税；（2）从1990年起发行的长期借款债券、债券、存款、担保金、往来账户等的利息，税率为35%；（3）特别债券、可转让的贷款权、股东停止的账目的利息，预提税税率为15%。

4. 税收抵免

法国许多税收协定对投资所得的预提税给予税收抵免；国内税法规定在一定条件下，从国外子公司分得的股息可享受税收优惠待遇。（1）职业培训抵免。（适用于1991－1992年度）。公司免适用于提高职业培训费时，可抵免本年职工培训费比以往年度增加额的25%，抵免最大额为100万法郎。（2）工作时间制度的调整。雇员在

10 人以上的工商企业可以得到税收抵免，但条件是公司与雇员达成有关在 1990 年、1991 年、1992 年公司降低雇员工作时间及同时提高固定资产利用率的协议。这项抵免在协议生效后 3 年实施。(3) 科研经费。该项抵免给予那些经法国政府批准在法国境内从事研究活动的研究中心。从 1991 年度开始，以边际基础来计算新增加研究费用的税收抵免，费用支出包括：专门用于研究活动的资产的折旧，包括专利权及在 1991 年 1 月 1 日后完工的建筑物；工资及分配给研究人员的创新相关费用；其他费用，但总额有限定。

(五) 日本

日本法人税的纳税人分为国内法人和外国法人两类。国内法人是指总部或主要办公地点设在日本的公司，外国法人是指在外国组建的公司。国内法人要就其世界范围内的所得缴纳法人税，而外国法人则就其在日本境内的源泉所得缴纳法人税。日本境内的源泉所得分为以下 11 类：

(1) 劳务所得；

(2) 在日本的商业借款所得；

(3) 中小企业风险准备金；

(4) 在日本经营活动及资产运用所得；

(5) 来自国内公司的红利；

(6) 从日本国内的不动产取得的所得；

(7) 在日本做广告得到的收益及其他利益；

(8) 在日本从事经营的个人支付的特许权使用费；

(9) 来自在日本有经营场所的企业支付的寿险或类似合同而交付的年金；

(10) 向在日本有经营场所的自治合作社投资而获得的利润分配；

(11) 中小企业风险准备金。存款利息所得，限于来自日本国家与地方政府发行的公债券或国内公司发行的债券的利息，以及来自在日本有营业场所的银行储蓄产生的利息，或联合信托业务与开放信托投资的利息所得。

日本税法规定，国内公司境外所得已缴纳的外国税收，可以在应纳法人税和居民税中获得抵免。抵免限额为各种或各国来源所得总额按日本的相应税率计算所得出的税额，超限额部分可以在以后 5 年内结转。外国税收抵免首先冲抵国税，然后任何超过 30% 的国税抵免限额的部分可以用于抵免居住税。税收有直接抵免和间接抵免，日本公司拥有外国公司至少 25% 的股权才可以获得间接抵免。若日本国内公司在发展中国家设有分支机构和子公司，还可以享受税收饶让的待遇。

第二节　跨国公司生产及销售中税收筹划的基本方法

跨国公司税收筹划的主要方法是建立灵活的公司内部结构，并在这个结构的范围内开展一系列使税收最小化的业务活动，包括利润再分配和利润减少等。利润再分配是指将跨国公司的全球利润安置到税负水平相对较低的国家去；利润减少是指将部分费用和利息、股息、特权使用费的付款归入跨国公司内部低税国居民公司的财务收益之中。跨国公司生产经营中的税收筹划方法是多种多样的，而且越来越复杂和隐蔽，具体说来主要有利用关联企业的转让定价、滥用税收协定、利用跨国收购、利用国际租赁、利用信托避税、电子商务避税等。

一、利用转让定价

所谓转让定价（Transfer Pricing），是指公司集团内部机构之间或关联企业之间相互提供产品、劳务或财产而进行的内部交易作价，通过转让定价所确定的价格称为转让价格。

转让定价可以应用于跨国关联企业之间的各项交易，包括销售产品、提供劳务、发放贷款和转让技术等。在这些交易中，通过实施一定的转让定价策略，跨国公司就可以把公司集团的利润从一个国家的关联公司转移到另一个国家的关联公司。例如，为了使海外某一国家的子公司获得较高的利润，跨国母公司可以向其低价销售产品零部件，或由子公司向母公司高价出售产成品。又比如，为了减少海外子公司的利润，跨国母公司在向其提供劳务、贷款或专利使用权时可以收取较高的劳务费、利息或特许权使用费，从而把子公司的一部分利润转到母公司的账上。此外，在关联企业的运输费、保险费、管理费和佣金等费用的支付上也可以采用上述转让定价策略。但需要指出的是，避税和利润转移并不是跨国公司使用转让定价的唯一目的，在许多情况下，跨国公司使用转让定价手段是为了满足其内部经营管理的需要。

转让定价作为一种内部交易定价，不同于一般市场价格。它是跨国公司价格战略的一个重要组成部分，同时是也是跨国税收筹划的主要方法，有着极其广泛的应用。我们将在本章第三节对转让定价进行详细介绍。

二、滥用税收协定

税收协定滥用（Abuse Tax Treaty），又称选择条约（Treaty Shopping），指的是非条约受益人利用条约从事经济活动，从而享受税收条约优惠待遇的行为。这种滥用的税收协定行为，使非税收协定受益人得以逃避原应承担的税负。比较常见的做法是：跨国纳税人试图把从一国向另一国的投资通过第三国迂回进行，以便从适用不同国家的税收协定和国内税法中受益。

对跨国公司滥用税收协定，目前国际通行的判定标准为：（1）公司的组建不是以获取税收协定优惠为目的的；（2）所得的支付和取得必须出于真正的商业动机；（3）对间接性收入，公司有长期的实际占有权；（4）最终受益人必须是缔约国一方的实际居民；或者受益人对股息支付公司股票的控制要低于一定标准；（5）控股公司的股票公开上市。

若不符合上述标准，即为滥用税收协定。在实践中，主要有以下三类做法：

1. 直接导管公司（Direct Conduit Company）

例如，K、L两国之间未订立税收协定，但都分别M国订有双边互惠协定。K国的甲公司要向L国的乙公司支付股息，乙公司就在M国组建丙公司，由甲先把股息支付给丙，再由丙支付给乙。丙公司就是一个传输公司，它好像一个输送导管，使股息迂回于M国，达到减轻税负的目的。其作用如图6－1所示：

2. 脚踏石式的公司（Sleeping-stone Conduit Company）

沿用上例条件，不同的是L、M之间也没有税收协定，但M国规定：丙公司支付给他国公司的投资所得允许作为费用扣除，并按常规税率课征预提税。这时L国的乙公司再同样与L国订立税收协定的N国（该国对所有公司实行优惠政策）建立丁公司，甲公司先把股息付给丙，丙再付给丁，由丁付给乙。采用更加迂回的策略使丙公司的所得可以大量扣除乙公司投资的支出，又使其在M国缴纳的预提税可在N国得到抵免，还使丁公司的收入享受优惠待遇。丁公司则被称为脚踏石式的传输公司。（如图6－2所示）

3. 双边关系（Bilateral Relations）

可以通过外国低股权的控股公司，设置同一国控股结构（The Same Country Holding Structure）。因为有些缔约国之缔结的税收协定仅对那些持有少数股份的股东给予税收协定优惠，同时根据国内税法的规定，如果股息是由同一国家中的另一家公司收取的，则对股息课以较低的税收。于是，甲国的投资者可以在丙国先组建一个完全控股的B公司，由B公司持有该投资者进行最终投资的C公司的少数股份，例如

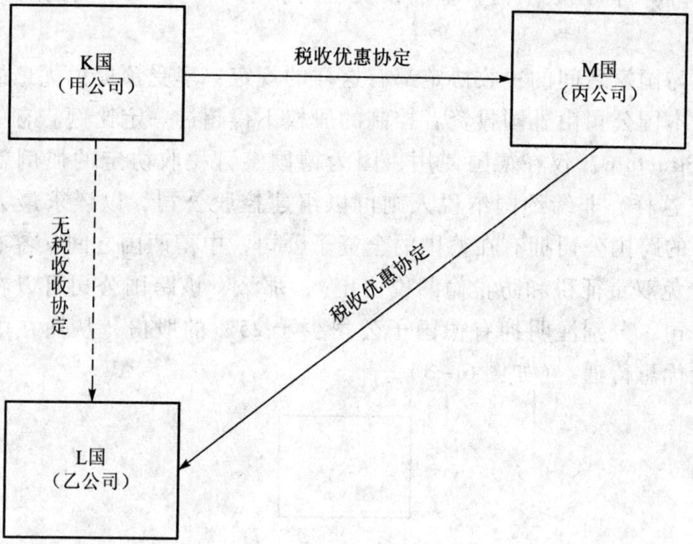
K国
（甲公司）
税收优惠协定
M国
（丙公司）
无税收协定
税收优惠协定
L国
（乙公司）

图 6－1

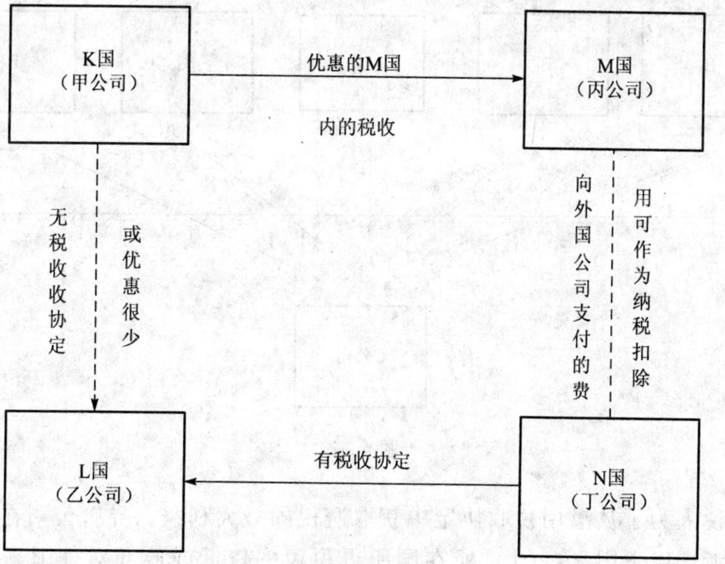
K国
（甲公司）
优惠的M国
内的税收
M国
（丙公司）
无税收协定
或优惠很少
向外国公司支付的费
用可作为纳税扣除
有税收协定
L国
（乙公司）
N国
（丁公司）

图 6－2

9%，根据这种同一国控股结构，甲国投资者可获取本不应该享受的对少数股份的税收优惠。

许多国家与国家之间的税收协定都有这样的规定：享受预提税优惠的必要条件是该支付股息的本国公司由外国投资者控制的股权不得超过一定比例。有一种五分结构（The Quintet Structure）仅在德国使用，因为德国签订税收协定的惯例就是将这一比例定为25%。这样，非缔约国纳税人则可以组建控股公司，以谋求最大限度减轻税负。假若我国的跨国公司拥有在德国的全资子公司，中德两国之间又签有一般性税收协定《中德避免双重征税和防止偷漏税协定》，那么，该跨国公司可以在我国境内先组建五个子公司，分别注明拥有德国子公司少于25%的股份，从而在中德之间的税收协定中享受优惠待遇。（如图6－3）

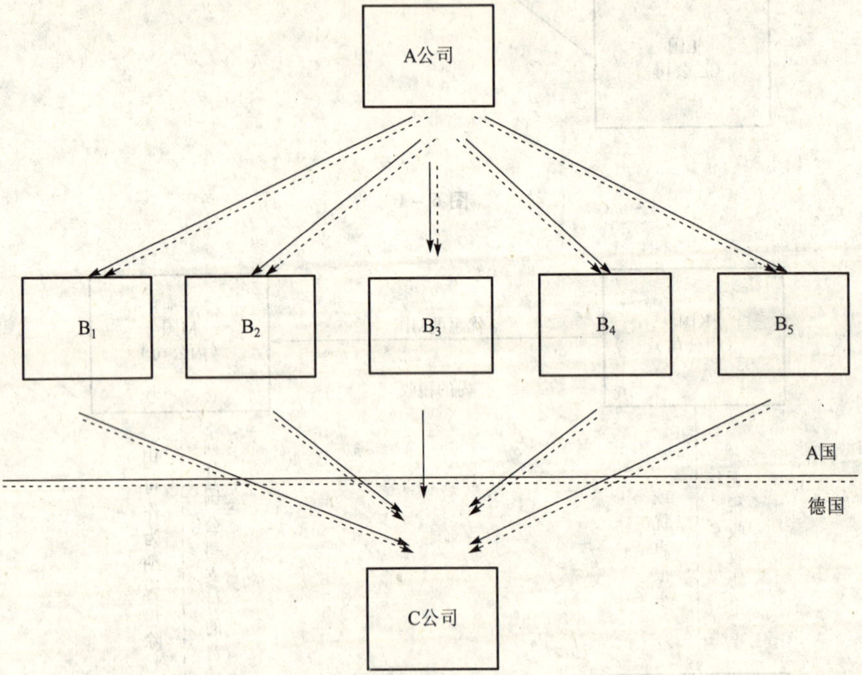

图6－3

跨国纳税人为了从滥用税收协定中获取避税的最大利益，导管公司在确定公司的选址时需要考虑以下因素：（1）所在国所得税税率较低或放弃对外国来源所得的征税权；（2）导管公司所在国按照本国法律或依据与跨国纳税人居住国所签订的税收协定对源于本国的投资所得以较低的税率征税或不征税。因此，国际避税地就成为跨国公司设立导管公司的最理想地点，滥用与避税地签订的税收协定也就不足为奇。

三、利用跨国收购

进行跨国收购是跨国公司在投资国进行迅速扩张的有效方法，通过收购，跨国公司可以在当地市场中获取一个现有的服务网络，快速扩大和取得市场份额，并可以达到削弱竞争对手、取得先进技术的目的。从税收筹划的角度看，收购外国公司有两大好处：首先，不需要进行企业的登记注册，从而避免了一系列手续费用，例如注册登记费、最低注册资本的交验费和在某些情况下必须交纳的资本税和地方税；其次，如果被收购公司在收购前已经失去支付能力，那么其债务在亏损后还可以冲抵整个跨国集团的应税所得。这样，它可以同时享受集团总公司所在国和所购公司登记注册所在国提供的各种税收折扣和税收优惠。

在收购公司前，应该仔细研究投资地国家税法关于类似业务的规定，在取得有关利息和债务等支付的税收优惠后，才能实现该公司和集团的联合。在收购公司时，通常建议采用投资所在国的当地货币贷款，可以在集团总公司的担保下从当地银行获取贷款。这样首先是为了可以减轻因汇率变化所可能带来的损失，避免汇率风险。与此同时，还可以避免一些国家实行的税率差额税。收购公司可以在当地设立控股公司，由它来签订合同和筹集资金。收购的费用和贷款利息的支付可由所购公司以后的利润来补偿。完成购买的一切手续后，该公司就被纳入跨国公司的内部组织体系中。

在跨国收购中应该注意以下三点：

（1）收购前，对包括新公司在内的整个集团的税负水平和该公司在居住国将要承担的税收负担作出正确的评估；此外，还要评估所收购公司的地位（公司合伙企业和个体所有企业），以及今后公司地位可能变化后的税收影响；并确定最佳的收购方法。

（2）收购后，明确在所购公司发行新的有价证券（即公司资本化）时，可能要承担的税收义务，在改变公司所有人的时候要缴纳转让税。

（3）公司的经营活动要受到当地政府的限制，其中包括税收的限制（如终止公司享受税收优惠政策的权利）或受当地人口就业的有关政策的限制。

四、利用国际租赁

跨国租赁是指由设在一国的关联公司用银行贷款购买某一机器设备，然后再租赁给在另一个国家的关联公司。很多国家的税法中都有鼓励企业购买设备进行投资的条款，如加速折旧制度、投资税收抵免制度等，享受这两种优惠制度的公司必须要拥有此项设备的法定所有权。如果某一纳税人利用银行贷款购入一台设备，然后再把这个设备转移到国外的另一家公司使用，这种转移是以直接销售方式实现还是以租赁方式实现，这就要从税收上进行考虑。若是以直接销售方式转让，则购买方可以享受和这项设备相关的税收优惠；若是以跨国租赁方式转让，则出租方可以享受和这项设备相关的税收优惠，这就要比较一下到底哪个国家对机器设备投资更为优惠。

国际租赁不仅可以得到税务方面的优惠，而且还可以使租赁企业以支付租金的方式冲减企业利润，减少纳税额。所以，它已成为可以使跨国纳税人减轻税负的重要方法之一。利用国际租赁进行税务筹划的基本操作方法有两种：

1. 直接转投资为租赁

例如，某跨国纳税人将本应对子公司直接投资的资产转为租赁形式，这不仅增加了子公司的费用支出，减少应纳税额，又可在有关国家享受到租金税收减免的优惠。若这个跨国纳税人所在国为欧盟国家，那这种租赁形式应为融资租赁，把获得的收入由一般利得转为资本利得，还可享受到减免税负的优惠。若采取杠杆融资租赁，除了以上好处外，还可以利用财务杠杆作用获取税收受益。因为资产的所有者（出租人）提供取得资产所需的10%～40%的资金，而其余部分则以无追索权为依据从金融机构债权人那里借入。资产所有权带来的全部税收受益归出租人所得，即使出租人在租赁中只占的10%～40%产权。这种财务杠杆作用为出租人创造了比按比例得到的税金节减额更高的收益。

2. 租赁避税筹划法

租赁可以当作一种手段，在同一集团内部将一个企业的资产光明正大转移给另一企业。出于减轻税负的目的，这种租赁就是租赁避税筹划法。这种避税产生的根源在于在经营租赁或融资租赁中谁可以要求折扣，谁又可以扣除成本，谁必须承担损失风险。一种国际上惯用的避税手段是高税国的一个公司购置一项资产，比如以借入资金购买并将其按尽可能达到的最低价格租赁给低税国或无税国中的一个联营公司，后者以尽可能高的价格再租赁给另一联营公司。在这个过程中能获取双重税收上的好处：一是A国出租人和B国承担人都得以扩大折旧，作为扣除避开所得税；二是除了折旧以外，通过租赁业务，有权享受对投资的税收鼓励。

借助于各种租赁方式可以将货物置于别人的支配之下，其中最主要的方面是工业、商业或科学设备的租赁。近年来，国际社会较流行这种避税法，此种避税法有日益扩大的趋势。这给各国国内和国际税收领域带来了一连串新的问题。在这些新问题面前，老一套税收立法显得束手无策，现有的税收协定范本也没有提供令人满意的答案，所以该领域成为当前国际避税活动的一个新的乐园。

五、利用信托避税

信托是指一个人或公司法人（信托人）把资产或权利（信托财产）移交给另一个人或公司等法人实体（受托人），让受托人成为财产的独立所有者，并负责用受托人自己的名义管理和使用这笔财产，以利于受益人。受益人可以是信托人指定的第三者，也可以是信托人本人。跨国纳税人通过建立信托财产，可以既不用真正迁出高税国，又不用虚假迁出高税国，而是仍然留在高税国，只是信托人在某个低税国管理其资产和所得，以创造机会避税。此举目的在于，造成法律形式上原所有人的所得或财产与其本人分离，在最终所有人的居住国避免就这部分所得或财产缴纳所得税或继承税和赠与税，这种手法被称为“虚设信托资产”，是避税的典型活动之一。

跨国纳税人（委托人）利用信托形式转移所得或财产，将自己拥有的财产转给受托人进行保管和经营，造成纳税人与其财产或所得的分离，从而在法律形式上消除人与物之间的某种联系因素，但又使分离出去的财产或所得仍受法律保护。这使委托人不必再就这部分财产及其产生的所得缴纳财产税和所得税，可以有效地规避其在居住国的纳税义务，因为纳税义务已由委托人转给了受托人，受托人承担的税负最终仍会转给委托人（或其指定的其他受益人），但如果委托人选择一个处于低税国的受托人，则其总体税负必然会降低。如新西兰朗伊桥公司为躲避本国的所得税，将其年度利润的70%转移到巴哈马群岛的某一信托公司，由于巴哈马群岛是世界著名的自由港和避税港，税率比新西兰低35%至50%，因此，新西兰朗伊桥公司每年可以有效地躲避300万美元至470万美元的税款。

在实际避税活动中，除了信托形式之外，还有其他类似形式。其他信托协议形式是指一些跨国纳税人与银行之间的契约性关系。由于其涉及国家之间的双边税收协定，例如，一国纳税义务人与某一银行签订信托合约，该银行受托替该纳税人收取利息。当该受托银行所在国与支付利息者所在国签订有双边税收条约时，按此条约规定，利息扣款税率享有优惠待遇，则该纳税人即可获得减免税好处。比如，日本与美国签有互惠双边税收协定，日本银行从美国居民手中获取利息可以减付利息税50%。（美国规定利息税率为20%，日本银行可以按10%支付）。当中国某一公司和美国某一公司发生借贷关系时（中国公司是贷款提供一方，美国是贷款需要一方），中国公司便可委托日本银行代替中国公司向美国公司收取贷款利息，这样就可得到少纳50%税款的好处。同理，中国公司若是贷款需要方，也可利用这一相似的方法减少纳税。但由于这一方法涉及国家之间的双边税收协定，所以这种税收筹划方法就有了滥用税收协定的含意。

六、电子商务避税

随着科技进步和经济全球化的发展，电子商务越来越成为跨国公司不可或缺的一种交易手段。它的出现使现行国际税收有关纳税人、常设机构、地域管辖权等的概念已难以对其进行有效约束，也很难准确区分销售货物、提供劳务或是转让特许权。这些都为跨国公司利用电子商务进行税收筹划创造了机会。利用电子商务进行税收筹划可以采取的形式主要有：

（一）组织避税地虚拟公司

电子商务的流动性很强，选择一个税负低的交易国非常轻松：例如，阿根廷与芬兰都有权就发生在各自境内的运输或支付行为征税，因此这两国的公司间进行的电子交易，可选择在避税地巴哈马的虚拟公司作为交货地点，从而利用巴哈马的避税地优惠。

（二）跨国公司的转让定价

电子商务的时效性进一步促进了企业集团内部功能的一体化，公司的职能如产品开发、销售、筹资等成本费用能更轻易、便捷地以网上交易的形式分散到各国的子公司，因此，各国税务当局对经济活动的发生地和活动情况更加难以掌握，从而为跨国公司的税收筹划创造了条件。

（三）国际投资

联机银行和电子货币的发展使跨国公司交易成本降至与国内成本相当。同时，国际互联网已提供了某些设在避税地的联机银行，用以为客户提供完全的“税收保护”。这样，国际投资集团可将来自世界各地的证券投资所得，以电子现金的方式直接汇入避税地的联机银行，以享受税收优惠。

（四）网址上的“电话回复中心”

以欧洲的增值税为例，欧洲的增值税法规定，提供货物应在发送地征税。这样，欧洲各国对非欧洲各国利用国际互联网为其提供的劳务无征税权。欧洲各国可通过电话或其他方式，预约非欧洲国家为其提供网络服务。这种为其提供劳务的网址就成为“电话回复中心”。

第三节 跨国公司的转让定价策略

一、跨国公司中的转让定价

（一）跨国关联企业

转让定价是依附于关联企业之间的内部交易而产生的一种经济现象。在非关联企业之间不可能发生通过转让定价来转让利润的问题。所以，要对转让定价作出处理，就要对交易双方是否构成关联企业关系作出明确的界定。

从原则上说，联合国和经合组织分别制定的《国际税收协定范本》第9条第1款规定，凡符合下述两个条件之一者便构成关联企业的关系：（1）缔约国一方企业直接或间接参与缔约国另一方企业的管理、控制或资本；（2）同一人直接或间接参与缔约国一方企业和缔约国另一方企业的管理、控制或资本。

虽然以上是针对税收协定的缔约国而规定的，但这一规定已为大多数国家所接受和采纳。一般认为，跨国关联企业包括总机构与其分支机构之间、同一总机构的不同分支机构之间、母公司与其子公司或孙公司之间、同一母公司的不同子公司或孙公司之间等这样一系列关系的企业。但是，这个条款对于一个企业对另一个企业的参与到何种程度时两者才能被视为关联企业这一点上，却无具体的规定，从而在实践中就难免遇到困难。不过，这并非出于上述范本制定者的疏漏，而是由于各国法律的有关规定不同，从而无法在条款上作具体的规定。因此，在确定一国的企业之间是否存在关联关系时，还必须根据有关国家的法律规定。

以我国为例，我国税收征管法将关联企业界定为只要符合下列条件之一的企业：（1）在资金、经营、购销等方面，存在直接或间接的拥有或者控制关系；（2）直接或间接地同为第三者所拥有或者控制；（3）其他利益上具有相关联的关系。

在实践中，对于一个总公司与其分支机构及各分支机构之间关联关系的确定一般比较容易和明确，而对母公司与子公司或孙公司及同属一个母公司的各子公司之间关联关系的认定就较为复杂。目前大多数国家对母子公司关联关系的认定是以有表决权的股份占受控公司总股本的比例为标准，不同的国家对可达到控制与参与管理的持股比例有着不同的界定标准，具体主要有两种方法：股权控制法和实际控制法（将在第七章详细介绍）。

（二）转让定价的定义

所谓转让定价（Transfer Pricing），是指公司集团内部机构之间或关联企业之间相互提供产品、劳务或财产而进行的内部交易作价，通过转让定价所确定的价格称为转让价格。转让定价问题既可以发生在一国之内，也可以发生在国与国之间。后一种情况是指跨国公司集团内部分设在两个国家但隶属同一法人企业的两个机构（总公司与分公司，分公司与分公司）或同属一个公司集团的两家关联企业进行交易时的内部作价。这种发生在跨国公司集团内部交易方面的转让定价被称为国际转让定价（International Transfer Pricing）。与国际税收利益有关的，也是这种国际转让定价。

按照1979年经合组织关于转让定价的调查报告（The OECD Report on Transfer Pricing）序言部分，转让定价本来是一个中性概念，这个专有名词涉及跨国公司中各个经济实体间商品、劳务和无形资产转让时的定价制度问题。但这个词往往被误认为贬义。

由于这种国际转让定价发生在跨国公司集团的内部成员之间，而这些成员由于法律或经济上的原因相互之间在经营管理和经济利益方面又存在着紧密的联系，因此，转让定价并不一定符合市场竞争的原则，而是根据公司集团的整体利益人为地加以确定。也就是说，一项交易的转让价格既可以等于市场自由竞争所形成的价格，也可以不等于那种竞争价格。转让定价的这种特殊性，决定了它在跨国公司集团的内部管理和国际避税方面有广泛的用途。

（三）转让定价的动机

近几十年来，跨国公司的转让定价引起了极大的争论，争论的焦点在其后果及影响上。但是，转让定价本身是一个中性词，它只不过是充当一般工具而已，跨国公司利用转让定价可以实现诸多目标，比如财务策划、国际避税、经营策略、规避风险等。因此，使用转让定价的原因很复杂，既有内在动因，也有外在动因；既有税收动因，又有非税收动因，概括起来，主要有以下四个方面的因素：

1. 国际避税动机

尽管跨国公司采用转让定价的动因复杂，但避税动机是最主要的。不仅应考虑子公司的所得税负担，而且要考虑总公司的所得税负担，即如何使整个跨国公司集团税负降低。

（1）针对有关公司税

跨国公司的子公司遍布世界，而各子公司的所得税税率和税则的规定有所不同，跨国公司可以利用转让定价，通过低税国子公司以高转让价格向高税国子公司出口或以低转让价格从高税国子公司进口，把利润从高税国子公司转让到低税国子公司，降低整个跨国公司集团的纳税总额。

（2）针对关税

跨国公司利用转让定价，可以减轻关税的负担。跨国公司集团内部频繁的交易，在跨越东道国和母国的国界时都要缴纳关税，跨国公司对设立在高关税税率国家的子公司，进口其他国家子公司的产品价格要压低，相反，对设立在低关税税率国家的子公司，进口产品价格则可以抬高，从而减少整个跨国公司缴纳从价计征的关税金额。

需要注意的是，在使用转让定价逃避关税时，往往会遇到的问题就是公司税与进口税结合起来的影响。首先，从关税而言，只有低价进口，才有利可图；而公司税方面，依环境不同，可以低价移进，也可以高价移进。同时从关税角度考虑运用低价移进时，只有当进口国的所得税率低于出口国时，转让定价才可以同时利用关税及公司所得税的便利；而在进口国的公司所得税率高于出口国时，降价转让就会使进口子公司的利润上升，从而多交所得税，这时就需要综合平衡，分析清楚哪个是主要矛盾。

据安永国际会计师事务所2001年对22个国家和地区的638家跨国公司母公司及176家子公司进行的调查表明，跨国公司在制定其转让定价政策时，更多的是考虑经营管理因素，而不是税务安排的最优化。特别是近些年来，各国加大了对转让定价的调整和处罚力度，所以服从所在国的税收法规成为跨国公司制定转让定价政策的一个重要考虑因素。根据安永国际会计师事务所2001年的调查，有29%的被调查母公司和35%的被调查子公司表示，自己在制定转让定价政策时会首先考虑公司的战略决策，然后才考虑税收问题，这一比重比1997年调查时的28%和22%均有提高；另外，有39%的母公司和38%的子公司在调查中表示，自己在日常经营中制定转让定价政策主要是一种纳税服从行为，而1997年时这个比重分别为30%和39%。可见，转让定价的避税功能已经有减弱的趋势，但它仍然是跨国公司经常采用的一种策略。

2. 规避风险动机

转让定价提供了一个将鸡蛋随时放入不同篮子的机会，风险会因利润的有计划的分配而降低，从而降低了整体风险，而且在某些情况下，还能有效地抑制竞争对手的竞争压力。转让定价可以减少或避免各种经济和政治风险。

（1）应对外汇风险

通过转让定价、跨国公司可以避免或至少是缓减外汇风险。跨国公司可以在预期东道国货币汇率将下跌的时候，利用转让定价及汇回红利等办法，迅速撤回资金，甚至在子公司不留任何多余的现金，另外，跨国公司可以利用系统内子公司之间交易支付时间上的灵活性，采取“提前”付款及“拖延”付款的办法，使位于存在货币风险国家的子公司提前支付各种应付款项（如专利使用费、摊提管理费、研发费、资金利息、应付款项、贷款等）或者使其他公司拖延对它应付的款项。总之，跨国公司可以等待时机，选择合适的汇率付款。“提前”和“拖延”的支付方式结合当地金融机构筹资的方法是很多跨国公司普遍使用的避险、甚至是进行投机的方法，当然，使用得当需要建立在对汇率的准确预计的基础上。

（2）应对通货膨胀风险

在很多情况下，通货膨胀使东道国货币贬值，从而使得跨国公司的子公司金融资产购买力下降，所以跨国公司通常都是尽可能地将资金或利润转让回母国或位于其他国家的子公司，这就需要依托转让定价手段了。另外，子公司在国外取得的利润必须在年底结算后才能汇出，通过转让定价，就可以提前转让公司的利润，避免货币贬值的影响。

运用转让定价对通货膨胀的考虑必须全面。由于严重的通货膨胀会给公司的资本账户及往来账户带来很大的影响，使财务报表不能真实地反映公司的实际情况。最明显的是，通货膨胀使现有资金的购买力下降。尽管持有当地有价证券是有利的，但在通货膨胀下利息通常很高。由于成本来自于几个月前较低的存货价格和几年前较低的资本折旧，所以出现了虚假的高利润，这又会导致更高的税负，而继续维持生产所需的原料价格还在高速增长，资产折旧值不能够再购置同样的资产。

（3）应对政治风险

如果跨国公司的子公司面临东道国政治动荡的风险，那么它最好尽可能地多将资金转让出该国。这时，跨国公司就可以通过转让定价将容易被充公、没收的物资转出该国，以高价卖给该子公司商品，索取高额的服务费用，将资金转让出该国，从而耗空子公司的积蓄，使其陷入赤字状况，达到从东道国调回资本的目的。

还有一种情况是，如果跨国公司的利润远远超出东道国政府的预期，那么东道国政府就会认为他们原先制定的政策过于优惠，使东道国蒙受了损失，从而拟定、颁布新的政策或条例对跨国公司取消优惠。因此，为了避免树大招风，降低东道国采取这类措施的可能性，很多跨国公司利用转让定价将利润提前转让回国，减少在东道国出现的利润，使该子公司的账面利润适当，避免东道国的反应对实现的利润构成风险。

3. 逃避管制动机

东道国政府，尤其是第三世界国家政府，往往在制定各种政策如限制利润汇回母国和外汇管制等，来限制跨国公司的活动以保护其民族工业。近年来，越来越多的国家加强了对外资的管理和控制，限制外资不利于本国的活动。然而，跨国公司也可以利用转让定价来逃避这些限制。

（1）应对外汇管制

在相当一部分同家，尤其是发展中国家．外汇管制还十分严格。跨国公司可以尽量压低税后利润，走成本费用的渠道，把资金转让出境，从而避开外汇管制，自由地从国外公司进口及对外支付。

为避免大量资金抽逃给国家经济带来不良影响，很多东道国政府还采取了控制资金流动的措施。在这种情况下，跨国公司可以利用高的转让价格发货，将资金由子公司调向母公司，或调拨到其他有利的投资场所；跨国公司还可以利用放高利贷的形式，使子公司支付高额利息来抽回资金。

(2) 针对汇回利润限制

很多国家限制外国公司在该国取得的利润汇出份额，或对汇回利润再征一定的利润汇出税，而对利润在该国的再投资进行鼓励。如跨国公司认为这时再投资的效益不大，且母公司需要这笔利润及早汇回，则可以采用转让定价方法解决利润汇出问题。另外，还可以通过第三国实现汇回利润的目的。比如，在巴西及哥伦比亚的子公司专门生产零件，然后以低价转运到墨西哥，而从墨西哥就可以自由地将利润汇回美国的母公司，这样处理的条件是墨西哥没有对利润汇回进行限制，或是与美国签订了双边协议。

(3) 针对反垄断法和反倾销法

有些国家的反垄断法，并不是根据某种产品生产的集中程度，而是根据其产品销售的价格水平，判定该企业是否有垄断行为。价格水平过高，则垄断程度高。所以有时跨国公司不得不利用转让定价来降低中间产品价格，降低生产成本，从而降低该产品价格，使之不违背反垄断法。而为了避免倾销的指控，跨国公司也可以通过转让定价提高产品的成本，从而提高产品的价格。

4. 获取竞争优势动机

跨国公司可以利用转让定价的手段在很多方面为自己建立竞争优势。

当跨国公司在海外新建子公司时，可以凭借整个公司体系的雄厚实力，为子公司建立竞争优势，运用转让定价为新建的子公司提供原料、产品及劳务，使之迅速展开业务，树立良好的信誉，这对子公司开展对外业务是相当重要的。

出于竞争的需要，跨国公司可以通过转让定价使某个子公司显示出较高的利润率，以改变其资信形象。当子公司在扩大规模，占领更大市场份额时，易于在当地发行股票或债券或取得信贷，一份漂亮的财务报表是必不可少的。因此，母公司往往通过低价格提供原材料、零部件、劳务，而高价回购其产成品，使子公司有较高的利润率。相反，如果母公司希望掩饰某一子公司的盈利能力时，就可以提高向子公司的供应价格而压低回购价格。这在20世纪年60代的中东国家的石油行业非常流行。因为当一个子公司的经营顺利、盈利丰厚时，可能带来一系列母公司不希望发生的问题。例如，子公司的工人会提出增加工资或更多地分享公司的利润、提高福利的要求；东道国中滋长要求没收外国企业高额利润的政治压力，如埃及对苏伊士运河的国有化，阿拉伯国家收回石油开采权和运输权；新的竞争者受高额利润的吸引而进入本行业从而加剧竞争等。因此，通过转让定价而适当给子公司盈利“降温”是母公司的一种经营策略。

跨国关联企业就可以通过诸如倾销、价格歧视和公司内部转让定价等方法，来利用其在国内和国际市场上的垄断优势。当今世界不完全竞争和市场信息不完全对称，为跨国公司的转让定价提供了充分的机会。跨国公司可以利用其垄断优势，采取对不同的市场进行不同的定价，从而获得超额利润，使利润最大化。

二、跨国公司中转让定价的基本形式

跨国公司转让定价的运作形式和方式主要表现为：① 货物或劳务不正常的购销价；② 总管理处费用开支、管理费用和利息摊提过多；③ 市场研究费用的不正当分配，不准许列支费用的扣除；④ 秘密佣金；⑤ 虚报机械、设备购入价，多提折旧；⑥ 假借特许权使用费的名义支付股息；⑦ 技术知识特许权的提供；⑧ 不申报外国技术人员的收入等等。归纳起来，跨国公司内部的转让定价从形式上不仅包括有形资产的转让，还包括无形资产的转让；从支付方式上不仅包括贸易性支付，还包括非贸易性支付，其基本形式有以下五种：

（一）货物购销内部交易定价

在跨国公司的转让定价中，货物价格的使用占了很大比重。所谓货物，包括了生产过程中的原材料、零部件、中间产品、制成品和机器设备等。企业通过使货物价格高于或低于正常交易原则下的市场价格，实现利润的转让、资金的流动。其价格制定的高低，对购销双方起着相反的作用。销价定高了，销方的利润虚增，而购方的利润则虚减。

（二）贷款往来内部交易定价

在母公司对子公司进行投资的过程中，贷款较之参股具有更大的灵活性。因为子公司用股息形式偿还母公司的投资，在纳税时不能作为费用扣除，但支付的利息则可以作为费用扣除，而且母公司还可以根据整个公司情况制定利息率的大小。比如，为了增加子公司产品的竞争能力，可以不收或少收利息，使子公司减少产品的费用；相反，为了造成子公司亏损的局面，达到在东道国少交税的目的，则按较高的利率收取利息。因此投资者（特别是跨国投资者）多采取举借资本替代自有资本，甚至连企业集团内部投资也化作借款，有的还在利率上大做文章，虚增费用支出等。当然母公司对子公司的放款不是无限制的，它要受到各国规定的公司债务产权比的制约（请参见“资本弱化”有关章节）。

（三）提供劳务内部交易定价

一般说来，劳务比贷款更复杂，涉及的范围更广。在跨国公司体系内，各相关联企业之间提供的设计、维修、广告、科研、咨询等等，都存在劳务收费标准的高低问题，甚至连总机构管理费用的分摊也可看作是广义的劳务活动，如通过收取劳务费用，由子公司替母公司分摊管理成本（劳务费用有技术性劳务费和管理性劳务费）。

（四）无形财产的转让和使用内部交易定价

与货物购销、贷款往来、提供劳务内部交易定价相比，专利、专有技术、版权、商誉的转让定价标准更难掌握。对技术特许权使用的支付，可以用单纯的形式或隐藏在其他价格中，由于专利和专有知识具有独此一家的特点，其价格具有不可比性，所以国际企业可以在这方面大做文章，达到各种目的。其他专利化的专有知识和技术、商业秘密、商业信誉等，也具有这样的性质。此类使用费的支付，有的影响企业集团资本构成的变动，有的影响收入及成本费用的分摊。

（五）固定资产的购置与租赁内部交易定价

关联企业之间通过内部交易定价，控制着固定资产的购置额与租赁费用，固定资产购置额的高低，既影响企业的股权份额，也影响折旧费的摊销，从而影响企业利润和税收。

租赁是一项相对较新的经济活动形式，近年来，获得了迅速的发展。由于某些企业的工业、商业或科学设备在一定时期内可能出现闲置，而另外一些企业又急需这些设备，就使得租赁可以以临时性的非正式方式满足双方的要求。随着租赁活动的发展，某些长期需要工业、商业或科学设备的企业发现利用租赁而不是购买这些设备具有财务上的好处，因为这样免去了筹资的负担，且风险小。国际租赁可以作为转让定价的一种方式，在国际企业内部将一个公司的资产公开地转让给另一个公司，不仅可以得到税务方面的优惠，而且还可以使租赁企业以支付租金的方式冲减企业利润，减少纳税额。所以，它已成为可以使跨国纳税人减轻税负的重要方法之一。

三、跨国公司利用转让定价进行税收筹划的方法

（一）税负最小化

转让定价可以简单地划分为两类：低转让定价和高转让定价。美国管理学家杰弗里·S·阿尔潘在《企业之间的定价：非美国体系的观点》一书中，对跨国公司的低转让定价和高转让定价的使用条件作了如下概述：如果子公司所在国符合以下状况时，则母公司采用低/高转让价格向子公司流动，条件如表6－1。

表6－1　　跨国公司的高/低价转让条件

低转让价格	高转让价格
1. 高的从价关税税率 2. 较低的公司所得税税率（与母国相比） 3. 激烈的竞争 4. 当地贷款以子公司的经营状况为依据 5. 出口补贴或出口税收贷款 6. 通货膨胀低于母国 7. 政府对商品进口的价值量实行限制（最高量）	1. 有当地合作者存在 2. 来自子公司劳工方面争取更多分享自子公司利润的压力 3. 有被东道国国有化或被没收的政治风险存在 4. 限制利润或红利汇出 5. 东道国政局不稳定 6. 存在大量的关联销售协定 7. 东道国政府以成品成本为依据对最终成品价格实行控制

跨国公司利用转让定价的办法把高利率国的子公司的利润转让到低利率国家或避税港，从而减少向所在国政府缴纳税款。其办法是从低税国子公司向高税国子公司的出口索取高价，或从高税国子公司向低税国子公司的出口索取低价，从而使低税率地区的子公司出现高利润，而高税率地区的子公司出现低利润或亏损。举例来说，巴哈马是避税港，美国的跨国公司有一批零部件要出口到德国的子公司去，它可以开出低价卖给设在巴哈马的子公司，再从巴哈马的子公司用高价卖给德国的子公司。实际上，货物可能由美国直接运到德国，货款也不经过巴哈马。经过这一转账，使在美国的跨国公司因“低价”出售而无盈利，德国的子公司因“高价”收购而无盈利。这样两者的盈利都集中在避税港，整个公司就可以降低税收负担。这是利用避税港来逃税避税。

跨国公司可以通过转让定价来规避一部分的关税。其操作是：向设在高关税国家的子公司出口商品或劳务时，可以采用较低的转让价格，以减轻关税负担；当向低关

税国家的子公司出口商品或劳务时，可以制定较高的转让价格。利用低税率国或税收优惠较多的国家来进行逃税避税也是经常发生的，其方法是：设在高税率国的子公司向设在低税率国的子公司出售货物，采取压价出售；反之，由设在低税率国的子公司向设在高税率国的子公司出售货物则采取抬价出售。跨国公司就是这样利用不同国家税收上的差异，通过转让价格，逃避税收。

若某一子公司处于一个高所得税率和高关税率的国家，以上两种做法就会产生矛盾，那么如何实现均衡，从而确定一个适当转让价格呢？

下式为某跨国公司的总税负公式：

$$总税负 = [(R1 - R2) - (R1r1 + R2r2) + (r1 + r2)] \times T + (P - B2)R2 - (C + B1)R1$$

其中，T：国际转让价格

R：所得税税率

r：关税税率

C：转出企业的生产成本

P：转入企业的生产成本

B：不含关税的营业费用

标码 1：转出企业

标码 2：转入企业

在上式中，$[(P - B2)R2 - (C + B1)R1]$对跨国公司来说是无法改变的，为一常数；而由于所得税税率 R1、R2 均小于 1，所以$[(P - B2)R2 - (C + B1)R1]$必定大于 0。

（1）当 $R1 > R2$ 时，转让价格 T 与总税负成正比关系，转让价格下降，总税负就可以减轻，反之则加重；

（2）当 $R1 < R2$ 且$(R2 - R1) + (R1r1 + R2r2) < (r1 + r2)$时，转让价格 T 与总税负仍呈正比例关系；

（3）当 $R1 < R2$ 且$(R2 - R1) + (R1r1 + R2r2) > (r1 + r2)$时，转让价格 T 与总税负呈反比例关系。

从以上的分析中，可以看出，由高所得税国向低所得税国的转让价格越低越好；而由低所得税国到高所得税国的转让价格则应视 2、3 两种不同情况而定。当然，以上的讨论是一个简单的模型，是基于其他对国际转让价格具有影响作用的因素如市场竞争、通货膨胀、外汇管制、政治风险等相对稳定的假设下进行的，而跨国公司在实际制定转让价格时，是结合各种因素进行综合权衡的。

（二）内部企业间的贷款

内部企业间的贷款实际上就是跨国公司集团中金融业务的转让定价问题。跨国公司中的各个公司间的贷款利率可能会偏离市场信贷利率水平，其目的在于通过这种方法降低利息的预提所得税（如果降低利率）；或者进行利润的再分配，将高税管辖区的利润以支付利息的方式转移到避税地（如果提高利率）。

1. 资本弱化的避税形式

资本弱化（Thin Capitalization，Capital Thinning）又称资本隐藏、股份隐藏或收益抽取，是指跨国公司为了减少税额，采用贷款方式替代募股方式进行的投资或者融资。当跨国公司考虑跨国投资时，需确定新建企业的资本结构，此时，它们往往会通过在贷款和发行股票之间的选择，来达到税收负担最小的目的。

经合组织认为，企业权益资本（自有资本）与债务资本（借贷资本）的比例应为1:1，当权益资本小于债务资本时，即为资本弱化。跨国公司利用资本弱化进行避税的原因是，根据各国企业所得税法规定，权益资本以股息形式获得报酬，一般要被征税两次，一次是分配前作为企业的利润或应纳税所得额被征收企业所得税；另一次是分配后，作为权益资本所有者的股东的息收入，又被征收预提所得税。而企业支付债务资本的利息，却可以列为财务费用，从应纳税所得额中扣除，其结果是减少了企业所得税。企业遭遇经营风险时，权益资本的投资及其股息要与企业风险共存，而债务资本则“旱涝保收”，无论企业是否遭遇经营风险，债务本息均由企业保证清偿，投资者的利益不会受到损害。而且，收入来源国对非居民征税时，一般依据收入类型的不同而采取不同的政策，非居民取得的利息收入与商业经营利润相比，往往按较低的税率纳税，这促使跨国企业将商业利润转变成支付给关联方的利息，以资本弱化的方式避税。资本弱化给跨国投资者带来的好处有：（1）避免从外国子公司取得经营利润而交纳所得税；（2）避免由外国子公司支付给母公司的股息所交纳的预提税；（3）避免外国对公司利润的双重征税（如对公司利润征收的所得税和对支付给母公司股息征收的预提税）；（4）子公司能获得跨国企业设在别国其他子公司的损失抵补；（5）在不同税收管辖权间转移纳税义务，以减少在全球的应纳税额，如使得归集股息抵免最大化、外国税收抵免最大化等；（6）在非税收方面的考虑，如在实行外汇管制的情况下，可以将利润汇回。

在我国利用外商投资的实践中，外资企业往往不愿采取权益资本形式与中方合资，而是以流动资金不足为借口，充分利用其境外的关联企业（即母子公司或子子公司），以债务资本形式贷款给企业，并且这种贷款利息要大大高于正常金融机构贷款利息，如此，外资企业就可以利用资本弱化来实现上述的好处。

通常，跨国公司利用公司内部贷款（Inter-company Loans）来实现资本弱化。跨国公司内部有意识地利用各个子公司东道国外汇管制和税收条例的差异通过相互提供资金实现内部资金转移，这也是跨国公司内部资金转移机制的重要组成部分。如果子公司东道国对资金转移不加限制，那么，母公司可以以任何一方或第三方货币直接贷款给子公司。公司内部直接贷款的利率实际上就是资金内部转移价格。如果子公司东道国对资金转移实施限制，母公司则采用迂回的贷款方式绕过东道国外汇管制实现公司的内部资金转移。跨国公司常用的迂回贷款方式是：（1）平行贷款（Parallel Loan）。计划向其国外子公司进行贷款的跨国公司，自行或通过其他金融机构的帮助，去寻找另一家在同一东道国有富余资金的子公司，双方达成互贷协议；（2）背对背贷款（Back-to Back Loan）。母公司或其他提供资金的子公司把资金存入中介银行，银行或其在子公司所在地的分支机构把等值资金以当地货币或母公司货币或第三国货币借给当地子公司。

2. 资本弱化的效应

以下表为例，说明如果不存在反资本弱化方面的法规，在公司结构中，以贷款替代募股方式进行融资在实际负担税率方面得到的好处。假设直接募股投资和直接贷款投资均为100美元，那么两者的比较如表6－2所示：

表6－2　直接募股投资与直接投资的比较　（单位：美元）

	直接募股投资	直接贷款投资
总收入	100	100
利息收入	0	100
应税所得	100	0
公司税	36	0
股息/利息支付	64	100
预提税	0	10
跨国投资者收益	64	90
实际税率	36%	10%

从上表可见，在没有特殊的相关法规时，子公司将尽可能地以贷款方式组建资本结构，此时跨国公司直接贷款投资取得总收入的实际负担税率（10%）比直接募股投资取得的实际负担税率（36%）低得多。由于债务/股份率高（贷款和募股的比率），利息可以取得税前扣除，子公司可能将经营利润的大部分以利息而不是以股息

的方式加以分配。这将刺激纳税人在海外投资经营的增加，导致所涉及国家税收收入的减少，并扭曲投资和融资方式。

（三）逆向避税

在一般的利用转让定价进行国际避税中，跨国纳税人常常是尽可能避免高税管辖权，而进入低税管辖权，使“收入向低税国转移，费用向高税国转移”，此为顺向避税。但是客观上也存在着另一种避税现象，即跨国公司出于全球战略经营目标而非税务动机考虑时，制定转让定价，使“收入向高税国转移，费用向低税国转移”，称之为逆向避税。这一概念可以表述为跨国纳税人借助避免低税管辖权而进入高税管辖权，以最大限度地谋求所需利益的行为。虽然此时加重了跨国纳税人的总体税负，但客观上却造成了低税国的税收流失，避税效应较为隐蔽、间接，它具有以下几个特点：（1）谋利的间接性。从表面上看，逆向避税加重了跨国公司的国际纳税义务，这似乎不可理解，但是，借助这种手段跨国公司却能达到最大限度地谋求利益的目的，具有极大的隐蔽性，往往不易引起人们的注意。（2）谋利的非税性。逆向避税通过牺牲税收利益，将带来所需的更大的非税收利益，它已不只是一个国际税收问题。（3）谋利的多样性。逆向避税所要谋求的利益随具体情况而变，有时为了实现净利润最大化，有时是为有效地实现某项必要的经营策略，有时在当期不能谋利，但对将来有利。

跨国公司逆向避税现象在我国比较突出。纵观世界各国税率，我国外商投资企业属较低税率。世界上大多数国家的企业所得税率在34%～45%之间，如美国和法国为34%，德国和英国为35%，荷兰为42%，新西兰为48%。而我国的涉外税负一般均低于国际水平，外商投资企业所得税率为33%，并且我国政府为吸引外商直接投资，制定了一系列非常优惠的税收政策，这就使得我国外商投资企业实际税负远远低于其名义税率。因此，根据纳税人最大限度减轻纳税义务的一般动机，外商应将利润转移到我国，使外商投资企业在具有明晰的产权关系及技术、管理、销售、优惠政策等优势上，体现更佳的效益。反之，就会亏损。但是，我国外商投资企业亏损面普遍在40%以上，有的地区高达55%以上。显然，许多外商都将利润隐蔽地转移到了境外，以达到避税的目的。权威部门统计的资料也证实，60%的外商有避税行为。在我国外商投资企业这样低税率的情况下，外商的避税无疑为逆向避税。

一般的顺向避税是以最大限度减轻跨国企业的国际纳税义务为目的，而在我国，外商逆向避税具有以下几方面的非税性利益动机。

1．追求资金灵活流动

逆向避税的基本功能也是转移资金。外商作为跨国投资者，把全球作为其经营场所，这就要求他们能够跨国界灵活调度资金。由于我国人民币不能自由汇兑，对外商汇出利润还有种种限制，因此，外商为逃避我国外汇管制，便利用转让定价来转移资金，客观上就造成了“成本费用内流，收益资金外流”的逆向避税结果。

2. 谋求本体净利最大化

合资经营是外商直接投资的普遍形式，根据合资企业法，中外双方须按投资比例共负盈亏。但是外商为了追求其本体利益最大化，于是充分利用其掌握的先进技术设备、原材料来源及外销渠道的优势，通过控制合资企业的境外购销权，在转让定价上采取提高进口设备和原材料价款、压低外销或包销价格等方法，将合营利润甚至超过合营利润的收益转移到境外。此时外商虽然增加了一定的税负，但可独享所攫取的高额利润，获得本体利益最大化。

3. 减少投资风险，追求整体战略利益

这里的预期风险主要是指政治方面而非经营方面的，因而是一种政治性的逆向避税。例如，一国现行税率很低，但政局不稳或政策多变，跨国纳税人会因存在预期风险（没收财产，大幅度提高税率），而借助逆向避税以实现逃避预期风险的目标。跨国纳税人会采用种种手段尽可能将所得转走，以谋求预期最大利益。

四、跨国公司转让定价案例

目前跨国企业的转让定价筹划主要的核心问题是无形资产的从属权的问题。以往企业所通常采用的在关联销售和采购时，以对总体税负有利的价格转让有形资产的方法已经不多见，中国税务机关对这方面问题的处理也有了很多的经验。而无形资产转让以及为关联企业提供服务的定价方法，成为目前税收筹划所集中规划的问题。

例 1：

甲公司为某跨国企业总部，100% 投资设立从事产品分销的公司 A，采用独资或合资的形式设立生产制造型企业 B 以及其他分子公司。

A 公司一般设立在国内税率较低的区域，而将 B 公司定义为简单的合约加工/来料加工/进料加工企业，将所有产品销售给 A 公司。在关联销售中，B 企业采用成本加成法，给产品成本加成一个百分比（3% -6%，根据行业平均水平定）再销售给 A 公司。而 A 公司则可以分享该产品的剩余利润。

如果 B 企业所承担的功能和风险较大（如包括市场开发，品牌推广等），理应获得更多的利润。A 公司则可以与 B 公司签订服务合同，规定 B 公司的市场活动是受 A 公司所托，其发生的相关费用加成某百分比后由 A 公司承担，则还是可以把 B 公司定义为一个功能简单的制造型企业，其生产的产品采用成本加成法可以被接受。

总结：很多类型的关联交易都可以用服务合同来约定，使实际从事某业务开发的企业仅获得有限的利润，而剩余利润则由委托企业所有。

例 2：

乙公司注册地在某国外避税港，投资设立独资公司 A，从事某项技术的研究和开发，设立独资或合资公司 B，负责该产品的生产和销售，并同时从事产品的研究和开发。A 公司拥有该产品的品牌，并向 B 公司提供研究新产品的技术；B 向 A 支付技术使用费和商标使用费。A 可以委托 B 进行产品研发，A 承担 B 的研发费用并支付一定的加成，而所有研发成果都由 A 所有。A 然后授权 B 使用该项技术，并收取技术使用费。或者由 A 一次性购买 B 拥有的品牌和技术，再授权 B 使用，收取两费。

总结：无形资产（包括商标、品牌、商誉、营销渠道、客户名单等）所带来的价值很难实际确定，一般由母公司控制无形资产的所有权，再授权子公司使用，这样可以将部分利润从子公司抽走。

复习思考题

一、概念题

1. 什么是对物税？什么是对人税？哪类税种最有可能引起跨国经营中的重叠征税？

2. 跨国收益或所得可以分为哪几类？什么是跨国超额所得？

3. 讨论税收协议滥用的判定标准。什么是直接导管公司？什么是脚踏石式的公司？

4. 什么是国际租赁？如何利用国际租赁避税？

5. 阐述跨国纳税人如何利用信托避税。

6. 利用电子商务进行税收筹划的形式有哪几种？

7. 什么是跨国关联企业？什么叫转让定价？跨国关联企业转让定价的基本形式包括哪些？

8. 什么是资本弱化？跨国公司如何实现资本弱化？

9. 结合本章内容，针对我国外商投资企业利用我国税收优惠政策避税，我们应该采取哪些措施？

二、计算题

1. 中国香港地区采取了对外国企业少征所得税、免征财产税、不征资本利得税等特殊优惠吸引外资。福特公司在香港设立子公司。

（1）福特公司把成本为1 000万美元，原应按1 400万美元作价的一批汽车，压价按1 100万美元作价，销售给香港子公司，香港子公司最后以1 500万美元的价格销售出这批车。试比较福特公司及其子公司原应承担的税负同压低转让定价后所实际承担的税负。

（2）香港子公司把成本800万美元，原应按照1 000万美元作价的一批货物，抬高按1 400万美元作价，卖给福特公司（母公司），福特最后以1 600万美元的价格卖出这批货物。比较这两家公司原应承担的税负同它们抬高转让定价后所承担的实际税负。

三、数据分析题

1. 填充下表，并根据这些数据说明，在公司资本结构中，以贷款替代募股方式进行融资在实际负担税率方面的好处。假设直接募股投资和直接贷款投资均为200万美元。

	直接募股投资（万美元）	直接贷款投资（万美元）
总收入	200	200
利息	0	100
应税所得		
所得税（30%）		
净利润		
预提税（20%）		
外国投资者收益		
实际税率		

第七章 国际反避税

✓本章摘要

● 世界各国反避税的基本方略可用“三管齐下”来形容，主要防止通过纳税主体或征税对象的国际转移进行国际避税。跨国公司在进行国际税收筹划时，必须十分注意反避税措施，以免违法。

● 利用避税地避税是跨国纳税人从事避税活动的重要途径，主要发达国家先后制定了防范避税地避税的措施。

● 关联企业的认定方法包括股权测定法、实际控制法、价格判定法和避税地特殊处理。

● 对关联企业之间销售货物或财产的定价问题，以及资本弱化问题，是防止国际避税的一个焦点。各国对转让定价避税问题也采取了措施。

● 税务当局有权对关联企业间不合理的转让定价进行调整，主要调整方法包括可比非受控法、转售价格法、成本加利法，利润分劈法以及交易净利润法。

● 传统的转让定价调整方法为事后调整，而目前事前确认方法，如预约定价制，越来越受到重视。

● 防范跨国纳税人滥用税收协定已成为许多国家在签订税收协定和加强税收征管时关注的重点。各国通过签订双边税收协定的反滥用条款常用规范可以归纳为节制法、排除法、详查法、承受税负法、渠道法和真实法等。

● 通过各国政府和国际社会的广泛合作才可能有效防止国际避税现象。

✓本章关键词

国际反避税　纳税主体　纳税对象　避税地　低税区　关联企业
股权测定法　实际控制法　可比非受控法　转售价格法　成本加利法
利润分劈法　交易净利润法　事后调整　事前确认　追溯期
资本弱化　税收协定滥用　单边合作方式　双边合作方式　多边合作方式

✓学习完本章，你需要掌握：

- 了解各国反避税的主要措施。
- 了解世界各国反避税地的措施。
- 掌握关联企业的认定原则。掌握关联企业间转让定价的调整方法，并能熟练计算。区分转让定价的事后调整与事前确认。了解预约定价制和追诉期的定义。
- 学习应对资本弱化的方法。
- 了解世界各国反税收协定滥用的方法。
- 了解反国际避税的国际合作情况。

国际避税的存在，在一定程度上造成了竞争条件的扭曲和国际资本的不正常流动，减少了许多国家的财政收入。因此，许多高税国和一些国际组织纷纷采取对策，通过完善税收立法和加强征收管理等单边反避税措施及多边反避税措施，来阻止跨国纳税人的避税活动。跨国公司在进行国际税收筹划时，必须十分注意这些反避税措施，以免违反法律。

第一节　各国反避税的基本方略

国际避税的存在，对国际经济交往和有关国家的财权利益以及纳税人的心理都产生了不可忽视的影响。如何有效地防止国际避税行为的发生，无疑成为国际税收活动中的一个重要问题。因此，有关国家针对跨国纳税人进行国际避税所采用的各种方法采取相应的措施加以限制。世界各国反避税的基本方略可用“三管齐下”来形容。所谓“三管齐下”，一是建立转让定价税制，以控制应税所得向境外转移；二是对避税港的措施，以遏制资金和财产流入避税港；三是防止国际税收协定的滥用，以保护正当的税收利益。“三管齐下”的反避税方略已在许多经济发达国家中全面实施。

比如美国转让定价税制，有《国内税收法案》的第482节；针对避税港的税收措施，有《国内税收法案》的F分部规定。另外，美国在对外缔结的税收协定中，有双边税收协定都列上了内容略有差别的防滥用协定的条款。同时需要注意的是，并不是所有的发达国家都制定了反避税法规，由于各国法规的差异，又为国际避税的制定和执行创造了条件。

国际反避税的措施主要有以下几个方面：

一、防止通过纳税主体国际转移进行国际避税的一般措施

1. 对自然人利用移居国外的形式规避税收负担的限制

有的国家规定，必须属于“真正的”和“全部的”移居才予以承认，方可脱离与本国的税收征纳关系，而对“部分的”和“虚假的”移居则不予承认。如德国规定，纳税自然人虽已失去本国居民身份，但仍有经济联系的，应连续对其征收有关的所得税，视其为特殊的“非居民”。荷兰政府也规定，本国居民到国外定居不满一年就迁回，尚未取得外国居民身份者，应连续视为荷兰居民征税。有的国家还规定，自然人只有到了退休年龄才准许移民国外。

2. 对法人利用变更居民或公民身份的形式规避税收负担的限制

有的国家对法人的国际转移给予有条件的允许。荷兰规定，准许本国企业在战时或其他类似祸害发生时迁移到荷属领地，而不作避税处理，但对于其他理由的迁移，一般认为是以避税为目的不予承认，仍连续负有纳税义务。英国规定，如果一家公司未取得同意而迁出境外，将受到两种惩罚：一是公司将继续负有在英国的纳税义务，如同根本未迁移出境一样；二是将可能受到刑法中附加条款的制裁。法人居民身份的改变目前多数国家已按照“主要管理机构所在地”的原则掌握，有的国家并对“主要管理机构”的具体标准作了较详细的规定，但由于没有统一的口径，仍有一些漏洞存在。

二、防止通过征税对象国际转移进行国际避税的一般措施

通过征税对象国际转移进行避税主要发生在国际关联企业之间。这些企业之间的财务收支活动、利润分配形式体现着“集团利益”的特征，因此，对这种避税活动给予限制，关键是应坚持“独立竞争”标准，即按照有关联的公司任何一方与无关联的第三方公司，各自以独立经济利益和相互竞争的身份出现，在相同或类似的情况下，从事相同或类似的活动所应承担或归属的成本、费用或利润来考查、衡量某个公司的利润是否正常，是否在公司之间发生了不合理的安排。凡是符合“独立竞争”标准的，在征税时就可以承认，否则，要按照这一标准进行调整，这样就可以达到防止避税的目的。然而，公司之间的各种交易往来内容十分繁杂，各国情况差异较大，目前尚无统一的和公认的具体“独立竞争”标准，事实上也很难找到各国均适用的正常交易候选人和收费标准，有关国家都是参照本国或其他国家一般独立公司的情况，作出原则上的规定。

第二节　各国反避税地的措施

利用避税地避税是跨国纳税人从事避税活动的重要途径，许多国家的税收利益因此受到了很大的损害。为此，西方一些主要发达国家先后制定了防范避税地避税的对策税制。例如，美国在1962年和1986年分别制定了《国内收入法典》中的F分部和《消极性国外投资公司征税规定》（PFIC）；英国1970年颁布的所得税法第478节和482节对个人和公司的避税活动进行了很多限制；日本和法国分别于1978年和1986年颁布了反避税法规；澳大利亚和新西兰于1988年提出了反避税地避税措施。所有这些已建立了避税地对策税制的国家，都极大地遏制了跨国纳税人利用国际避税地进行避税的活动。

各国对付避税地的立法，目的在于对付本国居民通过在避税地建立拥有一定数量股权的受控外国公司来躲避税收的行为。通常，各国将受控外国公司的所得按持股比例划归本国股东，然后按本国税率对其课税（一般可以扣除在国外所纳税款）。其立法的内容一般包括以下几个方面：

一、对受控外国公司的立法规定

所谓受控外国公司，是指那些在避税地设立的由本国居民直接或间接控制的外国公司。主要有三方面的特点：一是该公司由本国居民直接或间接控制；二是设立的目的是为了逃避税收；三是建立在本国领土之外的低税区或避税地。受控外国公司是跨国纳税人利用避税地逃避税收的主要方式之一。近年来许多国家都制定了受控外国公司的征税法规，防止纳税人把利润转移到低税国。

根据各国的立法，其所适用的受控外国公司和本国股东，大多是根据持股比例来确定的。

其中，美国的防范措施规定最复杂，也最典型。根据美国1962年制定的《国内收入法典》F特别分部（Subpart‘F’Rules）规定：一个外国公司50%以上有表决权的股票在纳税年度任何时候，为持有10%表决权股票的美国股东所拥有，该公司即为受控外国公司（Controlled Foreign Corporation，简称CFC）。

在上述条件下，凡按股息比例应归到各美国股东名下的所得，即使当年外国基地公司未分配，也均应计入各美国股东本人当年所得额中合并计税，这部分所得称为外国基地公司所得，其应缴外国税款可以获得抵免，以后这部分所得实际作为股息分配给美国股东时，则不再征税。外国基地公司所得应认定多少归美国股东有更具体的规定。如此规定的目的就是为了避免美国公司向国际避税地转移利润，长期积累所得进行避税。这样，F 分部排除了跨国公司利用延期纳税使受控外国公司所得避税的可能。其中，F 分部主要是控制两类所得的税收，即消极投资所得和借助基地公司业务取得的所得，这两类所得很容易从一个税收管辖区转移到另一个税收管辖区。

F 分部条款是针对受控外国公司作出的，包含有 7 类所得：（1）来源于美国的风险保险所得（1986 年税制改革后已扩大到来自外国保险所得）；（2）外国基地公司的个人控股公司所得；（3）外国基地公司销售所得；（4）外国基地公司劳务服务所得；（5）外国基地公司船务服务所得；（6）关联抵制所得，即外国公司与国际合作经营被抵制项目的参与所得；（7）国外贿赂，指由受控外国公司或以其名义进行的任何非法贿赂、回扣或其他支付等。

英国立法规定，外国公司必须在英国居民的直接控制之下才适用前述反避税条款，所谓直接控制一般是指拥有超过 50% 的股权。而英国居民公司必须拥有外国公司 10% 或更多的股权才会被征税。

法国立法规定，如果法国公司直接或间接地拥有外国公司不低于 25% 的股票，就适用其反避税地立法中的条款。

德国立法规定，如果一个德国居民纳税人单独或与其他居民一起拥有受控外国公司所发行股票资本的 50% 以上，即适用有关反避税条款。但对于单个德国股东来说，纳税义务的产生没有持有受控外国公司股票的最低额要求。

比利时虽然没有受控外国公司立法，但其所得税法中也有类似的规定，如果比利时企业直接或间接地为外国企业所控制，或者外国企业直接或间接为比利时公司所控制，则适用有关的反运用避税地条款。

荷兰也没有受控外国公司立法，但如果荷兰居民个人拥有非居民投资公司的股票，且该公司的一半以上资金直接或间接地属于消极投资，那么他每年要就其股票价值的一定比（通常为 6%）向政府纳税。

日本立法规定，日本居民必须直接或间接地拥有外国公司所发行股票总额的 50% 以上，反避税条款才生效。而日本股东则必须至少直接或间接地拥有外国公司所发行股票总额的 10%，才负有纳税义务。

加拿大的 FADI（外国增值财产所得）规章也规定，外国公司是指加拿大居民纳税人至少拥有其 10% 股票的非居民公司。相应地，如果一个外国分支机构为某一纳税人所拥有，且直接或间接地被该纳税人或该纳税人及四个以下的加拿大居民，或一组关联人所控制，那么它就是受控外国公司，其中对公司的控制是指在一般的股东大会上拥有 50% 以上的投票权。

新西兰的立法提案所规定的“分支机构等同”制度，直接或间接地适用于新西兰居民纳税人拥有海外公司10%或者更多股权的情况。

澳大利亚的立法提案则较为特别，一方面，反避税条款的适用性不限于受控于澳大利亚居民的外国公司；另一方面，对于公共公司（指在所认可的股票交易所报价的公司），其“增加额课税”制度只适用于拥有10%或更多股权的澳大利亚居民。而对于其他外国公司，其条款则适用于拥有任何百分数股权的澳大利亚居民（但他们适用最高额规定，即纳税人有一个最高额的所得免税规定）。

值得一提的是，多数国家的反避税地立法是自动生效的，并不是需要税务当局的特别指导。但英国例外，税务当局必须对特定外国公司的所得加以指导，拥有外国公司股权的英国居民公司才产生纳税义务。

二、对避税地和低税区的界定

目前各国对避税地和低税区还没有一个公认的定义和统一的判定标准，对避税地的确定方法也不尽一致，概括起来大体有三种做法：一是税负比较法，二是表列法，三是兼用前两种方法。

美国国内收入局列举了30多个国家和地区为避税地，它们是巴哈马、百慕大、英属维尔京群岛、开曼群岛、海峡群岛、科克群岛、塞浦路斯、直布罗陀、中国香港、马恩岛、利比里亚、列支敦士登、卢森堡、瑙鲁、荷属安的列斯、瑞士、巴拿马、特克斯及凯克斯群岛、瓦努阿图、安提瓜、奥地利、巴林、巴巴多斯、百里斯、哥斯达黎加、格林纳达、爱尔兰、蒙塞拉特岛、荷兰、圣基茨、新加坡、圣文森特岛等。美国之所以列举了这些国家或地区为避税地，是因为它认为这些国家或地区具有下述特征：一是与美国相比征收很低的税收或完全不征税；二是银行和类似的金融机构在东道国的经济中占据相对重要的地位；三是即使签订了有关的国际税收协定，东道国也拒绝提供纳税人的金融或商业秘密；四是拥有现代通信设施；五是对外币的国外存款不予控制；六是作为海外金融中心能做到自我促进。

英国规定，低税区是指外国公司在某一期间在该地区的纳税额低于同一所得所应纳英国公司税的一半的国家和地区，即要根据实际纳税额来比较确定。但为了避免计算麻烦，英国国内税务局公布了一个例外国家的表格，该表格包括两个部分，一是外国公司在此居住和经营如果没有得到税收优惠则不适用立法的国家；二是外国公司在此居住和经常被认为不适用立法的国家，包括澳大利亚、加拿大、德国、法国、意大利、日本和南非等国。此外，英国的税务专家密尔顿·格兰蒂还列举了巴哈马、百慕大、英属维尔京群岛、开曼群岛、海峡群岛、科克群岛、塞浦路斯、直布罗陀、中国香港、马恩岛、利比里亚、列支敦士登、卢森堡、瑙鲁、荷属安的列斯、巴拿马、瑞士、特克斯及凯克斯群岛、瓦努阿图等19个国家和地区为避税地。

法国规定，拥有优惠税制的国家，其公司税税率低于正常法国公司税税率的2/3，就是避税地或低税区。法国税务专家安泽·毕全伯还列举了多达47个避税地国家，接近全球国家总数的1/4。

德国规定，包括联邦、州和地区税税率在内凡低于30%的低税率国家和地区，都是低税管辖权地区。

比利时规定，低税区是指纳税人在此居住可得到较比利时企业优惠的税收待遇的国家和地区。

澳大利亚在其外汇管制法中所列的一个指定避税地表，包括下列国家和地区：巴哈马、利比里亚、百慕大、列支敦士登、英属维尔京群岛、卢森堡、开曼群岛、瑙鲁、海峡群岛、荷属安的列斯、直布罗陀、巴拿马、格林纳达、瑞士、中国香港、汤加、马恩岛和瓦努阿图。此外，澳大利亚在其立法提案中还制定了一国为低税区的标准，该标准基本上是看该国的公司税率是否低于25%。如果一国的一般税率为25%或更高，因运用税收优惠而使实际税率降到了25%下，也将被指定为低税区。以此为基础，再由其财政部长负责列出指定低税区表，该表共分为A、B两部分，A表列出了税率低于25%的国家；B表则列出了运用税收优惠后，税率低于25%的国家。

新西兰的立法提案中也列有黑、白两个表：黑表列出了低税区，包括公司所得税税率低于新西兰公司税的国家；白表则列出了例外国家，但其例外国家只包括制定有反运用避税地立法的国家，即美国、英国、德国、加拿大、法国、日本和澳大利亚。

日本在其立法中规定了一个制定避税地表，该表包括三个部分：一是对所有所得征收低税率所得税的国家和地区，它们是巴哈马、安道尔、巴林、百慕大、海峡群岛、英属维尔京群岛、开曼群岛、吉布提、中国香港、马恩岛、列支敦士登、澳门、瑙鲁、特克斯及凯克斯群岛、瓦努阿图、安圭拉岛、新喀里多尼亚；二是对外国来源所得征收低税率所得税的国家或地区，它们是巴拿马、哥斯达黎加、圣赫勒那岛、乌拉圭、委内瑞拉；三是对来自特定经营业务的所得征收低税率所得税的国家和地区，它们是安提瓜（国际商业公司的所得）、巴巴多斯（国际商业公司的所得）、直布罗陀（免税公司的所得）、格林纳达（国际商业公司的所得）、牙买加（国际金融公司的所得）、荷属安的列斯群岛（投资公司的所得、控股公司的所得）、圣文森群岛（国际商业公司的所得、跨国公司所得）、瑞士（控股公司所得、居住公司所得）。

三、对所得的立法规定

通常，各国在其对付避税地立法中所包括的所得，基本上是指消极投资所得，而不包括积极投资所得。因此，对所得的立法规定，就要区分积极经营活动与消极经营活动。

美国在其F分部条款中关于所得的规定非常详细，这些所得包括：F分部所得、在纳税年度内股东的股息中来自公司对不发达国家投资所得的原来不包括在F分部中的所得部分；股东的股息中来自公司对外国基地公司的航运业务投资所取得的原来不包括在F分部所得中的所得部分；在纳税年度内股东的一定比例股息中来自公司投资于美国财产所增加的所得部分。其中F分部所得为消极投资所得，它又包括七个部分：（1）来自美国的风险保险所得（1986年税制改革后扩大到来自外国保险所得）；（2）外国基地公司的个人控股公司所得；（3）外国基地公司销售所得；（4）外国基地公司劳务服务所得；（5）外国基地公司航运所得；（6）关联抵制所得，即在海外国家参与国际联合抵制或与之合作所取得的特定所得；（7）外国贿赂，指由受控外国公司或以其名义进行的任何非法贿赂、回扣或其他支付等。

德国的有关条款所包括的利润就是基地公司所得，基本上是指受控外国公司消极投资所得，例如利息、股息和特许权使用费。而来自积极生产或商业活动的利润一般不包括在内。积极生产或商业活动包括农业、制造业、林业、兑换、加工或组装、能源矿物的开采、信用机构和保险公司的经营活动（但这些商业经营活动主要不是在德国居民股东和其关联人之间进行的），以及资金的借贷（但不是来自外国资金市场并长期贷给外国积极经营活动的借款）。

法国的立法规定，反避税条款只适用于外国公司中主要不是经营工业或商业活动这样的情况。加拿大的FADI规章规定，外国增值财产所得也只包括来自非积极经营的净应税资本利得在内的所得。

澳大利亚的立法提案关于所得的规定比较例外，它只适用居住在或所得来自指定低税区的外国公司全部所得，而不是特定类型的消极所得。

四、立法适用的纳税人

立法适用的纳税人是立法所要打击的对象，正是这些纳税人利用推迟课税的规定逃税，就外国公司的所得向本国纳税。而根据对付避税地的立法，这些纳税人从受控外国公司应分得的股息即使未分回也要就其在本国申报纳税。从各国的情况看，对付避税地立法所适用的纳税人一般既包括法人，也包括自然人，只有少数国家如法国对付避税地的立法只适用于法人。另外，立法适用的纳税人一般要在受控外国公司中拥有一定的股权比重，如美国、英国、加拿大、日本等都规定，本国股东只有在受控外国公司中拥有10%以上的股份，其从受控外国公司应分得的那部分利润（按规定为应税，如美国的F分部所得）即使没有汇回也须在本国申报纳税。

20世纪90年代后期，许多国家加强了对避税地的立法，主要是将打击的对象从受控外国子公司扩大到了受控外国合伙企业。例如，法国政府在1998年规定，凡法国公司所得税的纳税人直接或间接拥有国外企业（包括合伙企业和非独立代理人）股权（包括利权、财权或选举权）达到10%或以上者，或者持有的利权达到1.5亿法郎以上并且该企业位于一个低税国，则该国外企业就属于法国纳税人的受控外国子公司，法国纳税人要就其从受控外国子公司分得的利润申报纳税。美国1998年也规定，美国纳税人向外国合伙企业投资以后，如立即直接或间接持有该外国合伙企业股权的10%或10%以上，或投入资产在12个月内合计超过了10万美元，则该外国合伙企业就应视为受控外国合伙企业，美国纳税人必须填报专项纳税申报表。墨西哥甚至规定，凡本国企业向避税地公司进行投资的，其分得的所得无论是否汇回都应并入本国的应税所得缴纳所得税。

第三节　限制跨国公司不合理的转让定价

对关联企业之间销售货物或财产的定价问题，以及资本弱化问题，一直是防止国际避税的一个焦点。为此，各国对转让定价避税问题也采取了措施。

美国是世界上最早确立跨国关联企业间转让定价调整制度的国家。早在1954年美国第二部《国内收入法典》第482节中，就有关于对国内关联企业间不合理转让定价进行调整的规定。20世纪60年代初，美国将第482节中的规定适用范围扩大到跨国关联企业之间的贸易活动，并于1968年制定了详细的实施规则，由此确立了美国对跨国关联企业间转让定价调整的法律制度。美国的这一规定对其他国家产生了很大影响。在美国之后，英国、德国、法国等西方发达国家也纷纷在本国的税法中加进对跨国关联企业间不合理的转让定价有权进行调整的条款和具体的实施规则。随之而来的是，这种各国对国际交易的课税强化产生了国际双重征税的新的国际税收纷争问题。因而经合组织于1979年发布了《转让定价与跨国企业》报告，给经合组织成员国提供了转让定价征税原则。从此，世界各国税务当局认识了转让定价调整问题的重要性并采用了转让定价征税制度。发展中国家则在进入20世纪90年代后才开始对转让定价问题重视起来，韩国、南非、巴西、墨西哥等分别自1995、1996、1997年对转让定价问题作出专项规定，内容详细较发达国家有过之而无不及。各国对跨国公司利用转让定价进行国际避税采取的对策和措施，主要有以下几个方面：

一、关联企业的认定

转让定价税制一般只适用于跨国关联企业，不适用于一国国内的公司间交易，也不适用于个人。《经合组织范本》和《联合国范本》对关联企业的认定有原则性的规定，在此基础上各国又有一些具体标准，归纳起来，大体有以下四种（以前两种为主）：

（一）股权测定法

股权测定法是指应用企业间的控股比例来界定关联企业的一种方法。一个企业对另一个企业直接或间接参与管理、控制和拥有资本，并非在任何情况下都会使两个企业成为关联企业，参与管理、控制和拥有资本必须达到一定程度，这种程度一般以控制有选举权的股票达到一定比例为标准。从法律角度看，只有控股比例达到50%以上才能控制一家公司，但是在西方国家，由于股份比较分散，公司之间一般控股比例达到20%至30%时，一家公司就能实际控制另外一家公司。如瑞士、新西兰、新加坡、韩国等规定控股达到50%，日本规定一个企业50%以上的股权被另一个企业的三个以下的股东个人所拥有，挪威等规定达到30%，德国、西班牙等规定达到25%，便构成了关联企业。

股份关系还有一种特殊的表现形式，即姊妹公司，当两个公司向时被另一个公司（或个人）拥有时，这两个公司虽然不直接或间接存在股份上的控制与被控制关系，但它们同时受到同一个人（法人或自然人）的控制，从而它们之间形成一种特殊的关联关系。在这种情况下，判定两个公司是否同时受同一公司或个人控制的关键，仍是看控股公司或个人是否同时直接或间接拥有两个公司50%以上的股份。

（二）实际控制法

“实质重于形式”，更多的国家从企业之间相互控制管理的实际情况进行判定。因为在各种经济活动中，股份关系只是形成控制关系的途径之一，除此之外，还可以通过其他形式．如委派管理人员、固定公司间往来形成的关联关系等。比如日本对于企业之间控股虽然达不到规定的比例，但由于它们之间存在着一种“特殊关系”，只要公司一半以上的职员是另一公司委派的，或公司的执行董事是或者曾经是另一公司的雇员或职员；有的国家，如加拿大、南非等对企业同有特殊利益关系的另一企业（如亲属开办的）进行交易往来而又不按市场正常原则作价的，也视为关联企业。美国海关法在评估计税价中如发现买卖双方之间的关系有同一家庭的成员，或双方是领导与被领导的关系，或第三方同时是双方的领导．或双方是领导与被领导的关系或双方是雇主与雇员的关系，或任何一方拥有对方50%以上有选举权的股票，或双方同时被第三方控制或管理等情况之一者，即被认定为具有关联性质。

我国对关联企业的具体认定标准为（只要具备其中一条）：

（1）相互间直接或间接持有其中一方的股份总和达到25%或25%以上者；

（2）直接或间接同为第三者拥有或控制股份达到25%或25%以上者；

（3）企业与另一企业之间借贷资金占企业自由资金50%或50%以上者，或企业借贷资金总额的10%是另一企业担保者；

（4）企业的董事或经理等高级管理人员一半以上或一名常务董事是另一企业委派者；

（5）企业的生产经营活动必须由另一企业提供特许权利（包括工业产权、专有技术等）才能正常进行者；

（6）企业生产经营购进的原材料、零配件等包括价格和交易条件是由另一企业所控制者；

（7）对企业的生产经营或商品销售（包括交易价格或交易条件等）是由另一企业所控制者；

（8）对企业生产经营、交易具有实际控制的其他利益上相关联的关系，包括家属、亲属等。

（三）价格判定法

价格判定法，是看交易事项如何作价的方法。比如，加拿大、南非等国家规定，企业之间的交易定价，如果不符合市场交易定价的，便可作为关联企业处理。

（四）避税地特殊处理

少数国家对境内企业同设在避税地的企业进行的交易，也比照关联企业处理。如美国、法国、日本等国就是这样做的。

二、转让定价的核定与调整

各国均要求关联企业间的转让定价的制定应遵循正常交易原则，即要求关联企业间的内部交易，应按照无关联企业之间业务往来的方式和条件进行定价和分配。如关联企业间的转让定价不同于正常交易价格，税务当局有权对其应税所得进行调整。调整的方法有以下两类：

（一）传统交易法

从比较交易项目的转让定价与正常交易价格入手，对不符合正常交易价格的转让定价进行调整，从而调整应税所得，具体有可比非受控法、转售价格法、成本加价法等。

1. 可比非受控法（Compare Uncontrolled Price Method，CUP）

即根据相同的交易条件下非关联企业进行同类交易时所使用的非受控价格，来调整关联企业之间不合理的转让定价。它实际上是市场标准在转让定价调整过程中的具体应用，是最符合正常交易原则的一种方法。可比非受控价格法被各国广泛应用于对商品销售、劳务提供、无形资产转让、贷款提供等方面转让定价的调整。

市场标准是按当时当地独立竞争的市场价格来确定跨国关联企业之间的交易价格。按照独立核算原则，实行市场标准要求在跨国关联企业之间进行交易时，在市场独立竞争的基础上，谋求以市场价格来解决跨国收入费用的分配问题，这正是独立核算原则的本来目的和要求。按照独立核算原则，实行市场标准，在跨国关联企业间发生的交易往来中，必须把由相互进行控制而起作用的因素（如特殊的商业和财务关系）完全排除在外。即完全以无关联企业在市场上相互进行类似交易的市场价格，作为关联企业之间交易价格制定的标准。这种市场价格，首先应该是转出企业提供给其他并非处于共同控制下的独立企业的同类货物、专利和技术等特许权、咨询服务以及贷款等的市场价格或市场利率。其次，如果该转出企业本身并无此类市场价格或市场利率，也可以是转出企业所在地当时的一般市场价格或市场利率。

市场标准适用于跨国关联企业之间的各种交易。实行市场标准的国家税务当局，对跨国关联企业相互间的交易定价，包括销货收入、特许权使用费收入、劳务收入以及利息收入等各项业务收入的分配，都应用市场价格标准检验和衡量。检验结果不符合市场标准的，不管是转出企业因超过市场标准（即交易定价高于市场价格）而使转出国政府增加了财政收入，还是转入企业因低于市场标准（即交易定价低于市场价格）而使转入国增加了财政收入，转出国和转入国的税务当局都应按市场标准对跨国收入和费用进行重新调整分配。下面以销售收入的分配为例加以说明。

假定甲国一家经营制造业的母公司在乙国设有一家子公司，甲、乙两国的所得税税率分为50%和20%。现在甲国的母公司把其生产的一批产品以12万元的转让价格销往乙国的子公司。甲国税务当局检查确认当时市场上同种同量产品的成交价格是17万元。这时甲国税务当局就可对母公司就调整后所增加的5万元（17万元－12万元）所得补征公司所得税2.5万元（5×50%）。

2. 转售价格法（Resale Price Method）

即以关联企业间交易的买方将购进的货物再销售给非关联企业时的销售价格（再销售价格）扣除合理利润后的余额为依据，来调整关联企业之间交易的不合理转让定价。这种方法实际上是比照市场标准在转让定价调整过程中的具体应用。它主要用于商品交易转让定价的调整方面，最适用于缺乏可接受的类比业务，而纳税人对产品作价又较低时。

比照市场标准是市场标准的一种延伸。它一般适用于跨国关联企业之间工业产品销售差价倒算出来的市场价格。它是以转入企业的该批产品的市场销售价格，减去当时它本身的产品进销差价后的价格，作为跨国关联企业之间工业产品销售收入的分配标准。其计算公式：

比照市场价格＝转入企业市场销售价格×(1－合理毛利率)

其中，合理毛利率是以转入企业所在地的无关联企业同类产品销售毛利占销售价格的比例计算出来的。

例如，在某一纳税年度，甲国M汽车制造公司在乙国设一家子公司，甲、乙两国的所得税税率分别为40%、20%。M公司的汽车制造成本为每辆10万美元，在甲国市场上还未销售过，现以每辆12万美元的价格销给乙国子公司一批汽车，乙国子公司又以每辆19万美元的价格在当地销售这批汽车。这样，甲国M公司每辆利润为2万美元，乙国子公司每辆可取得利润7万美元。根据乙国税务当局的调查，当地无关企业同类汽车的销售毛利率为20%。那么，按比照市场标准，这个企业集团内部，甲国M公司向乙国子公司销售汽车的价格应作如下调整。

转入企业市场销售价格：

19×(1－20%)＝15.2（万美元）

同时税务当局比照市场标准，认定甲国M公司这批汽车的销售收入每辆应按15.2万美元进行分配，经过调整后，甲国M公司取得的利润为每辆5.2万美元（15.2－10）；乙国子公司取得的利润为每辆3.8万美元（19－15.2）。甲国M公司每辆汽车销售利润应纳所得税则由 0.8 万美元（2×0.4）调增为 2.08 万美元（5.2×0.4）；乙国子公司每辆汽车销售利润应纳所得税则由 1.4 万美元（7×0.2）调减为 0.76 万美元（3.8×0.2）；母子公司合计应缴纳所得税由 2.2 万美元（0.8+1.4），调为 2.84 万美元（2.08+0.76）。

3. 成本加利法（Cost-plus Method）

即以关联企业发生的成本加上合理利润后的金额为依据，来调整关联企业间不合理的转让定价。它实际上是组成市场标准在转让定价调整中的具体应用。成本加利法除了被各国广泛用于特制商品销售转让定价的调整以外，还被广泛用于提供劳务、无形资产转让、研究开发费用分摊的转让定价调整方面。但此法的实践困难是，如何确定“成本”的组成，并采用哪种方法来估价。

组成市场标准是市场标准的又一种延伸，是指用成本加利润的方法所组成的相当于市场价格的标准，以此来确定跨国关联企业间某种交易的价格并进行分配。它要求关联企业首先要遵循正常的会计制度规定，如实记录反映成本费用，然后加上合理的利润作为关联企业间内部产品销售收入分配的依据。其中的合理利润（率）是从国内和国际贸易的情报资料中取得的。因此，组成市场价格是一种运用顺算法计算出来的市场价格。它一般适用于既无市场标准，又无比照市场标准的情况下，跨国关联企业之间缺乏可比对象的某些工业产品销售收入和特许权使用费收入的分配，尤其是当关联企业之间发生有关专利、专有技术和商标等无形资产的转让和特许使用时，必须收取一项符合独立核算原则的特许权使用费（此项收入通常是按年度计算）。由于无形资产种类很多，而且所涉及的技术、性能、成本费用和目标效益等的差异也比较大，从而常常缺乏可比的同类产品的市场价格或比照市场价格作为分配的参照依据，也很难对其收费依据作出统一的规定。因此，许多情况下都采用组成市场价格标准。

一般来说，组成市场标准对跨国关联企业之间工业产品销售收入的分配，要求以转出企业生产该产品的有关成本，加上一个适当的利润（率），作为销售收入分配的依据。计算公式为：

$$\text{工业产品组成市场价格}=\frac{\text{转出企业生产该产品的有关成本}}{(1-\text{合理毛利率})}$$

其中，1－合理毛利率＝合理生产费用率

以比照市场标准中的例子来说，在既无市场标准，又不能采用比照市场标准的情况下，甲国 M 公司制造的汽车以成本价格（每辆 10 万美元）销售给乙国子公司，乙公司子公司仍以每辆 19 万美元价格在当地销售。这样，该企业集团内部经过人为作价分配，使甲国 M 公司销售这批汽车时每辆汽车的利润为：

10 - 10 = 0（万美元）

乙国子公司每辆汽车的销售利润为：

19 - 10 = 9（万美元）

但是甲国税务当局根据甲国市场调查资料分析认为，甲国 M 公司生产这批汽车的生产费用率为 64%。那么，按照组成市场标准，对甲国 M 公司销售这批汽车的收入（价格）每辆应调整为：

10 ÷ 64% = 15.625（万美元）

有关税务当局就可认定甲国 M 公司的这批汽车的销售收入应按每辆 15.625 万美元进行分配。经过调整分配后，甲国 M 公司每辆汽车应取得利润为：

15.625 - 10 = 5.625（万美元）

乙国子公司每辆汽车应得利润为：

19 - 15.625 = 3.375（万美元）

甲国 M 公司应纳所得税由调整前的零（0 × 40%）变为 2.25（5.625 × 40%）万美元；乙国子公司应纳所得税由调整前的 1.8 万美元（9 × 20%）变为 0.675（3.375 × 17%）万美元；关联企业的总税负由 1.8（0 + 1.8）万美元增加到 2.925（2.25 + 0.675）万美元。由此可见，按组成市场标准对该跨国关联企业这批汽车收入进行调整分配后，与前述比照市场标准所进行调整分配后的结果基本一致，趋于市场价格，比较公平合理，同时也消除了利用关联企业转让定价手段进行避税的不良后果。

（二）交易利润法

交易利润法是检查关联企业间特定受控交易的利润，以衡量其转让价格是否符合正常交易标准的一种方法。它从比较利润入手，以正常的利润来体现正常交易原则，通过将不合理利润调整为合理利润，来调整应税所得。具体有利润分劈法、交易净利润法等。

1. 利润分劈法

当企业进行的各项交易具有紧密联系，以致无法分开进行单独个别估价的情况下，利润分劈法是一种合适的选择。利润分劈法确认关联企业在其所从事的受控交易中应分配到的利润，以近似于正常交易原则协议中划分预计利润的方式，在关联企业之间进行分割。这种分割方式，通常是基于对各个企业职能分析的企业贡献估价，以及参考外部市场对同类利润分配的标准进行。被分配的利润，可能是交易的全部利润，或是一项不能简单分配给关联企业某一方的剩余利润。

典型的利润分劈法有贡献分析法和余值分析法。

（1）贡献分析法是对某受控交易的综合利润，以每个关联企业在交易中所履行职能的相对价值为基础，在关联企业间进行分配的方法。

（2）余值分析法把某受控交易的综合利润分配分为两个阶段：第一阶段，每个参与企业都分配到一定的利润，以保证其获得一般的利润回报。这种基本回报，是参考独立企业从事相同类型的交易所获取的市场回报确定的。第二阶段，将经过第一阶段后的剩余利润在各方之间进行分配，这时着重考虑无形资产的贡献等特殊因素，因为这些特有的无形资产应当能给企业带来一笔特殊的报酬。在剩余利润的具体分配上，企业无形资产的开发费用可以是一个重要的参考因素。

2. 交易净利润法

与利润分劈法不同，交易净利润法检查的是一个纳税人在某一受控交易（或合理汇集的数笔交易）中实现的净利润率。因为这种交易净利润法总是与同一基数相关，如销售额、成本和资产，所以交易净利润法的操作和成本加利法以及再售价格法相似。它与后两者的区别在于使用总的利润率而不是毛利率。这里的利润率是指销售利润率（净利润/销售额）、成本利润率（净利润/总成本）和资产收益率（净利润/营业财产）。交易净利润法应当参考统一纳税人在可比非受控交易中所取得的净利润加以确定，或者用独立企业在可比交易中赚取的净利润作为参照。如果条件不完全是可比的，还必须研究要做怎样的调整才能获得可靠的结果。此外，交易净利润法并不考虑企业开发的无形资产对关联企业受控交易利润的贡献，所以不能像利润分劈法那样用于无形资产交易。

尽管调整方法有传统交易法和交易利润法两种，但各国一致同意传统交易法优于交易利润法，而在传统交易法中可比非受控法具有优先地位。只有在无法用正常交易价格对转让定价进行调整时，才可用交易利润法。

三、事后调整与事前确认

传统的转让定价调整方法为事后调整，但由于时过境迁，难以取得充分的资料，使调整价格难以确认，而且对方关联企业若无相应调整易造成重复征税等问题，因而预约定价制这种事前确认价格的方法得到重视。预约定价制要求纳税人事先将其同境外关联企业之间内部交易与财务收支往来所涉及的转让定价方法，向税务机关申请报告，经税务机关审定后，可作为计征所得税的会计核算依据，并免除事后税务机关对转让定价的调整。预约评价制（APA）由美国于1991年首先实行，随之澳大利亚、加拿大、日本、西班牙、英国于1995年左右先后实行。预约定价制虽克服了事后调整的种种缺点，但由于其自身也在实施中涉及很多繁杂问题，执行难度也不小。据了解，美国从1991年到1997年，历时6年，累计仅完成113项预约协定协议。

（一）预约定价协议

在我国又称预约定价制，是纳税人事先将其和境外关联企业之间的内部交易与财务收支往来所涉及的转让定价方法（Transfer Pricing Methodology，简称TPM）向税务机关报告，经审定认可，作为计征所得税的会计核算依据，并免除事后税务机关对转让价格进行调整的一份协议。预约定价协议机制的理论基础是，如果内部交易涉及国的税务机关均在事前审查中认可了该交易的转让定价符合正常交易原则，它们便不会再对此项交易的合理性怀疑，从而避免了事后审查与税务调整的麻烦，对各方当事人均有极大的便利。它实质上是把转让定价的事后调整改为预先约定，由纳税人和税务机关之间就关联企业间的转让定价方法通过谈判达成一项谅解。在协议中，可以具体列明收入、费用、折让、摊销、补贴等的分配或分摊，转让定价是如何决定的以及一系列的正常交易结果等。该协议一经达成，则对征纳双方皆具有约束力，凡符合协议上规定的交易事项都适用协议中的转让定价方法，而税务机关则不能予以调整。

在实践中，预约定价协议包括三种形式：

（1）单边的预约定价协议，指一个国家的税务行政机关与单个的纳税人之间所订立的预约定价协议。

（2）双边的预约定价协议，指两个国家的税务行政机关与在其国境内从事活动的两个或多个纳税人之间所签订的预约定价协议。

（3）多边的预约定价协议，指三个或三个以上的国家的税务行政机关与在其境内从事活动的纳税人之间所签订的预约定价协议。

（二）预约定价制的优点

（1）降低了税务机关对转让定价调整的不确定性，有利于稳定税收。在传统的转让定价调整方法中，各种技术指标的选择和确定，往往由于各种原因而难以做到十全十美，从而包含有相当的主观因素，这也是征纳双方产生争议的主要原因。但在预约定价协议中，则对转让定价方法事先予以明确，对征纳双方皆具有约束力，从而降低了转让定价处理中的不确定性。

（2）有助于协调当事国与当事国之间，税务机关与纳税人之间盘根错节的交叉矛盾，征纳双方都可以从中受益。由于将事后审计调整改为事前协商达成共识，从而可以使征纳双方从繁琐的审计工作中解脱出来，减少人力、物力、财力的消耗，降低征纳双方的行政管理费用，也有利于企业经营决策，以避免税收对经济的干扰。

（3）可以避免重复征税。采用传统的方法调整转让定价时，若一国税务机关依据本国的税法对企业的所得进行了调整，而另一国税务机关不进行相应的调整，就产生了重复征税，而预约定价协议则可以避免这个问题。当预约定价协议涉及设在外国的关联企业交易，而这个外国又同本国订有双边协定时，为了避免调整转让定价造成重复征税，纳税人可以将已订的预约定价协议报送主管部门，请求其与缔约国主管部门谈判签订一项协定作为预约定价协议的平行协定，以利预约定价协议的执行。

（三）预约定价协议的不足

（1）在订立单边协议的情况下，预约定价协议的优势不能完全表现出来，只有在双边或多边协议中，才能发挥其优势。但目前，只有有限几个国家在转让定价税制中采用了预约定价制，若要全面推开，有相当的难度。

（2）签订预约定价协议的成本较高，阻碍了它的广泛采用。跨国纳税人要提出预约定价协议的申请，必须先将有关转让定价方法的各种情况向税务当局报告，而且还须经过会谈、磋商、评审、提交年度报告等程序，这要花费纳税人大量的人力、物力、财力。例如，根据美国的预约定价协议程序，每个订立预约定价协议的纳税单位，大致要花费2万美元，假定营业费用率最高为4%，那么关联企业间的交易额不能少于50万美元，否则，从成本—效率角度来看，纳税人将会受到损失。所以，美国的预约定价协议程序主要适用于年交易额在5 000万美元以上的关联企业。也就是说，只有大中型以上的跨国公司，才会订立预约定价协议。

（3）信息披露的要求有可能使跨国关联企业纳税人造成损失，从而阻碍预约定价协议的发展。在订立预约定价协议的过程中，主管部门要求跨国纳税人披露有关转让定价方法的必要信息，其中很可能有一些对纳税人来说是机密或敏感的信息，一旦泄露将对纳税人造成难以弥补的损失。所以，纳税人与税务当局在订立预约定价协议时，一般都规定，如果没有纳税人的许可，税务当局无权向第三人或外国税务当局泄露相关信息。

（4）预约定价协议的实施存在局限性。这主要体现在三个方面：① 有效期问题。根据各国的实践表明，成本较高的预约定价协议的有效期一向较短。例如，在西班牙，预约定价协议的最长有效期为三年。而有效期满后，税收的征纳双方又需开展新一轮的谈判，从而造成资源的浪费。② 预约定价协议所涉交易中的关键性假定（Critical Assumption）容易变化，从而导致约定价协议的变更或无效。因为跨国关联企业跨境交易转让定价方法的应用和运作，以纳税人所提供的资料和分析以及国内收入局与纳税人双方同意的关键性假定为基础，而关键性假定属于客观的经营和经济的标准，它可以是关于纳税人、一个第三者，或者一个产业、一个事实的情况或结果。③ 衡量标准问题。税务当局对跨国纳税人披露列明的转让定价方法进行分析，以判断其是否建立在公平交易的基础上，是否合理。但是，在进行分析时，应以什么标准来衡量？如果采用传统的调整方法而得出结论，那么，这些方法本身所固有的缺陷又将被带入到预约定价协议中。

（5）预约定价的实施管理要求较高，多数国家难以满足。任何一项制度，其效果如何，关键在于实施管理。同样，订立预约定价协议后，需要税务机关的事后监督、检查，对管理手段和水平要求较高，大多数国家，尤其是发展中国家对这方面的要求难以满足。

四、追溯期

由于转让定价税收处理的复杂性与难度带来了调查工作的旷日持久，因此，对其的更正处理期限的追溯也越变越长。如日本于前几年将转让定价案件的更正期由 3 年改为 6 年，英国则无限期。

我国的《关联企业办法》第九条规定：“对企业转让定价的调整，一般应仅限于被审计、调查的纳税年度的应税所得。其审计、调查、调整，一般应自纳税年度的下一年度起 3 年内进行。如调整涉及以前年度所得的，也可向前追溯调整，但最长不得超过 10 年。”

五、资本弱化税制

资本弱化已成为国际避税的重要途径之一，减少了公司所在国的应税所得，欧美许多国家对此采取了相应的防范措施。所谓资本弱化税制，就是规定企业通过举债融资借入的债务资本与权益资本的比例，超过部分的借款利息，不得在税前列支，以防止企业避税。美国早在 1976 年就制定了资本弱化税制（IRC 第 385 条），1989 年增加 163 条 J 条款后，更加完善。其后，英国、法国、德国、加拿大、澳大利亚等国也相继引入和制定了这一税制。日本于 1992 年税制改革时，正式引入了资本弱化税制。1987 年经合组织推出《资本弱化政策》，提倡采用两种方法对付资本弱化：

（1）正常交易法。在确定贷款或募股资金的特征时，要看关联方的贷款条件是否与非关联方的贷款条件相同，如果不同，则关联方的贷款可能被视为隐蔽的募股，要按有关法规对利息征税。

(2) 固定比率法。如果公司资本结构比率超过特定的债务/股份率，则超过的利息不允许税前扣除，并将超过的利息视同股息进行征税。

目前发达国家税务当局在实践中采用的方法与经合组织提倡的这两种方法一致。澳大利亚、加拿大、新西兰、美国等大多数发达国家采用固定比率法，英国等少数发达国家采用正常交易法。1989 年美国制定了资本弱化税制，接着英国、法国、德国、日本、澳大利亚、加拿大等国也相继建立了自己的资本弱化税制。资本弱化税制已成为西方国家反避税税制的重要组成部分。发展中国家中印度于 1991 年，南非于 1995 年，韩国于 1997 年也各自制定了自己的资本弱化税制。资本弱化税制主要有以下内容：

(1) 对支付的利息运用"独立企业测试法"规定税法适用的关联企业。其基本内容与转让定价税制中的关联企业判定相似。

(2) 对债务资本和权益资本的最高比率进行限制，规定税法适用的"债务与资产比率"。由于跨国公司是通过将投资作为贷款来虚增利息支出达到避税的目的，因此，各国均制定出"债务与资产比率"来加以限制，只是在比率上有所不同。如美国、韩国、南非、印度规定的债务与资产比率为 1.5:1，澳大利亚为 2:1，德国、日本、加拿大等国为 3:1，凡债务与资产比率超过以上标准视为资本弱化。有些国家还授权给税务部门，对可疑债务可重新定性。

而内部企业贷款利率的自发浮动应与当地市场的事业贷款利率保持一致。对于欧洲货币的贷款，就是世界金融中心的利率（LIBOR 等）；对于其他类型的贷款，则是国内金融市场的利率。

我国对外商投资企业注册资本与投资总额（包括债务资本在内）的比例，按照投资总额的大小规定如下：

① 投资总额在 300 万美元及以下的，注册资本一般应与投资总额一致。

② 投资总额在 300 万美元至 1 000 万美元的，如出资确有困难，比例可放宽为 1:2，但注册资本最低不得低于 300 万美元。

③ 投资总额在 1 000 万美元至 3 000 万美元，如出资确有困难，比例可放宽为 1:3，但注册资本最低不得低于 500 万美元。

④ 投资总额在 3 000 万美元以上的大型外商投资企业，比例可放宽为 1:4，但注册资本最低不得低于 1 000 万美元。

(3) 对超过比率的债务，各国均规定其利息支出不允许列支，并从税收角度视同权益，要求依法缴纳预提税。对这部分不予列支的利息，有的国家如澳大利亚、加拿大等国，并不变更利息的性质仍按利息征收预提所得税；有的国家如美国、德国、荷兰、奥地利、卢森堡等国，则规定属于股息性质，应按股息征收预提所得税；还有些国家如瑞士等国，除征收股息征收预提所得税外，还要征收资产净值税。

第四节　反税收协定滥用

由于国际税收协定对缔约国一方或缔约国双方的居民纳税人提供了许多方面的利益，所以跨国纳税人从税收筹划的角度考虑，均乐意选择在税收协定网络比较发达的国家投资和经营。但是，有一些本来不具备税收协定所规定的人的适用范围的跨国纳税人，想方设法迂回曲折地以居民纳税人的面目出现，来获得本来得不到的税收优惠。这种滥用税收协定的行为，损害了缔约国的经济权益，同时也妨碍了跨国纳税人正常的市场竞争。

美国是最早立法反滥用税收协定的国家。美国从1945年就开始对滥用国际税收协定采取了对策。当年美国和英国签订了一份《对所得税避免双重征税和反对偷漏税的协定》，该协定第16条规定，缔约国一方居民公司支付股息给缔约国另一方居民公司，如上述公司关系的存在是以“安排或提供”低税为主要目的，则所支付的股息不能按税收协定限定后的5%优惠税率课征预提税。这里所说的“安排或提供”低税待遇的规定，便是对滥用税收协定的一种限制。此后，美国对外缔结双边税收协定时大都加入了“反滥用”的规定，在其对外缔结的35个税收协定（占总数的2/3）协定中，或多或少都含有反滥用税收协定的条款。

目前，防范跨国纳税人滥用税收协定，已成为许多国家在签订税收协定和加强税收征管时关注的重点。国际税务专家把各国通过签订双边税收协定的反滥用条款常用规范归纳为以下6种基本方法：

1. 节制法（Abstinence Approach）

要求一国应避免与低税国家或易于建立导管公司的国家签订税收协定，尤其是应尽量避免与避税地签订税收协定。这是因为非缔约国的跨国纳税人往往利用这些国家或地区建立导管公司，通过税收协定关系来谋取各种原来不应享受的税收优惠待遇。

2. 排除法（Exclusion Approach）

在双边税收协定中，把被课以低税的居民公司（如控股公司），排除在享受协定优惠待遇的范围之外。比如，奥地利与卢森堡签订的税收协定第26条（1）规定，协定不应适用于依据卢森堡法律规定成立而由奥地利居民拥有的持股公司所取得的利润及其收入分配。同样，卢森堡同丹麦、法国、联邦德国、加拿大等国的协定也包含上述“例外”的条文。

3. 详查法（Look Through Approach）

也称“受益所有人法”（Beneficial Owner Approach）。这种方法规定一个公司是否能享受税收协定优惠，不仅取决于公司的居住国，而且要看其股东的居住国，以及不考虑公司的名义股东，而是考虑其受益人，即最终接受股息者的居住国。比如，美国《所得税条例范本》第16条指出，公司享受协定税收利益的条件是，该公司75%以上的股权为缔约国任何一方的居民或美国公民所拥有，或者系缔约国任何一方证券交易所认可的股票公开上市的股份公司。荷兰近期同英国、澳大利亚、马耳他、新西兰、巴基斯坦、斯里兰卡、波兰等国签订的修订税收协定中都包含有收款人最终应是受益所有人的限制性条文。

4. 承受税负法（Subject to Tax Approach）

规定享受税收协定优惠，须以获自一个缔约国的所得在另一缔约国承受起码的税负为基础，借以防止跨国公司的同一所得在缔约国双方均不纳税，而形成双重免税。例如，比利时与英国、瑞士签订的双边税收协定就是以居民所在地国征税作为收入来源国提供低税率优惠为前提条件。丹麦、英国双边税收协定明确规定，丹麦母公司从英国子公司取得分配的股息，如母公司拥有子公司25%以上的股权，丹麦免予课税，但是前提条件是，此项股息在英国征税。

5. 渠道法（Channel Approach）

这种方法的目的是防止非缔约国的纳税人在缔约国一方设置导管公司作为踏脚石，来滥用税收协定。税务主管部门通过调查跨国公司的组织形式及其相互关系的渠道，以堵塞这一方面的漏洞。前联邦德国与瑞士的双边协定第23条规定，瑞士居民取得来自联邦德国的利息、股息或特许权使用费，如该公司股权被第三国居民所控制或者其收益通过该公司传输给第三国居民，则不得享受协定提供的税收优惠。

6. 真实法（Bond Fide Approach）

这种方法规定对那些不是出于真实的生产经营目的，而只是为了谋求税收协定优惠的纳税人，不得享受协定优惠。为此须考察公司的建立动机、公司的交易额和纳税额以及公司的股份是否在批准的股票交易所登记等因素。英国、荷兰税收协定第11条关于利息的条文规定，协定不适用于只是为了谋取协定优惠，而不是为了“真实”的商业往来需要的利息收付。该协定第10条关于股息的条文，也有类似的规定。

滥用税收协定的种种动向，已不只受到有关缔约国的警觉从而采取反滥用措施；一些重要国际组织也已对此表示严重关注，并开始提出防范税收协定滥用的各种建议。经合组织自1992年起即曾多次修订税收协定范本，其中对通过“传导公司”滥用税收协定的现象，提出应按“实质重于形式”（Substance over Form）原则，一般不能通用协定优惠条款，但同时也说明，须注意不能因此而妨碍业务上的必要措施。

1998年4月，经合组织提出治理有害税收竞争的报告，同时建议，由于国际税收竞争，可能导致不应享受协定优惠的跨国纳税人滥用税收协定掠取优惠，必须通过协定，对受益者严格限制。经合组织财政委员会将对此作出规定，供有关国在谈判时参照执行。

又由于各国对合伙企业的征税方式不一，有的视同公司，就其本身征税，有的就合伙人征税，不把合伙组织视为法人。为此，税收协定优惠如何适用于合伙组织，就产生了漏洞。合伙人还会涉及多国居民，因而会影响多个税收协定，更会通过协定滥用选择最低税负以达避（逃）税目的。为此经合组织特地于1998年8月16日发布了关于合伙企业应如何适用税收协定范本的报告，并建议当缔约国意见不一时，先由所得来源国按协定征税，居住国准予抵免，同时加强缔约国之间的情报交换。这就既可防止协定滥用，又可避免重复征税。

第五节 反国际避税的国际合作

跨国公司国际避税是当今世界普遍存在的突出问题。国际避免之所以成为可能，主要还是各国在税收上存在着差异，跨国纳税人利用各国间的税收差异，来减轻或消除其纳税义务。这些差异表现为各国税制中纳税义务的概念不一致，各国间课税的程度和方式存在差异，各国的税率高低不同、税基各异，不同国家避免国际双重征税的方法不同，税法实施的有效程度及运用反避税方法存在着很大差异。为此，国际反避税活动单靠一国政府及其税务当局很难取得成效，只有通过各国政府与国际社会的广泛合作才有可能有效防止国际避税现象。

近几十年来，许多国家为了探索进行这方面的合作做了不懈的努力，特别是一些国际组织做了许多工作，奠定了现今主要以税务情报交换形式进行的国际合作的基础。目前，世界各国进行这方面的合作方式可分为单边、双边和多边合作几种。

一、反国际避税国际合作的产生

国际上最早出现的防止避税和逃税的措施是在单个国家内进行的，属于一种单边方式。这种最早出现的合作方式是自发形成的，还没有理论指导和国际公约的规范。它最早出现在19世纪中叶，如1843年比利时与法国、1845年比利时与荷兰先后缔结的两个税收条约中，均提到就税收事务互相给予一定的协作，如提供、交换必要的情报资料等。可以说，在最初阶段，国家间税务合作的目的主要是为了解决国家重复征税和国际逃税问题，当时的国际避税问题还没有那么严重，因而没有引起有关国家的高度重视。到了20世纪初，有关国家才真正在国家会议和论坛上讨论研究这一问题。1920年在布鲁塞尔举行的国际财政大会和1922年在热那亚召开的国际经济会议，都强调了采取国际行动防止国际避税、逃税的必要性。1928年由国际联盟扩大的专家委员会起草了四个协定版本，其中有两个涉及税收事务的相互行政援助问题，包括税款征收和税额查定。但是这两个文件在当时并没有为大多数国家所接受。此后，国际联盟财政委员会一直努力试图在这方面取得新的进展，但由于种种原因，收效不大。1946年3月，在英国伦敦召开的国际联盟委员会第十届会议，提出了《关于就所得财产遗产和继承实现互惠的行政协助双边协定范本》，其主要内容是要求缔约国之间在纳税的评定以及税款征收方面互相交换情报给予协助。至此，比较规范的国际反避税合作才产生，这奠定了当今世界以情报交换形式为主要内容进行国际反避税合作的基础。

二、单边合作方式

单边合作方式是指一国政府单方面采取措施，以立法形式限制与其他国家有税收联系的非居民纳税人利用本国的税收优惠和本国与其他国家签订的税收协定中的有关条款进行避税。目前采用这种单边合作方式的国家只有瑞士。

瑞士为了美、西德、法等国家的反避税利益，于1962年颁布了一项法令。该法令主要是在瑞士与外国政府进行的双方合作中有压力的情况下单方面采取的措施(因瑞士是最典型的避税地)，这不是为了瑞士的利益，而是为了瑞士的条约伙伴(特别是美国、西德和法国）的利益。法令规定，除非满足下列条件，瑞士政府将拒绝对本国纳税人向有关国家提出的要求税收抵免、豁免或扣除的申请给予证明，并将对本国与有关国家签订的国际税收协定给予减免的税收重新课税。具体条件是：

(1）如果非居民在瑞士公司中具有控制利益，受条约保护的毛所得至少必须要有25%被加以分配；

(2）在要求税收减免的所得中，用于满足没资格享受税收条约的人的债务要求的份额，将不得超过50%；

(3）瑞士公司的资金筹资必须是正常的（尤其是，债务必须不得超过产权的6倍，债务上的利率不得超过市场利率最高限）；

(4）没资格享受税收条约的人，在家族财团和合伙企业不能要求一项税收减除。

三、双边合作方式

双边合作方式是指有关国家通过谈判签订国际税收协定或税收条款中包括有加强反国际避税和偷漏税合作的条款，由两国税务当局执行。目前，这方面的合作内容主要是相互交换国际税务情报，包括交换防止居民和非居民逃避税收的情报、防止利用转让定价逃税避税的资料，相互为对方税务当局提供在本国进行税务调查的帮助。

第二次世界大战后，世界政治和世界经济形势发生了很大变化。1956 年至 1963 年期间，经合组织草拟的国际税收协定范本几经修改，形成了 1963 年发表的《经合组织范本》，该范本第 26 条“情报交换”中规定：“缔约国双方主管当局应交换为实施协定的规定所需要的情报，或交换缔约国双方与本协定各有关税种的国内法律。”此后，关于该问题的条款普遍出现在关于双重征税问题的条约或协定中。

《经合组织范本》经 1977 年修改后，进一步完善了有关条款，并扩大了注释。该范本条款设立的情报交换，不仅起到促进正确运用协定的作用，而且为缔约国就协定所涉及的税种进一步完善和补充国内立法奠定了基础。它是当今世界各国之间制定双边或多边反避税措施的重要蓝本之一。

1997 年修改后的范本规定：缔约国有交换情报的义务，情报的范围可不受协定规定的缔约国免除国际重要征税的税种范围的限制，也不受居民纳税人的限定，可包括非居民纳税人的情况，情报交换的承诺具有约束力。在注释中，对情报交换提出了三种可供选择的方法：(1) 函索即寄。这是就一个特殊案例的询问。(2) 自动交换。就某些类型的所得（即股息和利息）达成协议时，系统地为有关国家传送有关情报。(3) 主动交换。当缔约国一方获得它认为缔约国另一方将会感兴趣的情报时，不用对方要求就将这一情报传递给对方。此外，注释中还要求缔约国各方必须以处理本国税收问题的同一方式去搜集对方所需要的税收情报，使用的方法也可包括特别调查和对纳税人或其他人保存的营业账进行特别审查等。

条款规定，对从另一国家获得的情报应当从国内获取的情报一样给予保密。换句话说，国内的保密规定适用于从国外取得的情报。但这一保密义务对涉及征税过程的人不适用，例如税务人员、法官、纳税人及其顾问、在一个纳税欺骗案件中的证人和检察官。情报只能用于协定包括的税种所涉及的问题，不能用于其他任何目的。条款进一步规定，可以在公共法院诉讼或法院裁决中透露情报。注释补充道，不希望这一情况发生的缔约国，必须在它们签订的协定中说明这一点。目前，反避税及反偷漏税合作主要采取双边方式。大多数税收协定，特别是以《经合组织范本》为基础的国际税收协定，都有相互交换情报的条款，从而为国际反避税提供了便利。

2001年初，我国国家税务总局发布了《税收情报交换管理规程》（以下简称《规程》），对实施税收情报交换的工作作出了明确规定。《规程》的发布，进一步规范了我国和其他国家交换税收情报的有关事项，也意味着我国将更多地利用国际税收情报查处跨国偷避税案件。

《规程》明确，税收情报交换是我国作为税收协定缔约国承担的一项国际义务，也是我国和其他国家之间开展税收征管合作的主要方式。国家税务总局已把税收情报交换作为2001年涉外税收工作的重点。根据《规程》的规定，情报交换的类型包括专项情报交换、自动情报交换、自发情报交换、行业范围情报交换、同期税务检查等类型。

同特定纳税人关系最密切的是专项情报交换，它是一国税务主管当局就国内某一税务案件提出具体问题，请求另一国税务主管当局提供相关情报、协助查证的行为。这类情报包括了解纳税人的基本情况、证实纳税人提供的资料、获取纳税人境外关联企业的情况、核实纳税人与境外公司交易数额的真实性等方面的情报。行业范围情报交换则涉及某一经济行业的运营方式、价格决定方式、偷税、避税新趋势等方面的情报。同期税务检查是两个以上国家的税务主管当局，同时并独立地在各自国家内，对有共同或相关利益的纳税人的涉税事项进行检查，并相互交流在检查中获得的信息。从以上规定可以看出，税收情报交换的方式越来越多，通过情报交换查处偷避税的力度会有提高。

《规程》规定，当收到他国要求提供某纳税人的税收情报时，税务机关可以采取向该纳税人发出“查询通知单”，或者直接向纳税人询问以及进行专案税务调查的方式获得情报。如果税务机关向纳税人发出“查询通知单”，纳税人就应该知道自己已成为了被调查对象。

《规程》明确了情报交换的保密事项。税收情报的使用和披露有以下限制：(1) 情报只能告知与查定、征收、管理、执行协定所含税种的有关人员或政府机关，以及负责案件起诉、裁决上诉的人员和部门（包括法院和行政执法部门），不得向有关的纳税人出示，不得透露给其他纳税人或者无关人员；(2) 获知税收情报的人员和部门只能为税收的目的使用情报，可以在法庭诉讼程序或法庭判决中透露有关情报。纳税人了解情报的范围和保密规定后，如果发现税务机关提供了不该提供的情报，以及有关部门对情报使用不当或泄露了情报，使自己的利益受到侵害，则可依法追究有关部门、人员的责任；(3) 在法律诉讼中，应提醒有关部门不要泄露会使自己利益受到侵害的税收情报，在可能的情况下，应向法院申请不公开审理。

四、多边合作方式

多边合作是指有关国家通过多边税收协定或条约中的税务合作条款，或者通过国际性组织进行的反国际避税和偷漏税方面的合作。

1. 多边税收合作协定

目前，通过多边税收协定的只有北欧公约，它是瑞典、丹麦、芬兰、冰岛和挪威5个斯堪的纳维亚国家，于1972年11月签署的《关于税务协助公约》（简称“北欧公约”），同年12月获准通过，1973年1月1日起生效，1976年作了部分修订。公约内容包括24条，适用于5个签字国的领土范围。北欧公约是目前唯一的一个对签字国具有约束力的多边文件，而不单单是一种范本或对利益的陈述。它比迄今为止基于《经合组织范本》的一般双边协定更详细，而且走得更远。它包括了在税款查定和征收方面给予援助，并以文件发送形式提供的合作。合作的应用范围不仅包括各种税，像直接税和间接税、遗产税和赠与税，而且包括了社会保险税。在国际税务合作方面，合作范围大大超出了双边税收和其他多边援助方式的传统界限。由于北欧公约为那些具有相似的语言、相似的法律制度的国家展示了一种在某些领域中适用的最广泛的合作形式，因而引起了许多国家的关注。

2. 欧盟的内部合作

通过国际性组织进行反避税的合作在国际上比较少见，只有欧盟一直在进行这方面的努力。随着欧盟经济一体化程度不断加深，欧盟的税收情报交换机制也日趋完善，并推动了欧盟的税收一体化进程。目前，欧盟进行税收情报交换的主要法律依据有三个：双边税收协定、相互援助指令和税务相互协助公约。

（1）通过双边税收协定进行税收情报交换

通常的双边税收协定中都订有税收情报交换条款。尽管欧盟内部签订的双边税收协定有关这方面条款的措辞不尽一致，但原则上都以1963年《经合组织范本》及其1977年和1992本修订的第26条为准。该范本的每一条款都有详细的注释对之加以解释和说明，虽然这些注释并不作为税收协定的附加条款，因而也不对各国具有法律约束力，但是法庭在适用税收条约时，这些注释具有说服力。

（2）相互援助指令

一般来说，相互援助指令不强制适用于欧盟国家制定的税收协定。此外，相互援助指令只适用于对直接税情报的交换。相互援助指令规定了进行税收情报交换的几种主要方式，包括请求交换、自动交换和同时交换。

（3）税务相互协助公约

1987 年经合组织部长会议签署了税务相互协助公约，该公约在总结了通过双边税收协定、相互援助指令及交换税收情报的有关规定和 1967 年罗马条约关于关税征收管理相互协作的基础上，制定了内容更为广泛的税务相互协作条款，在三个方面对税收情报交换的有关内容作了进一步的拓宽：一是在对人的适用范围方面，不仅限于缔约国一方或双方的居民或国民，而且对非缔约国的法人居民，如其在缔约国一方设有分公司，则亦可适用；二是在税种的适用范围方面，除关税另有协定外，包括社会保障税在内的现行税种以及今后实施的一切税种，都可进行税收情报交换；三是在税收情报交换的方式方面，可以包括应对方请求交换、一方自动交换、双方主动交换、双方通过税务检查取得情报交换和一方到缔约国另一方进行税务检查取得情报交换等。如果缔约国双方认为有必要，还可增添其他交换方式。

3. 非区域性多边合作

非区域性多边合作是在数个国家组成的国家集团之间进行的，其本质上是非地区性的和松散性的，例如由美国、英国、西德、法国组成的“四国集团”之间的合作就属此类。这个合作最初是美国国内收入局与英国国内收入局之间达成的一项工作协定，后来逐渐规范化，形成一个较正式的合作协议。协议规定，两国税务当局对涉及的跨国纳税人进行同步审查，并要求相互提供税务情报。后来协议扩大到西德和法国，而这两个新成员国也同意在朝着达到“国际财政平等”的目标上与美国和英国加强合作。这种国际税务合作方式虽然更为灵活有效且合作范围不受限制，但是如果各合作方国家的政治制度及经济发展水平差距较大时就难以普遍推行。

复习思考题

一、概念题

1. 什么是受控外国公司？它们的特点是什么？
2. 对避税地的确认方法有哪三种？
3. 关联企业的认定包括哪几种方法？什么是股权测定法？什么是实际控制法？
4. 税务当局调整跨国纳税人应税所得的方法有哪两类？具体包括哪些方法？
5. 什么是事前确认？与事后调整相比，有什么优点？什么是预约定价协议？
6. 主要国家的资本弱化税制包括哪些内容？
7. 反税收协定滥用的方法可以归纳为哪几种？
8. 反国际避税国际合作的方式包括哪几种？

二、计算题

1. 假设美国甲公司在国际避税地巴哈马群岛建立了一家分公司乙公司。在某个纳税年度内，甲公司所得100万美元，乙公司所得30万美元。甲公司曾经向乙公司借入一笔巴哈马元，在该纳税年度的10月应当支付利息80万巴哈马元，但以美元结算。甲公司没有按时支付利息，却延迟至12月才予以支付，这时巴哈马元已经升值（由1美元=1巴哈马元升至1美元=0.8巴哈马元）。另外，在此适用的美国公司所得税税率为30%，利息支付的预提税税率为15%。甲公司为逃避一定的税收，于12月把在巴哈马的分公司变为子公司。

试分析：

(1) 该案例中美国甲公司采取的避税手法。

(2) 计算说明由此带来的跨国纳税人整体税负的变化。

(3) 有关政府可采用的反避税措施。

三、数据分析题

1. 某中外合资经营企业，主要生产销售各种冷粘鞋，该企业的生产设备、原材料供应、产品销售均由香港外方关联公司控制，产品80%以上外销。开业以来，利润微薄，2005年出口产品自报亏损600多万元，但内销产品的毛利率却高达50%左右，违背了正常交易原则。判断是否存在转让定价。如果存在，按照成本加价法调整转让定价。

该公司2005年利润表中各项指标如下：

产品销售收入	10 387
产品销售成本	9 388
产品销售税金	14
销售费用	236
管理费用	364
财务费用	210
产品销售利润	175
营业外收入	253
营业外支出	14
利润总额	414

2005年公司共生产销售冷粘鞋280万双，其中出口255万双，销售收入8 662万

元。在分配内外销产品的成本费用时，必须考虑以下因素：

(1) 2005 年为生产内销产品缴纳海关进口税 25 万元，应由内销产品负担；

(2) 产品销售税金 14 万元，也是内销产品负担；

(3) 进项税额不得抵扣 193 万元，应计入出口产品成本；

(4) 销售费用 236 万元是出口产品发生的费用。

第八章　综合案例分析

案例背景：

1. CHDM 公司是 A 国第三大汽车公司，创立于 1945 年，该公司是一个跨国汽车公司，产品销往世界许多国家，目前在 B 国和 C 国设立有全资子公司。公司总部设在 A 国最大的城市甲市。该公司以经营汽车业务为主，也涉足游艇、钢铁、艇外推进器等业务、军用物资生产，以及出口、运输、金融、信贷、租赁和保险领域。公司在国内拥有 36 家汽车制造厂和汽车零部件厂，22 家零部件仓库以及 10 家国防及宇航业工厂。公司产品分两大类：一是汽车产品。包括成品汽车及其零部件，成品车产品涵盖小排量汽车、跑车、豪华轿车、轻型商用车、重型载重车以及舒适型长途客车，公司也从其他汽车公司进口并为其销售小汽车，生产所需的工程技术、设计制造设备由该公司自己的技术中心提供。二是金融业务。CHDM 的金融机构及其附属机构为它的客户提供各式金融服务。也提供批发和零售金融服务、租赁服务、库存金融服务和消费信贷。此外还有其下属运输公司及其附属机构从 20 世纪 80 年代末开始提供的汽车租赁服务。

今天，CHDM 公司拥有一个全球化的员工队伍，一个全球化的股东基础，一个全球化的品牌意识以及全球化视点。他的战略基于四个支柱：全球化、强大的品牌、广阔的产品、技术领先。

2. A 国是世界上经济较为发达的国家之一，其税制结构是以所得税为主体的税制结构模式。其税收体系由中央政府、州、地方政府各自税收体系所构成。其中中央政府的税收主要依靠所得税，州政府主要依靠消费税，地方政府主要依靠财产税。在本例中 CHDM 面临的企业所得税率为 33%。

3. B 国是一个临海小国，也是全球最富裕、经济最发达和生活水准最高的地区之一，是重要的区域性金融、服务和航运中心，以廉洁的政府、良好的治安、自由的经济体系以及完善的法治闻名于世。它还是一个自由港，除了烟、烈酒和动力用的燃油（汽油、柴油等）之外，不对其他进口物品征收关税。B 国的经济素以自由贸易、低税率和少政府干预著称，连续多年被国际著名评级机构和组织评选为全球最自由的经济体系。B 国是以直接税为主体的税收模式。其直接税主要由所得税和财产税组成，目前征收的税种主要为利得税、薪俸税、物业税和遗产税。它的间接税主要有印花税、消费税及几个零星税种。利得税的税率为 15%，与世界上大多数国家和地区的税率相比都是相当低的。利得税是对公司、企业的纯利征收，计算纯利时原则上纳税人为赚取利润所付出的各种费用均可以作为成本费用扣除，简化起见，在本例中相当于所得税税率。

4. C 国地处温带，是一个气候温和，四季分明的岛国。该国的汽车制造业十分发达，拥有高素质的技术人群，且创新能力很强，该国的子公司主要负责高端汽车及零部件的生产和装配。该国实行以所得税为主体的复合税制，其税负在发达国家中属于比较高的，所得税为 40%，其财政体制实行分税制。该国居民和国内法人在外国已缴纳的税额可以在规定的限额内抵免国内税负。

5. D 国是介于 B 国和 C 国之间的一个小国，人口只有 2.5 万，一向以低税的避税地而著称，居民公司仅需缴纳 7.5% ~20% 的所得税。控股公司和离岸公司取得的所得可以免缴所得税，这类公司每年只需按注册资本和资本公积金缴纳 0.1% 的资本税。另外，它的股息和利息预提所得税税率也很低，平均只有 4% 左右。它的另一个闻名之处就是其银行业和税务事务的严格保密性。公司成立前无需对受益所有权人进行披露。公司可以发起无记名股票和无面额股票。空壳公司可以在这里设立。董事必须恰当地保留账本和其他记账凭证，除非从事商业活动，否则没有披露义务。只有从事商业活动的公司才有义务进行会计审计并逐年提交纳税申报。董事会和股东会可以在全世界任何地方召开。它的低税政策和严格的保密措施吸引了大量的外国公司来这里投资组建公司。

6. E 国是一个具有广阔市场的发展中国家，该国的汽车工业尚处在起步阶段。经过详细的市场调研，CHDM 的市场分析人士认为该国是一个非常有潜力的市场，除去巨大的汽车市场容量外，该国廉价的劳动力使得它成为公司转移汽车制造车间的最佳目的地。

作为一名助理税务筹划师，你需要协助你的上司完成整个公司的税收筹划，面对以下的情境，请运用所学知识作出正确的计算和决策。

案例一：

2003 年，CHDM 公司在 B、C 两国的子公司都向母公司支付股息 1 000 000 美元，假设子公司的全部利润都以股息支付给母公司，股息的预提税率如下：

自 B 国汇往 A 国：0%

自 C 国汇往 A 国：10%

在股息汇出前，每个子公司都在自己的居住国缴纳了所得税，在 B 国缴纳了

150 000 美元，在 C 国缴纳了 450 000 美元。请根据下表计算跨国集团 2003 年纳税总额及其实际税负水平：

表 8－1　　CHDM 公司 2003 年在 A 国的所得税计算　　单位：美元

项　目	B	C	集团总额
（1）预提税前的股息	1 000 000	1 000 000	______
（2）在居住国缴纳的所得税	150 000	450 000	______
（3）税前利润	______	1 450 000	______
（4）跨国集团在 A 国应缴纳的所得税	______	______	858 000
（5）税收抵免股息预提税、居住国所得税	______ (______)	(______) (______)	(100 000) (______)
（6）抵免后在 A 国的应纳税额	______	0	______
（7）跨国集团的实际税率			______

现在你的上司建议利用中转公司来进行税收筹划，经过各方面的考虑，D 国是一个非常好的选择，已知与 D 国相关的各项预提税率如下：

从 C 国汇往 D 国：5%

从 B 国汇往 D 国：0%

从 D 国汇往 A 国：5%

需要注意在 D 国该中转公司所承受的所得税为零，那么在设立该中转公司后整个集团的税负有什么样的变化呢，请计算：

表 8－2　　设立中转公司后 CHDM 公司 2003 年在 A 国的所得税计算　　单位：美元

（1）预提税前的股息	2 000 000
（2）在居住国缴纳的所得税	600 000
（3）集团税前利润	______
（4）跨国集团在 A 国应缴纳的所得税	______
（5）税收抵免 预提税 C D 居住国所得税	 (______) (______) (______)
（6）抵免后在 A 国的应纳税额	______
（7）跨国集团的实际税率	______

案例二：

2004 年，经过长时间的战略考虑，管理层决定在新兴国家 E 开辟一个新的市场，但是在选择建立分公司还是子公司时却不知如何是好，已知 E 国的所得税率为 30%，据预测该分支机构第一年即可获得盈利 1 000 000 美元，设立一个分公司在各项成本、费用、税收方面比起设立一个子公司可以节约 20 000 美元，那么到底应该设立分公司还是子公司呢，原因是什么？

案例三：

2005 年度，E 国的子公司已经进入正常运转，CHDM 公司的母公司和三个子公司各获取所得 1 000 000 美元，假定三家子公司的所有利润都以股息形式分配给母公司，并且暂时不考虑预提所得税，那么整个跨国集团的税收负担有多大？请根据下表完成计算。

表 8－3　　CHDM 公司税负表　　单位：美元

项　　目	A	B	C	E	集团总计
（1）所在国的利润	1 000 000	1 000 000	1 000 000	1 000 000	4 000 000
（2）应纳所得税税额	33% ____	15% ____	45% ____	30% ____	____
（3）A 国所得税	(____)	(____)	(____)	(____)	(____)
（4）允许抵免的税额	____	____	____	____	____
（5）应补缴 A 国的税额	____	____	____	____	____
（6）税额合计	____	____	____	____	____
总有效税率					____%

为了实现全球税收负担的最小化，需要建立一个控股公司，来集中各子公司的所得，之后再汇回母公司，以充分利用低税率国家的税收优惠，如果通过 D 国的控股公司进行税收筹划，请计算这种情况下整个跨国集团的税负水平。

表 8－4　　设立控股公司后跨国集团税负表　　单位：美元

项　　目	D 国控股公司	母公司（A 国）	集团总计
（1）公司利润	3 000 000	1 000 000	4 000 000
（2）应纳所得税税额	____	330 000	____
（3）A 国所得税	(990 000)	(330 000)	(1 320 000)

续表 8-4

项目	M 国控股公司	母公司（A 国）	集团总计
（4）允许抵免的税额	______	0	______
（5）应补缴 A 国的税额	______	0	______
（6）税额合计	______	330 000	______
总有效税率			______%

案例四：

C 国子公司由于拥有较高的技术水平，因而负责为新兴市场 E 提供核心零部件。现在 C 国子公司以 1 000 万美元的成本生产了一批零部件，加上利润 200 万美元，应以 1 200 万美元的价格卖给 E 国子公司，E 国子公司经过加工装配，可以以 1 500 万美元的价格投放市场。但是为了利用 E 国相对较低的税率，减少整个集团的税收，C 国子公司决定以低于市场价格的 1 100 万美元卖给 E 国子公司。请计算在压低价格前后该公司的税负水平有何变化。

表 8-5　　压低价格前　　单位：万美元

项目 / 公司	利润额	纳税额	税　负
C 国子公司	______	______	45%
E 国子公司	______	______	30%
合计	______	______	__%

表 8-6　　压低价格后　　单位：万美元

项目 / 公司	利润额	纳税额	税　负
C 国子公司	______	______	45%
E 国子公司	______	______	30%
合计	______	______	__%

考虑另一种情况，如果该公司为了利用 E 国的廉价劳动力，决定在 E 国子公司生产零部件，提供给 C 国子公司，那么该使用怎样的价格进行筹划呢？

案例五：

C 国和 E 国政府通过税收方面的合作建立了情报共享机制，对关联企业之间蓄意压低内部转让价格的行为予以禁止，因而两国的上述交易无法按原计划进行。集团内的税务专家敏锐地发现 B 国未与上述两国进行任何双边或多边的反避税合作，通过 B 国我们仍然可以实现减少集团税负的目的，请问这一结果是怎样实现的？

案例解析

案例一解析：

表 8－1a　　CHDM 公司 2003 年在 A 国的所得税计算

项　　目	B	C	集团总额
（1）预提税前的股息	1 000 000	1 000 000	2 000 000
（2）在居住国缴纳的所得税	150 000	450 000	600 000
（3）税前利润	1 150 000	1 450 000	2 600 000
（4）跨国集团在 A 国应缴纳的所得税	379 500	478 500	858 000
（5）税收抵免股息预提税 居住国所得税	0 （150 000）	（100 000） （378 500）	（100 000） （528 500）
（6）抵免后在 A 国的应纳税额	229 500	0	229 500

由于在 C 国的纳税额已经超过了 A 国的应纳税额，那么可抵免的税额仅仅是其应税所得额较之 C 国低的 A 国税率计算的应纳税所得额，在 C 国已缴纳税额中多的部分不能得到抵免，这样 A 国公司多缴纳税额 71 500 美元（450 000 = 100 000 - 478 500）。而来自 B 国的股息由于 B 国的税率较低，需要补足 229 500 美元的差额，跨国集团的实际税率计算如下：

当在该集团中插入中转公司之后，虽然整体的预提税率不降反升，但由于充分利用了各国税率的差异，使得整个集团的税负减轻，如下表：

表 8－2a　　设中转公司后在 A 国的所得税计算

（1）预提税前的股息	2 000 000
（2）在居住国缴纳的所得税	600 000
（3）集团税前利润	2 600 000
（4）跨国集团在 A 国应缴纳的所得税	858 000

续表 8-2a

(5) 税收抵免	
预提税	
C	(50 000)
D	(97 500)
居住国所得税	(600 000)
(6) 抵免后在 A 国的应纳税额	110 500

具体而言，未设立中转公司前，在 C 国缴纳的所得税大于在 C 国可以获得抵免的税额，因而会多缴纳 71 500 美元（450 000 + 100 000 - 478 500），而在 B 国缴纳的税款在设立中转公司前后均可以得到全部抵免，因而设立中转公司后的整体税负降低了：

$$\text{CHDM 公司实际税率} = \frac{\text{纳税总额}}{\text{应税所得总额}}$$

$$= \frac{450\ 000 + 150\ 000 + 50\ 000 + 97\ 500 + 110\ 500}{2\ 600\ 000}$$

$$= 33\%$$

案例二解析：

若建立的是分公司，那么该年所得利润 1 000 000 美元需要汇回 A 国，其总公司需要缴纳所得税 330 000 美元，除去抵免的 300 000 美元，还应补交 30 000 美元。

若建立的是子公司，那么该子公司在 E 国缴纳所得税 300 000 美元，剩余利润以股息形式汇回，就避免了上述结果。

另外，分公司一经取得利润，同一纳税年度就要将此项利润汇回，无法获得延期纳税的好处，假如子公司将利润用于再投资，节税效果将更加明显。

案例三解析：

表 8-3a　　CHDM 公司税负表　　单位：美元

项　目	A	B	C	E	集团总计
(1) 所在国的利润	1 000 000	1 000 000	1 000 000	1 000 000	4 000 000
(2) 应纳所得税税额	33%	15%	45%	30%	1 230 000
	330 000	150 000	450 000	300 000	

续表 8－3a

项　目	A	B	C	E	集团总计
(3) A 国所得税	(330 000)	(330 000)	(330 000)	(330 000)	(1 320 000)
(4) 允许抵免的税额	0	150 000	330 000	300 000	780 000
(5) 应补缴 A 国的税额	0	180 000	0	30 000	210 000
(6) 税额合计（(2) ＋ (5))	330 000	330 000	450 000	330 000	1 440 000
总有效税率（(6) / (1))					36%

表 8－4a　　设立控股公司后跨国集团税负表　　单位：美元

项　目	D 国控股公司	母公司（A 国）	集团总计
(1) 公司利润	3 000 000	1 000 000	4 000 000
(2) 应纳所得税税额	900 000	330 000	1 230 000
(3) A 国所得税	(990 000)	(330 000)	(1 320 000)
(4) 允许抵免的税额	900 000	0	900 000
(5) 应补缴 A 国的税额	90 000	0	90 000
(6) 税额合计（(2) ＋ (5))	990 000	330 000	1 320 000
总有效税率（(6) / (1))			33%

案例四解析：

表 8－5a　　压低价格前　　单位：万美元

项目 / 公司	利润额	纳税额	税　负
C 国子公司	200	90	45%
E 国子公司	300	90	30%
合计	500	180	36%

表 8－6a 压低价格后 单位：万美元

公司＼项目	利润额	纳税额	税负
C 国子公司	100	45	45%
E 国子公司	400	120	30%
合计	500	165	33%

如果是从 E 国子公司提供给 C 国子公司，那么应该抬高价格使得利润集中于税率较低的 E 国，达到节税的目的。具体而言，假设按市场价格 1 000 万美元成本的产品应以 1 200 万美元卖给 C 国子公司，C 国子公司可以以 1 500 万美元的价格投放市场。现在 E 国子公司可以以 1 400 万美元的价格卖与 C 国子公司，这样可以实现与上例表 8－5a、表 8－6a 同样的节税效果。

案例五解析：

由于利用 B 国进行非市场价格交易不会受到转移价格法律的监督，因而以 B 国子公司作为中转站，可以实现减少集团税负的目的。具体而言，成本为 1 000 美元的零部件先由 C 国子公司以成本价卖给 B 国子公司，B 国子公司转手以 1 400 万美元高价卖给 E 国子公司，而 E 国公司组装制成成品后仍以 1 500 万美元的价格售出。这样整个集团的税负就会产生显著的变化，如下表 8－7a 所示：

表 8－7a 转让定价前后税负比较 单位：万美元

公司＼项目	利润额		纳税额		税负	
	转移前	转移后	转移前	转移后	转移前	转移后
C 国公司	200	0	90	0	45%	0
E 国公司	300	100	90	30	30%	30%
B 国公司	0	400	0	60	0	15%
跨国集团	500	500	180	90	36%	18%

通过这一过程，集团总税负减轻了。

附录：国际税收协定范本

联合国关于发达国家与发展中国家避免双重征税协定范本

（2001 年版中译本）

协定目录

第十五条　非独立个人劳务
第十六条　董事费和高级管理人员报酬
第十七条　艺术家和运动员
第十八条　退休金和社会保险金（供选择的 A、供选择的 B）
第十九条　政府服务
第二十条　学生
第二十一条　其他所得

第四章　对财产的征税

第二十二条　财产

第五章　消除双重征税的方法

第二十三条　A 免税方法
第二十三条　B 抵免方法

第六章　特别规定

第二十四条　无差别待遇
第二十五条　相互协商程序
第二十六条　情报交换
第二十七条　外交使团成员和领馆领事

第七章　最后规定

第二十八条　生效
第二十九条　终止

结　束　语

协定范本正文

协定名称

甲国和乙国关于对所得和财产避免双重征税的协定①

---

① 各国可根据国际通行做法在标题中加上“避免双重征税”或同时加上“避免双重征税”和“防止偷逃税”的字眼。

协定序言[1]

第一章 协定范围

第一条 人的范围

本协定适用于缔约国一方或缔约国双方居民的人。

第二条 税种范围

一、本协定适用于由缔约国一方、所属行政区或地方当局对所得和财产征收的各种税收，不论其征收方式。

二、对全部所得、全部财产或某种所得、某种财产征收的所有税收，包括对转让动产或不动产取得的收益征收的税收，对企业支付的工资或薪金总额征收的税收以及对资本增值征收的税收，应视为对所得和财产征收的税收。

三、本协定特别适用于下列现行税种：

（一）在甲国：

（二）在乙国：

四、本协定也应适用于本协定签订之日以后增加或代替现行税种的任何相同的或实质相似的各种税收。缔约国双方主管当局应相互将各自税法的重要变动通知对方。

第二章 定 义

第三条 一般定义

一、除上下文另有规定的以外，在本协定中：

（一）“人”一语包括个人、公司和其他团体；

（二）“公司”一语是指法人团体或者在税收上视同法人团体的实体；

（三）“缔约国一方企业”和“缔约国另一方企业”的用语分别指缔约国一方居民经营的企业和缔约国另一方居民经营的企业；

（四）“国际运输”一语是指在缔约国一方设有实际管理机构的企业以船舶或飞机经营的运输，但不包括以船舶或飞机仅在缔约国另一方各地之间的经营；

（五）“主管当局”一语是指：

1. 在甲国：

2. 在乙国：

（六）“国民”一语是指：

1. 任何具有缔约国一方国籍或公民身份的个人；

---

① 协定序言应按照缔约国双方的宪法程序起草。

2. 任何根据缔约国一方现行法律建立的法人、合伙企业或团体。

二、缔约国一方实施本协定时，对未经本协定明确定义的用语，除上下文另有规定的以外，应当具有该国关于适用于本协定税种的法律所规定的含义，该国现行税法规定的该用语含义优先于其他法律规定的用语含义。

第四条　居民

一、本协定中“缔约国一方居民”一语是指按照该国法律，由于住所、居所、管理场所或其他类似性质的标准，负有纳税义务的人，也包括该国、其所属行政区或地方当局。但是这一用语不包括仅由于来源于该国的所得或位于该国的财产在该国负有纳税义务的人。

二、由于第一款的规定，同时是缔约国双方居民的个人，其身份应确定如下：

（一）应认为是其有永久性住所所在国的居民；如果在两个国家同时有永久性住所，应认为是与其个人和经济关系更密切（重要利益中心）所在国的居民；

（二）如果其重要利益中心所在国无法确定，或者在其中任何一国都没有永久性住所，应认为是其有习惯性居处所在国的居民；

（三）如果其在两个国家都有，或者都没有习惯性居处，应认为是其国民所在国的居民；

（四）如果其同时是两个国家的国民，或者不是其中任何一国的国民，应由缔约国双方主管当局通过协商解决。

三、由于第一款的规定，除个人以外，同时是缔约国双方居民的人应认为是其实际管理机构所在国的居民。

第五条　常设机构

一、本协定中“常设机构”一语是指一个企业进行全部或部分营业的固定营业场所。

二、“常设机构”这一用语特别包括：

（一）管理场所；

（二）分支机构；

（三）办事处；

（四）工厂；

（五）作业场所；

（六）矿场、油井或气井、采石场或者任何其他开采自然资源的场所。

三、“常设机构”一语同样包括：

（一）建筑工地，建筑、装配或安装工程或者与其有关的监督管理活动，但该工地、工程或活动以连续为期六个月以上的为限；

（二）企业通过雇员或雇佣的其他人员为上述目的提供的劳务，包括咨询劳务，但这种性质的活动以在该国内（为同一工程或有关工程）在任何12个月中连续或累计为期六个月以上的为限。

四、虽有本条以上各项规定，“常设机构”这一用语应认为不包括：

（一）专为储存或陈列本企业货物或商品的目的而使用的场所；

（二）专为储存或陈列的目的而保存本企业货物或商品的库存；

（三）专为通过另一企业加工的目的而保存本企业货物或商品的库存；

（四）专为本企业采购货物或商品或者收集情报的目的而设有的固定营业场所；

（五）专为本企业进行任何其他准备性质或辅助性质活动的目的而设有的固定营业场所；

（六）专为本款（一）到（五）项各项活动的结合而设有的营业固定场所，如果由于这种结合使营业固定场所全部活动属于准备性质或辅助性质。

五、虽有第一款和第二款的规定，当一个人（适用第七款的独立地位代理人除外）在缔约国一方代表缔约国另一方的企业进行活动，对于这个人为企业进行的任何活动，应认为该企业在首先提及的缔约国设有常设机构，如果这个人：

（一）有权并经常行使这种权利在该国以企业的名义签订合同。但如这个人的活动仅限于第四款的规定，即便是通过固定营业场所进行活动，按照该款规定，并不得使这一固定营业场所成为常设机构；或

（二）没有该项权利，但经常在首先提及的国家保存货物或商品的库存，并代表该企业经常从该库存中交付货物或商品。

六、虽有本条以上各项规定，缔约国一方的保险企业，除再保险外，如通过适用第七款独立地位代理人以外的人在另一国领土内收取保险费或接受保险业务，应认为在缔约国另一方设有常设机构。

七、缔约国一方的企业仅由于通过经纪人、一般佣金代理人或任何其他独立地位代理人在缔约国另一方进行营业，而这些代理人又按常规进行其本身业务的，应不认为在缔约国另一方设有常设机构。但是如果这种代理人的活动全部或几乎全部代表该企业，且该企业和该代理人之间的商务和财务往来关系不同于独立企业之间的关系，则不认为是本款所指的独立地位代理人。

八、缔约国一方居民公司，控制或被控制于缔约国另一方居民公司或者在缔约国另一方进行营业的公司（不论是否通过常设机构），此项事实不能据以使任何一公司成为另一公司的常设机构。

第三章 对所得的征税

第六条 不动产所得

一、缔约国一方居民从位于缔约国另一方的不动产取得的所得（包括农业或林业所得），可以在另一国征税。

二、“不动产”一语应具有财产所在地的缔约国法律所规定的含义。该用语在任何情况下应包括附属于不动产的财产，农业和林业所使用的牲畜和设备，一般法律有关地产规定所适用的权利，不动产的收益权和由于开采或有权开采矿藏、水源与其他自然资源而取得不固定的或固定的收入的权利。船舶、船只和飞机不应视为不动产。

三、第一款的规定也应适用于直接使用、出租或任何其他形式使用不动产取得的所得。

四、第一款和第三款的规定也应适用于企业的不动产所得和用于完成独立个人劳务的不动产所得。

第七条 营业利润

一、缔约国一方企业的利润应仅在该国征税，但该企业通过设在缔约国另一企业的常设机构进行营业的除外。如果该企业通过在缔约国另一方的常设机构进行营业，其利润可以在另一国征税，但其利润应以仅属于：

（一）该常设机构；

（二）在另一国销售与通过常设机构销售的货物或商品相同或类似的货物或商品；或

（三）在另一国进行的其他与通过常设机构进行的经营活动相同或类似经营活动。

二、从属于第三款的规定，缔约国一方企业通过设在缔约国另一方的常设机构进行营业，应视同该常设机构是一个独立分设企业，在相同或类似的情况下从事相同或相似的活动，并完全独立地同其所隶属的企业进行交易，该常设机构在缔约国各方可能得到的利润应属于该常设机构。

三、确定一个常设机构的利润时，应允许扣除常设机构进行营业所发生的各项费用，包括行政和一般管理费用，不论其发生于常设机构所在国或其他任何地方。但是，常设机构由于使用专利或其他权利支付给企业总机构或其他办事处的特许权使用费、费用或其他类似款项，或者为提供特别劳务或管理而支付的手续费，或者借款给常设机构而支付的利息，银行企业除外，都不得作任何扣除（属于偿还代垫实际发生的费用除外）。同样，在确定常设机构的利润时，也不考虑由于使用专利或其他权利常设机构从企业总机构或其他办理处取得的特许权使用费、费用或其他类似款项，或者为提供特别劳务或管理而取得的手续费，或者借款给企业总机构或任何其他办事处而收取的利息，银行企业除外（属于偿还代垫实际发生的费用除外）。

四、如缔约国一方习惯于以企业总利润按一定比例分配给所属各部门的方法来确定一个常设机构的利润，上述第二款并不妨碍该缔约国按这种习惯分配方法确定其应税利润。但是采用的分配方法所得到的结果，应与本条所含的原则一致。

五、以上各款中，除了有适当的和充分的理由需要变动外，每年应采用相同的办法确定属于常设机构的利润。

六、利润中如包括有本协定中其他各条单独规定的所得项目时，本条规定不应影响其他各条的规定。

（注：关于仅由于常设机构为企业采购货物或商品，是否将此利润归属常设机构的问题，没有作出决定，留待双边谈判去解决）

第八条　船运、内河运输和空运

第八条 A（供选择的 A）

一、以船舶或飞机从事国际运输取得的利润，应仅在企业实际管理机构所在地缔约国征税。

二、以船只从事内河运输取得的利润，应仅在企业实际管理机构所在缔约国征税。

三、如果船运企业或内河运输企业的实际管理机构设在船舶或船只上，应以船舶或船母港所在缔约国为所在国；或如果没有母港，应以船舶或船只经营者为居民的缔约国为所在国。

四、第一款的规定也适用于参加合伙经营、联合经营或者参加国际经营机构取得的利润。

第八条 B（供选择的 B）

一、以飞机从事国际运输取得的利润，应仅在企业实际管理机构所在缔约国征税。

二、以船舶从事国际运输取得的利润，应仅在企业实际管理机构所在缔约国征税，但经常在缔约国另一方从事业务发生的船运活动除外。如果这种活动比较经常，上述利润可以在另一国征税，另一国确定征税的利润，应以该企业从船运业务取得全部纯利润为基础作适当的划分。按照这种划分计算的税额应减去……%（这个百分数通过双边谈判加以确定）。

三、以船只从事内河运输取得的利润，应仅在企业实际管理机构所在缔约国征税。

四、如果船运企业或内河运输企业的实际管理机构设在船舶或船只上，应以船舶或船只母港所在缔约国为所在国；或如果没有母港，应以船舶或船只经营者为居民的缔约国为所在国。

五、第一款和第二款的规定也适用于参加合伙经营、联合经营或者参加国际经营机构取得的利润。

第九条 联属企业

一、当（一）缔约国一方企业直接或间接参与缔约国另一方企业的管理、控制或资本，或者

（二）同一人直接或间接参与缔约国一方企业和缔约国另一方企业的管理、控制或资本。

在上述任何一种情况下，两个企业之间的商业或财务关系不同于独立企业之间的关系。因此，由于这些情况而没有取得的任何利润，可以计入该企业的利润内，并据以征税。

二、当缔约国一方将缔约另一方已征税的企业利润，而这部分利润本应由首先提及的国家企业取得的，包括在该国企业的利润内，并且加以征税时，应视同这种情况发生在两个独立企业之间，另一国应对这部分利润所征收的税额加以适当调整。在确定这项调整时，应适当考虑本协定的其他规定，如有必要，缔约国双方主管当局应相互协商。

三、如果司法、行政或其他法律程序已经最终裁决，对企业因欺诈、重大过失或故意拖欠处以罚款，并按第一款对企业的利润进行了调整，则不适用于第二款的规定。

第十条 股息

一、缔约国一方居民公司支付给缔约国另一方居民的股息，可以在另一国征税。

二、然而，这些股息也可以支付股息公司为其居民的缔约国，按照该国法律征税。但是如果股息受益所有人是缔约国另一方居民，则所征的税款：

（一）如果受益所有人是直接持有支付股息公司至少10%资本的公司（不是合伙企业），不应超过股息总额的……%（百分数通过双边谈判确定）；

（二）在其他情况下，不应超过股息总额的……%（百分数通过双边谈判确定）。

缔约国双方主管当局应相互协商，解决实行上述限制的方式。

本款不应影响对该公司支付股息前的利润所征收的公司利润税。

三、本条“股息”一语是指从股份、“享受”股份或“享受”权利、矿业股份、发起人股份或非债权关系而是分享利润的其他权利取得的所得，以及按照分配利润公司是其居民的国家法律，视同股份所得同样征税的其他公司权利取得的所得。

四、如果股息受益所有人是缔约国一方的居民，在支付股息公司为其居民的缔约国另一方，通过所设常设机构进行营业或通过所设固定基地在另一国从事独立个人劳

务，支付股息的股份与该常设机构或该固定基地有实际联系，不应适用第一款和第二款的规定。在这种情况下，应视具体情况适用第七条或第十四条的规定。

五、缔约国一方居民公司从缔约国另一方取得利润或所得，另一国不得对该公司支付的股息征收任何税收。但以付给另一国居民的股息或支付股息的股份与设在另一国的常设机构或固定基地有实际联系的除外。对于该公司的未分配利润，即使已付的股息或未分配利润全部或部分是发生于另一国的利润或所得，另一国也不得征税。

第十一条 利息

一、发生于缔约国一方并支付给缔约国另一方居民的利息，可以在另一国征税。

二、然而，这些利息也可以在其发生的缔约国，按照该国法律征税。但是，如果利息受益所有人是缔约国另一方居民，所征税款不应超过利息总额的……%（百分数通过双边谈判确定）。缔约国双方主管当局应相互协商，解决实行上述限制的方式。

三、本条“利息”一语是指从各种债权取得的所得，不论其有无抵押担保或者是否有权分享债务人的利润；特别是从公债取得的所得，从债券或信用债券取得的所得，并包括附属于这些证券、债券和信用债券的溢价和奖金。由于延期支付的罚款在本条中不作为利息。

四、如果利息受益所有人是缔约国一方的居民，在利息发生的缔约国另一方，通过所设常设机构进行营业或通过所设固定基地在另一国从事独立个人劳务，支付利息的债权与：(1）该常设机构或固定基地，或者（2）第七条第一款（三）项规定的营业活动有实际联系，不应适用第一款和第二款的规定。在这种情况下应视具体情况适用第七条或第十四条的规定。

五、当支付人是缔约国一方的居民，应认为利息发生于该国。然而，当支付利息的人，不论其是否缔约国一方的居民，在缔约国一方设有常设机构或固定基地，支付利息所发生的债务与该常设机构或固定基地有联系，并由其负担利息，上述利息应认为发生于该常设机构或固定基地所在国。

六、由于支付人与受益所有人之间或者他们双方与其他人之间的特殊关系，就有关债权支付的利息数额超出支付人与受益所有人没有上述关系所能同意的数额时，本条规定应仅适用于后来提及的数额。在这种情况下，支付款项的超出部分，仍应按各缔约国的法律征税，但应适当考虑本协定的其他规定。

第十二条 特许权使用费

一、发生于缔约国一方并支付给缔约国另一方居民的特许权使用费，可以在另一国征税。

二、然而，这些特许权使用费也可以在其发生的缔约国，按照该国法律征税。但是，如果特许权使用费受益所有人是缔约国另一方居民，所征税款不应超过特许权使用费总额的……%（百分数通过双边谈判确定）。缔约国双方主管当局应相互协商解决实行上述限制的方式。

三、本条“特许权使用费”一语是指由于使用，或有权使用任何文学、艺术或科学著作，包括电影影片、无线电或电视广播使用的胶片、磁带的版权，任何专利、商标、设计或模型、计划、秘密配方或程序作为报酬的各种款项；或者由于使用，或有权使用工业、商业或科学设备，或有关工业、商业或科学经验的情报作为报酬的各种款项。

四、如果特许权使用费受益所有人是缔约国一方的居民，在特许权使用费发生的缔约国另一方，通过所设常设机构进行营业或通过所设固定基地在另一国从事独立个人劳务，以付特许权使用费的权利或财产与（1）该常设机构或固定基地，或者（2）第七条第一款（三）项规定的营业活动有实际联系，不应适用第一款和第二款的规定。在这种情况下，应视具体情况适用第七条或第十四条的规定。

五、当支付人是缔约国一方的居民，应认为特许权使用费发生于该国。然而，当支付特许权使用费的人，不论其是否缔约国一方的居民，在缔约国一方设有常设机构或固定基地，支付特许权使用费所发生的义务与该常设机构或固定基地有联系，并由其负担特许权使用费，上述特许权使用费应认为发生于该常设机构或固定基地所在国。

六、由于支付人与受益所有人之间或者他们双方与其他人之间的特殊关系，就有关使用、权利或情报，支付特许权使用费数额超出支付人与受益所有人没有上述关系所能同意的数额时，本条规定应仅适用于后来提及的数额。在这种情况下，支付款项的超出部分，仍应按各缔约国的法律征税，但应适当考虑本协定的其他规定。

第十三条　财产收益

一、缔约国一方居民转让第六条所述位于缔约国另一方的不动产取得的收益，可以在另一国征税。

二、转让缔约国一方企业在缔约国另一方的常设机构营业财产部分的动产，或者附属于缔约国一方居民在缔约国另一方的从事独立个人劳务的固定基地的动产而取得的收益，包括转让整个常设机构（单独或随同整个企业）或该固定基地取得的收益，可以在另一国征税。

三、转让从事国际运输的船舶、飞机、内河运输的船只或附属于经营上述船舶、飞机或船只的动产取得的收益，应仅在该企业实际管理机构所在的缔约国征税。

四、转让一个公司股本的股票或合伙企业、信托或遗产的权益取得的收益，该财产权又主要直接或间接由位于缔约国一方的不动产所组成，可以在该国征税。

除非一个公司、合伙企业、信托或遗产从事管理不动产的营业活动，且该财产权又主要直接或间接由该公司、合伙企业、信托或遗产在营业活动中使用的不动产所组成，否则本款不适用于它们。

本款所说的与不动产所有权有关的“主要”，是指该不动产价值超过公司、合伙企业、信托或遗产拥有的资产总价值的50%。

五、转让第四款所述以外的其他股票取得的收益，该项股票又相当于参与缔约国一方居民公司的股权的……%（百分数通过双边谈判确定），可以在该国征税。

六、转让第一、二、三、四、五各款所述的财产以外的任何财产取得的收益，应仅在转让者为其居民的缔约国征税。

第十四条　独立个人劳务

一、缔约国一方居民由于专业性劳务或其他独立性活动取得的所得，应仅在该国征税。但在下列情况下，也可以在缔约国另一方征税：

（一）如在缔约国另一方为从事其活动的目的，设有其经常使用的固定基地；在这种情况下，缔约国另一方可以对仅属于该固定基地的所得征税；或者

（二）如在缔约国另一方有关会计年度开始或结束的任何12个月中停留累计等于或超过183天；在这种情况下，另一国可以对仅在该国进行活动取得的所得征税；或者

（三）如在缔约国另一方进行活动的报酬，是由该缔约国居民支付或者由设在该缔约国的常设机构或固定基地负担，其金额在会计年度中超过……（具体金额通过双边谈判确定）。

二、“专业性劳务”这一用语特别包括独立的科学、文学、艺术、教育或教学活动，以及医师、律师、工程师、建筑师、牙医师和会计师的独立活动。

第十五条　非独立个人劳务

一、从属于第十六、十八和十九条的规定，缔约国一方的居民由于受雇取得的薪金、工资和其他类似的报酬，除了受雇于缔约国另一方的以外，应仅在该国征税。如果受雇于缔约国另一方取得的该项报酬，可以在另一国征税。

二、虽有第一款的规定，缔约国一方的居民由于受雇于缔约国另一方而取得的报酬，在下列情况下应仅在首先提及的国家征税：

（一）收款在有关会计年度开始或结束的任何12个月中在缔约国另一方停留累计不超过183天；同时

（二）该项报酬是由并非缔约国另一方居民的雇主自付或代表雇主支付的；并且

（三）该项报酬不由雇主设在另一国的常设机构或固定基地所负担。

三、虽有本条以上规定，由于受雇于从事国际运输的船舶或飞机上，或受雇于从

事内河运输的船只上而取得的报酬，可以在企业实际管理机构所在的缔约国征税。

第十六条 董事费和高级管理人员报酬

一、缔约国一方居民作为缔约国另一方居民公司董事会成员取得的董事费和其他类似款项，可以在另一国征税。

二、缔约国一方居民由于担任缔约国另一方居民公司高级管理职务取得的薪金、工资和其他类似报酬，可以在另一国征税。

第十七条 艺术家和运动员

一、虽有第十四条和第十五条的规定，缔约国一方居民，作为表演家，如戏剧、电影、广播或电视艺术家，或音乐家，或者作为运动员，在缔约国另一方从事其个人活动取得的所得，可以在另一国征税。

二、表演家或运动员从事其个人活动所取的所得，并非为了表演家或运动员本人而为了其他人，虽有第七、第十四和第十五条的规定，其所得可以在表演或运动员从事活动的缔约国征税。

第十八条 退休金和社会保险金

第十八条 A（供选择的 A）

一、从属于第十九条第二款的规定，由于过去的雇佣支付给缔约国一方居民的退休金和其他类似报酬，应仅在该国征税。

二、虽有第一款的规定，按照缔约国一方，所属行政区或地方当局社会保险金制度部分的公共计划，支付的退休金和其他款项，应仅在该国征税。

第十八条 B（供选择的 B）

一、从属于第十九条第二款的规定，由于过去的雇佣支付给缔约国一方居民的退休金和其他类似报酬，可以在该国征税。

二、然而，该项退休金和其他类似报酬，如果由缔约国另一方居民或者设在该国的常设机构支付，也可以在另一国征税。

三、虽有第一款和第二款的规定，按照缔约国一方所属行政区或地方当局社会保险制度部分的公共计划支付的退休金和其他款项，应仅在该国征税。

第十九条 政府服务

一、（一）缔约国一方，所属行政区或地方当局支付给向其提供服务的个人退休金以外的工资、薪金或其他报酬，应仅在该国征税。

（二）然而，该项工资、薪金或其他报酬应仅在缔约国另一方征税，如果该项服务是在另一国提供，提供服务的个人是该国居民，并且该居民：

1. 是该国国民；或者

2. 不是为了提供该项服务的目的，而成为该国居民。

二、(一) 缔约国一方，所属行政区或地方当局支付的或从其建立的基金中对向其提供服务的个人支付的退休金，应仅在该国征税。

(二) 然而，如果提供服务的个人是缔约国另一方居民、并且是其国民的，该项退休金应仅在该另一国征税。

三、第十五、第十六、第十七和第十八条的规定，应适用于向缔约国一方，所属行政区或地方当局进行营业提供服务所取得的工资、薪金或其他报酬和退休金。

第二十条 学生

一、学生、企业实习生或学徒是，或在紧接前往缔约国一方访问前曾是缔约国另一方居民，仅由于接受教育或培训的目的停留在首先提及的国家，其为维持生活、教育或培训收到的来源于该国以外的款项，该国不应征税。

二、第一款所述学生或企业学徒取得不包括在第一款的赠款、奖学金和雇佣报酬，在教育或培训期间，应与其所停留国居民享受同样的免税、优惠或减税。

第二十一条 其他所得

一、缔约国一方居民的各项所得，不论在什么地方发生，凡本协定上述各条款未作规定的，应仅在该国征税。

二、第六条第二款规定的不动产所得以外的其他所得，如果所得的收款人是缔约国一方居民，通过设在缔约国另一方的常设机构进行营业，或者通过设在缔约国另一方的基地从事独立个人劳务，据以支付所得的权利或财产与该常设机构或固定基地有实际联系，不应适用第一款的规定。在这种情况下，应视具体情况适用第七条或第十四条的规定。

三、虽有第一款和第二款的规定，缔约国一方居民的各项所得，凡本协定上述各条未作规定，而发生在缔约国另一方的，也可以在另一国征税。

第四章 对财产的征税

第二十二条 财产

一、第六条所指不动产为代表的财产，为缔约国一方居民所有并座落在缔约国另一方，可以在另一国征税。

二、缔约国一方企业设在缔约国另一方常设机构构成营业财产部分的动产，或者缔约国一方居民设在缔约国另一方从事独立个人劳务的固定基地所附属的动产为代表的财产，可以在另一国征税。

三、从事国际运输的船舶、飞机和从事内河运输的船只，以及附属于经营上述船舶、飞机和船只的动产为代表的财产，应仅在该企业实际管理机构所在缔约国征税。

四、[缔约国一方居民的其他所有财产项目，应仅在该国征税。] (保留可选性，

与 OECD 区别）

（小组决定，对于缔约国一方居民，不动产和动产为代表的财产以及其他所有财产项目征税问题，留待双边谈判。如果谈判的双方决定在税收协定中包括财产征税这一条，应由他们决定是否采用本条第四款的文字，或者规定留给财产座落的国家征税。）

第五章　消除双重征税的方法

第二十三条　A 免税方法

一、缔约国一方居民取得的所得或拥有的财产，按照本协定的规定可以在缔约国另一方征税时，首先提及的国家应对该项所得或财产给予免税，但第二款和第三款的规定除外。

二、缔约国一方居民取得的各项所得，按照第十条、第十一条和第十二条的规定，可以在缔约国另一方征税时，首先提及的国家应允许从对该居民的所得所征税额中扣除，其金额等于另一国所缴纳的税款。但该项扣除应不超过对来自另一国的该项所得扣除前计算的税额。

三、按照本协定的任何规定，缔约国一方居民取得的所得或拥有的财产，在该国免税时，该国在计算该居民其余所得或财产的税额时，可对免税的所得或财产予以考虑。

第二十三条　B 抵免方法

一、缔约国一方居民取得的所得或拥有的财产，按照本协定的规定，可以在缔约国另一方征税时，首先提及的国家应允许从对该居民的所得征税额中扣除，其数额等于在另一国所缴纳的所得税收；和从对该居民财产所征税额中扣除，其数额等于在另一国所缴纳的财产税收；但该项扣除，在任何情况下应不超过视具体情况可以在另一国征税的那部分所得或财产在扣除前计算的所得税额或财产税额。

二、按照本协定的任何规定，缔约国一方居民取得的所得或拥有的财产，在该国免税时，该国在计算该居民其余所得或财产的税额时，可对免税的所得或财产予以考虑。

第六章　特别规定

第二十四条　无差别待遇

一、缔约国一方国民（尤其是居民）在缔约国另一方负担的税收和有关条件，不应比缔约国另一方国民在相同情况下，负担或可能负担的税收或有关条件不同或比其更重。虽有第一条的规定，本规定也应适用于不是缔约国一方或双方居民的人。

二、“国民”一语是指：

（一）所有具有缔约国一方国籍的个人；

（二）根据缔约国一方的现行法律取得其法律地位的所有法人、合伙企业和团体。

三、缔约国一方居民无国籍的人（尤其是居民）在缔约国任何一方负担的税收和有关条件，不应比各该国国民在相同情况下，负担或可能负担的税收或有关条件不同或比其更重。

四、缔约国一方企业在缔约国另一方的常设机构税收负担，不应高于进行同样活动的另一国企业。本规定不应被理解为，缔约国一方由于公民地位或家庭负担原因给予本国居民在税收上任何个人的扣除、优惠和减税，也必须给予缔约国另一方居民。

五、除适用第九条第一款、第十一条第六款或第十二条第六款的规定外，缔约国一方企业支付给缔约国另一方居民的利息、特许权使用费和其他款项，在确定该企业纳税利润时，应与在相同条件下支付给首先提及的国家的居民一样扣除（同样，缔约国一方企业对缔约国另一方居民的任何债务，在确定该企业的纳税财产时，应与在相同条件下首先提及的国家的居民所确定的债务一样扣除）。

六、缔约国一方企业的资本全部或部分，直接或间接为缔约国另一方一个或一个以上的居民拥有或控制，该企业在首先提及的国家负担的税收和有关条件，不应与首先提及国家的其他类似企业负担或可能负担的税收和有关条件不同或比其更重。

七、虽有第二条的规定，本条规定应适用于各种税收。

第二十五条　相互协商程序

一、当一个人认为缔约国一方或双方的措施，导致或将导致对其不符合本协定规定的征税时，可以不考虑国内法律所规定的补救方法，将案情提交其本人为居民的缔约国一方主管当局；或者如果其案情属于第二十四条第一款，可以提交其本人为国民的缔约国主管当局。该项案情必须在不符合本协定规定的征税行动第一次通知起，三年内提出。

二、上述主管当局如果认为提出的意见合理，又不能单方面满意地解决时，应设法与缔约国另一方主管当局相互协商解决本案，以避免不符合本规定的征税。达成的任何协议应予执行，而不受该缔约国内法律的任何时间限制。

三、缔约国双方主管当局应相互协商设法解决在解释和实施本协定时发生的困难和疑义。缔约国双方主管当局也可以对为避免本协定未规定的双重征税进行协商。

四、缔约国双方主管当局为达成以上各款所指的协议，可以直接相互联系，包括通过其自身或其代表组成的联合委员会进行联系。为执行本条规定的相互协商程序，主管当局应通过协商确定适当的双边程序、条件、方法和技术。此外，主管当局可以设法采取适当的单方面程序、条件、方法和技术，以促进上述双边行动和相互协商程序的执行。

第二十六条　情报交换

一、缔约国双方主管当局应交换为实施本协定的规定所必需的情报，或缔约国双方关于本协定所涉及的税种的国内法律，按此征税与本协定不相抵触的情报，特别是防止欺诈或偷漏税收的情报。情报交换不受第一条限制。缔约国一方收到的任何情报，应与按该国国内法律取得的情报同样保密。但是，如果发送国对该情报已作密件，仅应告知本协定规定税收的查定、征收以及有关案件的执行或起诉或裁决上诉的人员或主管当局（包括法院和行政管理部门）。上述人员或主管当局仅应为上述目的使用该项情报，但可在公开法庭程序或法庭判决中透露有关情报。双方主管当局应通过协商确定有关情报交换事宜的适当条件、方法和技术，包括适当地交换有关逃税的情报。

二、第一款的各项规定，在任何情况下，不应被理解为，缔约国一方有义务：

（一）采取与该缔约国或缔约国另一方的法律或行政惯例不相一致的行政措施；

（二）提供按照该缔约国或缔约国另一方的法律或正常行政渠道得不到的情报；

（三）提供泄露任何贸易、经营、工业、商业或专业秘密或贸易过程的情报，或泄露后将违反公共政策（公共秩序）的情报。

第二十七条　外交使团成员和领馆领事

本协定应不影响按照国际法一般原则或按照特别协定规定的外交使团成员和领馆领事的财政特权。

第七章　最后规定

第二十八条　生效

一、本协定应经过批准，批准文件应尽快在……互换。

二、本一应在互换批准文件后生效，其规定生效日期是：

（一）在甲国：

（二）在乙国：

第二十九条　终止

本协定在缔约国一方终止以前应继续有效。缔约国任何一方，可以……年以后任何历年年底前至少六个月通过外交途径发出终止通知终止本协定。在这种情况下，本协定将自下列日期起停止有效：

（一）在甲国：

（二）在乙国：

结 束 语

注意：关于协定的生效和终止的规定以及有关签署的结束语应按照缔约国双方的宪法程序加以草拟。

经济合作与发展组织关于所得和财产的税收协定范本

（2003 年 1 月 28 日）

协定目录

第十六条　董事费
第十七条　艺术家和运动员
第十八条　退休金
第十九条　政府服务
第二十条　学生
第二十一条　其他所得

第四章　对财产的征税

第二十二条　财产

第五章　避免双重征税的方法

第二十三条 A　免税方法
第二十三条 B　抵免方法

第六章　特别规定

第二十四条　无差别待遇
第二十五条　相互协商程序
第二十六条　情报交换
第二十七条　税款征收协助
第二十八条　外交使团成员和领馆领事
第二十九条　区域的扩大

第七章　最后规定

第三十条　生效
第三十一条　终止
协定标题
甲国与乙国关于所得和财产的税收协定①
协定序言②

---

① 各国可根据国际通行做法在标题中加上“避免双重征税”或同时加上“避免双重征税”和“防止偷逃税”的字眼。

② 协定序言应按照缔约国双方的宪法程序起草。

第一章　协定范围

第一条　人的范围

本协定适用于缔约国一方或缔约国双方居民的人。

第二条　税种范围

1. 本协定适用于缔约国一方、所属行政区或地方当局对所得和财产征收的各种税收，不论其征收方式。

2. 对全部所得、全部财产或者某种所得、某种财产征收的所有税收，包括对转让动产或不动产取得的收益征收的税收，对企业支付的工资或薪金总额征收的税收以及对资本增值征收的税收，都应视为对所得和财产征收的税收。

3. 本协定特别适用于下列现行税种：

（1）在甲国：

（2）在乙国：

4. 本协定也应适用于本协定签订之日以后增加或代替现行税种的任何相同的或实质相似的各种税收。缔约国双方主管当局应相互将各自税法的任何已发生的重要变动通知对方。

第二章　定　　义

第三条　一般定义

1. 除有关条款另有规定以外，在本协定中：

（1）“人”一语包括个人、公司和其他团体；

（2）“公司”一语是指任何法人团体或者任何在税收上视同法人团体的实体；

（3）“企业”一语指开展任何营业活动；

（4）“缔约国一方企业”和“缔约国另一方企业”的用语分别指缔约国一方居民经营的企业和缔约国另一方居民经营的企业；

（5）“国际运输”一语是指在缔约国一方设有实际管理机构的企业以船舶或飞机经营的运输，但不包括以船舶或飞机仅在缔约国另一方各地之间的经营；

（6）“主管当局”一语是指：

① 在甲国：

② 在乙国：

（7）“国民”一语是指：

① 任何具有缔约国一方国籍或公民身份的个人；

② 任何根据缔约国一方现行法律建立的法人、合伙企业或团体。

(8)“营业”一语包括从事专业性劳务或其他独立性活动。

2. 缔约国一方在任何时候实施本协定时，对未经本协定明确定义的用语，除上下文另有规定的以外，应当具有该国关于适用于本协定税种的现行法律所规定的含义，该国现行税法规定的该用语含义优先于其他法律规定的用语含义。

第四条　居民

1. 本协定中“缔约国一方居民”一语是指按照该国法律，由于住所、居所、管理场所或其他类似性质的标准，负有纳税义务的人，也包括该国、其所属行政区或地方当局。但是这一用语不包括仅由于来源于该国的所得或位于该国的财产在该国负有纳税义务的人。

2. 由于第1款的规定，同时是缔约国双方居民的人，其身份应确定如下：

(1) 应认为是其有永久性住所所在国的居民；如果在（两个国家）同时有永久性住所，应认为是与其个人和经济关系更密切（重要利益中心）所在国居民；

(2) 如果其重要利益中心所在国无法确定，或者在其中任何一国都没有永久性住所，应认为是其有习惯性居处所在国的居民；

(3) 如果其在两个国家都有，或者都没有习惯性居处，应认为是其国民所在国的居民；

(4) 如果其同时是两个国家的国民，或不是其中任何一国的国民，应由缔约国双方主管当局通过协商解决。

3. 由于第1款的规定，除个人以外同时是缔约国双方居民的人，应认为是其实际管理机构所在国的居民。

第五条　常设机构

1. 本协定中“常设机构”一语是指一个企业进行全部或部分营业的固定营业场所。

2. “常设机构”一语特别包括：

(1) 管理场所；

(2) 分支机构；

(3) 办事处；

(4) 工厂；

(5) 作业场所；

(6) 矿场、油井或气井、采石场或者任何其他开采自然资源的场所。

3. “常设机构”一语包括建筑工地或者建筑，但安装工程仅以连续12个月以上的为限。

4. 虽有本条以上各项规定，“常设机构”一语应认为不包括：

(1) 专为储存、陈列或交付本企业货物或商品的目的而使用的场所；

(2) 专为储存、陈列或交付的目的而保存本企业货物或商品的库存；

(3) 专为通过另一企业加工的目的而保存本企业货物或商品的库存；

(4) 专为本企业采购货物或商品或者收集情报的目的而设有固定的营业固定场所；

(5) 专为本企业进行任何其他准备性质或辅助性质活动的目的而设有的营业固定场所；

(6) 专为本款（1）到（5）项各项活动的结合而设有的营业固定场所，如果由于这种结合使营业固定场所全部活动属于准备性质或辅助性质。

5. 虽有第1款和第2款的规定，如一个人（适用第6款的独立地位代理人除外）代表缔约国另一方的企业在缔约国一方活动，有权并经常行使这种权力以企业的名义签订合同，对于这个人为企业进行的任何活动，应认为该企业在该国设有常设机构，但这个人的活动仅限于第4款的规定，即使是通过营业固定场所进行活动，按照该款规定，并不得使这一营业固定场所成为常设机构。

6. 一个企业仅由于通过经纪人、一般佣金代理人或其他独立地位代理人在缔约国一方进行营业，而这些代理人又按常规进行其本身业务的，应不认为在该国设有常设机构。

7. 缔约国一方居民公司，控制或被控制于缔约国另一方居民公司或者在缔约国另一方进行营业的公司（不论是否通过常设机构），此项事实不能据以使任何一公司成为另一公司的常设机构。

第三章　对所得的征税

第六条　不动产所得

1. 缔约国一方居民从位于缔约国另一方的不动产取得的所得（包括农业或林业所得），可以在另一国征税。

2. “不动产”一语应具有财产所在地的缔约国法律所规定的含义。该用语在任何情况下应包括附属于不动产的财产，农业和林业所使用的牲畜和设备，一般法律有关地产规定所适用的权利，不动产的收益权和由于开采或有权开采矿藏、水源与其他自然资源而取得不固定的或固定的收入的权利。船舶、船只和飞机不应作为不动产。

3. 第1款的规定也应适用于从直接使用、出租或以其他任何形式使用不动产取得的所得。

4. 第1款和第3款的规定也应适用于企业的不动产所得。

第七条 营业利润

1. 缔约国一方企业的利润应仅在该国征税，但该企业通过设在缔约国另一方的常设机构进行营业的除外。如果该企业通过在缔约国另一方的常设机构进行营业，其利润可以在另一国征税，但其利润应仅以属于该常设机构的为限。

2. 从属于第 3 款的规定，缔约国一方企业通过设在缔约国另一方的常设机构进行营业，应视同该常设机构是一个独立分设企业，在相同或类似的情况下从事相同或类似活动，并完全独立地同其所隶属的企业进行交易，该常设机构在缔约国各方可能得到的利润应属于该常设机构。

3. 确定一个常设机构的利润时，应允许扣除常设机构所发生的各项费用，包括行政和一般管理费用，不论其发生于常设机构所在国或其他任何地方。

4. 如缔约国一方习惯于以企业总利润按一定比例分配给所属各部门的方法来确定一个常设机构的利润，上述第 2 款并不妨碍该缔约国按这种习惯分配方法确定其应税利润。但是采用的分配方法所得到的结果，应与本条所含的原则一致。

5. 不应仅由于常设机构为企业采购货物或商品，将利润归属于该常设机构。

6. 以上各款中，除了有适当的和充分的理由需要变动外，每年应采用相同的方法确定属于常设机构的利润。

7. 利润中如包括有本协定中其他各条单独规定的所得项目时，本条规定不应影响其他各条的规定。

第八条 船运，内河运输和空运

1. 以船舶或飞机从事国际运输取得的利润，应仅在企业实际管理机构所在缔约国征税。

2. 以船只从事内河运输取得的利润，应仅在企业实际管理机构所在缔约国征税。

3. 如果船运企业或内河运输企业的实际管理机构设在船舶或船只上的，应以船舶或船只母港所在缔约国为所在国，或如果没有母港，应以船舶或船只经营者为居民的缔约国为所在国。

4. 第 1 款的规定也适用于参加合伙经营、联合经营或者参加国际经营机构取得的利润。

第九条 联属企业

1. 当（1）缔约国一方企业直接或间接参与缔约国另一方企业的管理、控制或资本，或者

（2）同一人直接或间接参与缔约国同一方企业和缔约国另一方企业的管理、控制或资本。

在上述任何一种情况下，两个企业之间的商业或财务关系不同于独立企业之间的

[26] 覃光荣. 战略税收筹划研究. 长沙: 湖南大学出版社. [illegible]

[27] 李[illegible]

[28] [illegible]

[29] [illegible]. 税收筹划理论[illegible]

[31] 任寿根, 周溶. 公司税务管理与筹划. 北京: 中国纺织出版社, 200[illegible]

[32] 王泽国. 企业如何进行纳[illegible]

[33] [illegible]

[34] 梁云凤. 战略[illegible]

[35] 何[illegible]

[36] 刘[illegible], 跨国公[illegible]

[37] 刘[illegible]. 当代跨国公[illegible]

[38] [illegible] 张[illegible] 2004 (4).

[39] [illegible]

[40] 刘[illegible]

[41] [illegible]. 国际[illegible]

[42] 田守[illegible]

[illegible]. 税务筹划与内部控制. 合作经济与科技, 2008 (4).

[illegible] 2006 (4).

[51] 杨[illegible]. 我国跨国经营企业实施国际税收筹划策略分析. 200[illegible]

[52] 林[illegible]

[53] 孙[illegible]. 国际税收筹划: 海外避税途径. 中国律师, 1998 (3).